母子之间

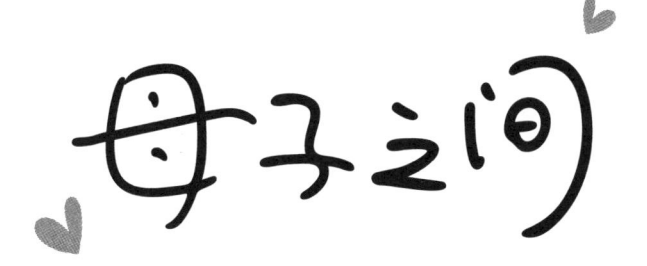

孩子有料妈妈知道

陈云靖 著

四川人民出版社

图书在版编目（CIP）数据

母子之间：孩子有料妈妈知道 / 陈云靖著. -- 成都：四川人民出版社, 2023.9
ISBN 978-7-220-13448-7

Ⅰ.①母… Ⅱ.①陈… Ⅲ.①亲子教育—家庭教育 Ⅳ.①G781

中国国家版本馆CIP数据核字（2023）第163407号

MUZI ZHIJIAN --- HAIZI YOU LIAO MAMA ZHIDAO
母子之间——孩子有料妈妈知道

陈云靖　著

出版人	黄立新
选题策划	陈红晓　汤梅
责任编辑	汤梅
责任校对	舒晓利　申婷婷
版式设计	李秋烨
封面设计	李其飞
内文插图	孙艺露
封面插图	杨松
责任印制	周奇
出版发行	四川人民出版社（成都三色路238号）
网　　址	http://www.scpph.com
E-mail	scrmcbs@sina.com
新浪微博	@四川人民出版社
微信公众号	四川人民出版社
发行部业务电话	（028）86361653　86361656
防盗版举报电话	（028）86361653
照　　排	四川胜翔数码印务设计有限公司
印　　刷	成都蜀通印务有限责任公司
成品尺寸	145mm×208mm
印　　张	10.625
字　　数	248千
版　　次	2023年9月第1版
印　　次	2023年9月第1次印刷
书　　号	ISBN 978-7-220-13448-7
定　　价	58.00元

■版权所有·侵权必究

本书若出现印装质量问题，请与我社发行部联系调换
电话：（028）86361656

作者简介

妈妈陈云靖，笔名大眼睛老师，中学一级教师，作家、编剧。创作有系列科幻小说《紧箍咒》《再造世界》，长篇童话《和妈妈一起去探险》，电影电视剧本《好好在一起》《他乡是故乡》《青春不签约》《亲爱的铲屎官》等。

孩子端端，大名杨宸鉴，2005年出生，现为中央音乐学院附中在校学生，取得过国家级荣誉2021年"致敬肖邦"第二届华沙国际青少年钢琴大赛中国赛区金奖第一名。在音乐、语文、数学领域获奖颇多。以童星身份出道，在电影《财神客栈》《云之锦》《旋风女队》，电视剧《下一站婚姻》《暖暖的幸福》《夏天的谎言中》等作品中饰演过重要角色。

目　录

i　　推荐序

vi　　自　序

001　　**第一辑**
　　　　每一个孩子都值得期待

003　　每一个孩子都值得期待
012　　给孩子的第一份礼物有讲究
021　　家长才是孩子最好的玩伴
033　　养一个有艺术气质的孩子
042　　没有哪个孩子不聪明
052　　长大后你要做什么？

061 第二辑
成为妈妈的自我修养

- 063 　与其吼叫不如唱歌
- 073 　聪明妈妈这样讲道理
- 083 　勇敢地向孩子道歉吧
- 093 　生一次病长一次心眼
- 105 　做家长的原则
- 116 　言传身教的力量

127 第三辑
学习这样搞，孩子更有料

- 129 　捕捉孩子的学习兴趣
- 138 　"要我学"变成"我要学"
- 147 　学校里的小小"战争"
- 158 　重视每一场家长会
- 168 　成为老师的合作伙伴
- 179 　优秀的人相互鼓掌

191 第四辑
打败成才路上的小怪兽

193　与爱哭的孩子较量不容易
201　谎言里藏着孩子的未来
214　小小少年郎的压力不寻常
226　从胆怯退缩到大方开朗
236　"消延药"治好顽固拖延症
246　有才的孩子也叛逆

261 第五辑
雏鹰飞翔计划

263　独立从关掉聚光灯开始
272　不可或缺的安全教育课
281　智商、情商、财商都在线
293　自律的孩子通向美好
304　青春期的早恋与小欢喜
313　体面地退出孩子的世界

推荐序

说起我和本书作者云靖的缘分,不得不提起"小二",那是由我担任编剧的电视剧《暖暖的幸福》中的一个角色。"小二"的扮演者正是云靖的儿子端端。

当时年仅十二岁的端端,刻画人物入木三分,以至于我几乎忘记了他的名字,一直习惯称呼他"小二",我微信里的"小二妈"就是云靖。

记得那是2017年的夏天,《暖暖的幸福》正在北京紧锣密鼓地筹备,主演已经敲定,可剧中唯一的儿童角色却迟迟没有定下来。导演组面前堆满眉清目秀的小演员资料,个个可谓是多才多艺的美少年,可都不是我笔下的那个进京寻找母亲的农村少年——"小二"。

云靖带着儿子来见组,身材略显单薄的端端看起来要比同龄孩子小一些,他那双会说话的大眼睛,清澈明亮,透着原生态的质朴单纯。虽说端端早已是个"老戏骨",但演技却并不油腻。

我当即敲定，他就是我想要的"小二"。

拍摄期间，端端的表现赢得了大家的一致好评，撇开演技不表，一个正处于青春期的少年所表现出的自律，让很多成年人都自愧不如。

优秀的孩子自然离不开良好的家庭教育。小演员的母亲云靖一直安静地陪在儿子身边，体贴周到且有节制，适度参与却从不指手画脚。

闲暇之余我和云靖会聊上两句。我的儿子当时正在中央音乐学院附中就读，"小二"也弹得一手好钢琴，加上云靖也在创作影视剧本，我们之间的共同话题太多了，很自然地就成了好朋友。

一晃六年过去了，我们的"小二"在中央音乐学院附中已经读高中了，成了我儿子的学弟。而云靖的亲子教育书籍《母子之间——孩子有料妈妈知道》就要出版了。缘分就是那么的奇妙！

收到给本书写序的邀请，我一方面非常高兴，另一方面也对云靖的育儿之道很感兴趣。一翻开云靖的书，里面一个个标题就立刻吸引了我。她和儿子之间一个个生动有趣的故事，不仅让我回忆起我和儿子之间的很多往事，也引发了我深深的思考。

我是个随性的人，不喜欢计划人生，唯独生孩子这件事我是经过深思熟虑才做的决定。因为我不确定自己能否担负起一个母亲的责任，能否做一个合格的母亲，能否让我的孩子幸福。因此我成为妈妈之后，对儿子只有一个愿望：那就是快乐！

当身边的朋友带着孩子奔波在花样百出的幼儿启蒙班时，我却悠闲地带着儿子拎着小水桶光着小脚丫在海边挖沙。

儿子五岁时，一天我带着他经过一家琴行，他停下脚步痴痴地望着橱窗里的钢琴赖着不走。我牵着他的小手走进琴行,那天我给儿子报了他的第一个也是唯一的兴趣课——钢琴课。我跟儿子约定,如果他能在老师的家庭作业本上集满小红花,我就给他买一台钢琴。儿子一脸严肃地伸出小指跟我拉了钩,这是我和儿子的第一个约定,也是他人生的第一次选择。

一向屁股带刺、遇事三分钟热度的儿子,坐到钢琴前却表现出极大的专注,这让我深感意外。细想,儿子对音乐似乎有着一种异于常人的敏感,当他还是个襁褓中的婴儿时,每当哭闹,只要一听到舒伯特的《小夜曲》便会很快安静下来,这是我怀孕后期失眠时在枕边循环播放的一首乐曲,或许这就是传说中神奇的胎教?

当他还不满周岁蹒跚学步时,每当听到劲爆的音乐身体便会下意识地跟着节奏摇摆,经常因为用力过猛摔倒。他从地上迅速爬起来生怕跟不上节奏,或许这就是天赋?

一年后,儿子的钢琴课家庭作业本上集满了小红花,我履行了自己的诺言。因为有了音乐的陪伴,儿子阳光开朗,一天天健康长大。

我不记得给儿子辅导过作业,也从没因为他没考双百、没评上"三好学生"、没当上班干部而责怪他。我坚定着初为母亲时的想法:快乐就好!

儿子在音乐世界里找到了自信,他的房间摆满参加大大小小各种比赛的奖状奖杯,我只做了一件事,那就是不吝言辞地赞美。

转眼儿子十二岁了,还记得那是2012年大年初二的晚上,儿子一脸认真地要跟我谈谈。谈话内容至今我还记忆犹新。

"妈妈……我做了一个决定!"(注意:是一个决定!)

儿子憋足劲大声说:"我要去北京学音乐!我要考全国最好

的音乐学院！"

儿子一口气说完脸涨得通红，目瞪口呆的我望着他，一时不知道该说什么。儿子的这个决定绝不是突发奇想，他早已做足了功课，我和老公苦口婆心轮番劝说，可儿子心意已决。

当时的我有一份体面稳定的工作，生活安逸，从没想过要改变现状。可少年的梦想让我动容，我跟老公商量过后，做了一个决定：支持！

三天后，我带着儿子坐上进京的高铁，从此，开始了我的"北漂"陪读生涯。

全国各地的高手云集首都，一个从小无忧无虑长大的少年，面临前所未有的挑战和竞争，自信心一次次被无情地碾压。作为一个母亲，眼巴巴看着儿子被"虐"却什么也帮不上，除了鼓励我能做的就是一日三餐。

备考的那段日子，儿子每天练琴练到手抽筋，几次情绪失控，甚至想要放弃。"这是你自己的选择，无论成败都要善始善终。"这是临行前我和儿子的约定。

幸运的是，一年后，儿子如愿考入中央音乐学院附中。

开学后，我没有急于离开，说老实话，我舍不得。儿子住不惯宿舍，吃不惯学校的食堂，我没有难为他。在老公的支持下，我在学校附近租了房子住了下来，这期间我结识了很多和我有同样经历的陪读妈妈。每一个音乐生背后都有一部血泪史，我开始重操旧业写小说。

一个影视圈的朋友对我的故事很感兴趣，建议我写成电视剧。之前我做过情感专栏作家，还出过书，可剧本却是一种全新的表达方式。

我也做了一个决定：学习。

我报名参加了北京电影学院进修班，和很多怀揣梦想的年轻人一同坐在教室里学习，全班三十六个学生我的年龄最大，但这并不影响我的学习热情。就这样，我边学习边写作，幸运的是，我的剧本被一家影视公司看中，我也从而走上了编剧道路。

陪读这些年，我独立创作完成多部影视作品，有三部电视剧在中央电视台播出。当年，正是一个十二岁少年的决定重启了我的人生，让我有了美梦成真的机会。

两年前，我结束了长达十年的"北漂"生活回到家乡。如今儿子已经学业有成，并有了自己热爱而为之奋斗的事业。

可我却开始有些困惑，因为我发现我和儿子之间的距离似乎越来越远了。我经常发微信给他却收不到回复，打电话他总是说在忙，我感到前所未有的失落。

没想到的是，当我看完云靖的书，这个困惑在书中找到了答案。最后一篇文章《体面地退出孩子的世界》讲道，每一位母亲的心中纵有万般牵挂，也不能成为孩子展翅高飞的羁绊！我立刻明白了，是时候该体面退出儿子的生活了！

知子莫若母，《母子之间——孩子有料妈妈知道》这本书几乎涉及了母亲养育孩子，从0到18岁方方面面的话题。相信阅读这本书的家长，一定会和我一样找到需要的育儿办法，解开心中疑惑。

衷心祝贺好友云靖的书出版！

著名编剧、作家　陈　冰

2023年9月6日

自 序

2023年的春节，我在成都的父母家中过年。热闹之余，心中惦记未完成的书稿，于是抽空打开电脑对文稿再次修改、润色。母亲关切地想询问书的进度，又怕打扰我的思路。于是端来沏好的香茶，轻轻放到书桌上，然后安静地坐在一旁看着我码字。

我不忍母亲寂寞，索性给她一章章详细介绍书的内容。母亲越听越激动，不仅连连点头，还一起回忆起许多我的童年趣事，最后竟然感慨道："靖靖，听了你对端端的教育理念之后，觉得我对你们小时候的有些教育方式还是落后了。"

母亲的话不禁让我感动。她含辛茹苦抚养我和哥哥、姐姐长大，付出了诸多心血，如今已近耄耋之年，却对孩子仍心存歉疚，这世界上恐怕只有母亲才对孩子有这样掏肝掏肺的爱吧！

母亲退休前是一位资深的幼儿园园长，我从小爱阅读的习惯也得益于她的陪伴和引导。母亲对我的一切爱好、兴趣都非常支持，我写任何一篇文章她都如获至宝地阅读。最让我佩服的是，她教过的众多学生不仅至今仍对她念念不忘，而且每个人竟然都觉得母亲对自己比对别人都好。正是她潜移默化的指引，让我也走上了教师岗位。

但是对生孩子这件事，我和陈冰老师一样曾有诸多顾虑，也同样担心不能胜任"母亲"这个称号。我觉得既然要带一个生命来到这个世界，就一定要给他最好的环境和教育，如果没把握培养孩子成才宁可不生。可是当我成为母亲之后，看到儿子的天真、可爱、活泼，开始后悔怎么不早点生下他啊，当妈妈的感觉实在是太幸福了！也才开始更深地理解父母的不容易，懂得感恩父母。

闺蜜问我："很想知道你会怎样培养端端？"我当时自信满满地说："我要把他培养成出类拔萃的人。"随着端端一天天长大，我很快打消了"我想要怎样"的执念。明白孩子虽然从我的肚子里出来，遗传了我的部分基因，相貌、性格、身材，甚至饮食口味、动作表情都和我相似。但是他有着自己的想法，是不由我摆布的独立的生命个体。尽管我充满着做一个称职母亲的信念，但用力过猛会适得其反，有太多的课题需要我去思考、研究和学习。

于是从端端出生时起，我养成了写育儿手记的习惯，从儿子一天一天的变化写起，到他上幼儿园的表现、学钢琴的进度，再到每一次去参加活动、比赛、影视剧拍摄，我都详细地记录下来。内容有过程、有观察、有理解和感悟。而三十年的教师职业生涯，也让我看清了教育的内涵和远景，练就了极大的耐心，掌握了和不同性格脾气孩子沟通的能力。家长和学生们遇到问题，都愿意跟我交流，寻求帮助。同时十八年的为母之路，我和端端一起经历了很多事情，在成功和失败中一起成长，一起积累经验，在不断的思考中参悟人生道理。可以说我们母子相互成就了对方。

有一回聊天，儿子跟我说："妈妈，将来我有了孩子，还是你来教育吧！你教育得好。"虽然这是一句玩笑话，但也代表了儿子对我的认可，让我倍感安心。

儿子端端的表现和他的成长故事，一直以来得到了很多人的关注。家长、朋友、亲戚都很感兴趣我到底是怎么培养端端的。于是，我萌生了把多年的亲子教育经历写成书的想法。

感谢陈红晓作家集团的大力支持和精心策划，感谢四川人民出版社的汤梅老师，我终于写出了《母子之间——孩子有料妈妈知道》这本书，并得以出版。

书里有我十八年来踩过的坑和我总结的"避坑术"；有我在教育中遇到的坎和我苦思冥想出来的"跨坎计"；有我因自以为是而走过的弯路，和端正态度后，精心绘制的"导航图"；有我博采众长、绞尽脑汁铺设的"爱子堡垒"。

这本书非常适合家长和孩子一起阅读，相信可以给家长不少的启发和帮助。

感谢我的母亲，是您的启发和感召，让我也立志成为一名教师；是您的爱让我想要做一个负责任、合格的好妈妈，并享受其中。

感谢陈冰老师为本书写的序，在您的鼓励下，我们才坚定端端报考中央音乐学院附中的想法；感谢您在编剧的写作上，对我的诸多指点。您和很多优秀的妈妈一样，是我学习的榜样。

感谢我的儿子端端,是你的到来开启了我新的人生课题。十八年来,为了陪伴你健康成长,我在做母亲的路上不断学习、钻研、实验、总结、考试,相当于考了三个全套的硕士文凭。是你让我的人生拓宽,快乐地度过了十八个精彩纷呈、惊喜不断的春夏秋冬。祝成年的你如雄鹰般搏击长空,不断刷新高度,实现自己的理想。

母子之间的距离不断被爱调整着,但是无论相隔多远,剪断脐带的那一刻,心就已经紧紧相连在一起了。

陈云靖

2023年3月19日

第一辑

每一个孩子都值得期待

我从来没有追过星,
可现在我是你最忠实的"粉丝"。
我的目光始终追随着你的一举一动,一颦一笑。

每一个孩子都值得期待

《丑小鸭》是安徒生的经典童话，那只生下来就被鸭子们嫌弃、被猫追赶、被主人抛弃的丑小鸭，经过一个冬天的成长蜕变之后，发现自己其实是一只美丽的天鹅。原来小时候的自己并不是不优秀，而是进错了群体，被误生在了鸭子窝。而那些自以为是的小鸭子，只不过是因为刚好在自己的鸭群里而已。

我们的孩子在小时候其实都是"丑小鸭"，家长要有耐心等待他们慢慢长成"白天鹅"。

有一天，刚刚毕业的年轻教师小鹿，看着学生的期末成绩单颇为发愁地对我说："陈老师，你看小军次次考试倒数第一，我感觉他智力也很一般，你说他将来会不会是咱们班最没出息的？"

我说："不一定，他也许是咱们班最孝顺的孩子。"

小鹿很吃惊："这成绩怎么可能最孝顺，难道比得第一、第二名更让家长高兴？"

我说："咱们设想一下班上成绩最好的孩子到大学也是名列前茅，那么他们可能会走得很远，去大城市甚至是国外发展。工作压力大，使得他们逢年过节也顾不上回家探望父母。而小军这样成绩一般的孩子，会选择上当地的职业学院学一项技术，毕业后在家附近找一份工作，收入和消费都不高，每天可以回家和父母团聚，父母有事他也可以帮上忙。当父母年老时，给父母端茶送水，推着轮椅陪父母去医院，你说小军这样是不是最孝顺呢？"

小鹿说："那咱们班那个最调皮的小雨，天天闯祸，脸皮还厚，是不是将来最没出息的呢？"

我说："不一定，我看他将来没准是个喜剧演员，可以给大家带来欢乐。上次班里开联欢会，小雨一个人分饰两角，说摔倒就摔倒，说扮鬼脸一点不含糊，完全没有偶像包袱，演得非常投入，把全班同学都逗笑了呢。"

小鹿看着名单说："那这个数学总是不及格的孩子小轩，小学这么简单的题目都弄不明白，将来会不会连高中也考不上？"

我说："不一定，孩子大脑发育的速度不一样，有些神经元的链接也还没有完全建立，俗称'没开窍'。我上小学的时候数学就不好，当时遇到了一个脾气暴躁的老师，经常罚我们几个数学不好的女生在黑板上做题，还不让去上厕所。可是到了初中突然就开窍了，喜欢上了数学，越难的题越想要解答，中考时数学成绩从各学科中脱颖而出。"

小鹿说："那要是小轩上了初中数学还是不开窍，那是不是就前途堪忧了呢？"

我说："不一定！我知道这个孩子舞蹈特别出色，长得还很漂亮，她可以选择去考艺术类的高中，将来从事艺术工作啊！再说数学不好的名人很多，比如：文学家朱自清、哲学家胡适、作家琼瑶、导演李安的数学成绩都很一般，但是不妨碍他们在各自的领域取得成就。"

小鹿说："陈老师，怎么在你的眼里每个孩子都那么有希望？"

我笑着说:"是的,每个孩子都是落入凡间的小天使啊。"

小鹿摇摇头,看样子想跟我辩论一番:"那个总爱打人的小马同学,他也是天使吗?将来难保不出问题吧。"

我说:"还真不一定,看怎么引导吧。我二十年前教过的一个孩子就爱打人,总有家长投诉他,甚至惊动过警察。几年前,我在学校门口遇到他,得知他高中毕业之后应征入伍,现在转业了,已经是两个孩子的父亲了,对我特别热情也有礼貌,还抱歉地说自己小时候太顽皮了,不懂事。我觉得是部队历练了他,他自己也成长了。"

小鹿不甘心:"那我说个极端的吧。我认识一个先天智力障碍的孩子,生活完全不能自理,每天要父母照顾,家庭负担很重,你说这样的孩子也是天使吗?"

我说:"有缺陷的孩子是人间真情的试金石,他们用自身的困境考验着人性的善与恶,正是因为世界上有这种需求的群体存在,才让我们可以看到人们的内心。"

小鹿点头:"陈老师,在你眼里所有的孩子都一样优秀吗?"

我说:"世界上没有一个固定的标准来鉴定谁比谁更优秀,每个孩子都有自己的优点,也有不完美的一面。**每个生命的降临都是个奇迹,他们都是带着使命来的。作为家长,首先就要学会欣赏孩子的与众不同,帮助小天使找到使命,这也是有幸成为爸爸妈妈的使命之一。**"

小鹿有些感动地说:"陈老师,你的话对我太有启发了,可是咱们的家长总拿自己的孩子跟别人家的孩子比,孩子考多少分他们都不满意,总是很焦虑。你看这成绩刚出来,就有好多家长开始打听分数了。"

我说:"在我眼里每个孩子都很可爱,都值得我们去期待。学习成绩不是衡量孩子的唯一标准,比来比去更是没有意义。如果比飞翔,人在鸟的面前显得可太笨了。要比游泳,人在鱼的面前也太笨了。要比力气,人也没有大象有劲。要比容貌,人也没有花朵好看。要比生命力,人也没有乌龟活得长。但是,人类却是地球上最智慧的生物,我们的孩子已经超过地球上其他的物种了,还有什么理由焦虑呢?"

小鹿说:"陈老师,你这么说是因为你家有个优秀的儿子,所以饱汉不知饿汉饥啊!"

我笑了,说:"鹿老师,这样的话我听过很多次了。**端端不是天才,他之所以走得比较顺利,是因为他走的每一步我们都充当他的观察者,在不断发现他的特长和优势后,帮他正确地做出选择,并坚定地向着目标努力的结果。**其实,每一位家长如果能够做到这一点,都可以把孩子的能力最大化,孩子找到适合自己的位置和气场之后,就会如鱼得水,想不优秀都难。"

小鹿饶有兴趣地问:"陈老师,你能具体地讲讲你是怎么帮端端找准方向的吗?"

"我是音乐老师,端爸是画家,端端从小表现出来对音乐的兴趣大于绘画。他喜欢听音乐,可以整晚地听着音乐入睡,钢琴谱子弹几遍就记住了。而且听力非常敏锐,错的音能马上辨识出来。但是对于绘画,他就显得差很多,在幼儿园里涂色都会涂到边框外面。虽然我们也对他很早就进行美术启蒙,但是他依然没有什么想画画的欲望。于是,我们就让他在弹钢琴上下功夫。在幼儿园期间就让他经常登台表演,参加钢琴比赛,通过比赛锻炼他不怯场的心理素质。我发现他是比赛型选手,越是比赛越能发挥出色。这就更坚定了我们鼓励他坚持学钢琴的信心。"

小鹿问:"那你是怎么想到要让端端从五岁开始就参与影视剧的拍摄呢?"

"那也是我们观察和研究的结果。端端从小长相的确出众,走到哪里都有人夸他长得漂亮。在他四岁的时候,我偶然萌生了他可不可以当小演员的念头。但是,感觉这个想法要实现太遥远了,也没有勇气。当时我看了一期采访杨坤的节目,杨坤说他在部队的时候喜欢唱歌,周围的人都被他的歌声打动,于是他到北京开始了自己进军歌坛之路。他有一句话给我印象很深,他说:**'一个人的才华如果可以打动身边的人,那就可以试试走向更大的舞台。'** 于是,我就试着把他的照片传到北京的几个童星经纪公司。很快公司就回复我说觉得端端外形很出色,可以试试镜。从此,就开启了端端的演艺之路。"

小鹿:"那还是端端有天赋啊,要不怎么一下子就进入影视圈了!"

"没有那么容易,到了北京才知道长得漂亮的孩子太多了,有表演天赋的孩子也太多了。他外形再好也只是给导演的第一印象好而已,我们前几次的试镜都是失败的。但我通过观察觉得端端的试镜一次次在进步,我相信他能打动更多观众。每次面试之前我们都会做充足的准备,面试之后会分析总结得失。**方向找对后,再全力以赴地去争取,成功的概率就会大很多**。"

小鹿:"等我有了孩子也不攀比更不强求,只希望孩子能找到适合自己的位置和发展方向,过得快乐幸福就好。可是具体该怎么做呢?陈老师,你能给我一些方法和建议吗?"

"一定要学会欣赏孩子,坚信'天生我儿必有用'!家长**在**

小学阶段做孩子的观察者，发现孩子的特质和优势，让他在适合自己的领域发光。就像是玩拼图，拿起一块拼对了放进去很轻松，拼错了硬要挤进去这块就会变形。同时，还要严抓孩子的品德教育。考试分数真的不重要，那些小学阶段的满分、第一名、荣誉根本说明不了什么。这些成绩如果是家长费尽心机辅导的结果，那就更是一文不值。"

小鹿问："那么初中阶段该怎样呢？"

"到了**中学要大力培养孩子的好品格，让孩子学习做自己的观察者。不要盲目地吹捧或者打压，其实那些不愿意做但是仍可以坚持做的事情，对孩子来说非常重要**。比如：看书，有的孩子不喜欢但他仍会主动看书，那他就会获得营养。比如：练钢琴，特别是基本功的练习孩子觉得枯燥，但他可以坚持，那钢琴他也能学出来。前提是孩子自己逼自己做才可以。家长强迫是没有意义的。因为这些由'不愿意的沙子'堆起来的高塔，会在孩子的叛逆情绪下瞬间倒塌。"

小鹿问："端端现在是自己的观察者吗？"

"是的，当初报考中央音乐学院附中的时候，他在学校的文化课成绩很好，一心想要考综合类大学，并不是很情愿去北京考试。我给了他一个选择，就是先去报考附中，考上之后可以选择不去读。当他三试通过了以后就改变了想法。

到了附中之后，端端继续做自己的观察者，逐渐发现自己喜欢创作音乐和弹奏流行钢琴曲。2021年他报名参加了"致敬肖邦"国际钢琴比赛，以第一名的成绩进入了全国总决赛；去上海参加总决赛又获得第一名。有一次，他告诉我自己非常适合学音乐，当初的选择是正确的。其实世界上好的选择很多，你要选定一个，然后忠于这个选择，让它成为最好的选择。决定权交给孩子，他才能够成长。"

小鹿说："真好，听你这么说我觉得当妈妈也挺幸福的。"

我笑了起来："那是相当的幸福啊！我年轻的时候也不喜欢小孩，也不想生孩子。可是**等我当了妈妈后，我发现孩子实在太可爱了，我每天的笑声是之前的十倍以上**，孩子给我太多的感动和感悟。这一切都源于对孩子的爱，只有真正爱孩子，才能学会欣赏他。我给你看一段端端六岁生日时，我给他写的文章吧！"

因为爱，所以爱

我还清楚地记得六年前生你的那个晚上，我如同要上舞台一般，忐忑地走进了产房，那一刻你的爸爸用摄像机记录下了妈妈笨拙的背影。

当我从产房里被护士推出来的时候，怀里就抱着在襁褓里的你，咱们俩像凯旋的英雄，一路接受着关心、赞美、祝福回到房间。那是我一生都引以为骄傲的时刻——我当妈妈了！

这六年来，妈妈的记忆力发生了很大的变化，很多事情开始记不清了，很多事情开始忘不掉了。记不清生你的过程妈妈是如何痛苦的了，只记得你出生时特别淡定，没有号啕大哭；记不清月子里频繁的起夜导致妈妈如何疲倦的了，只记得你可爱的样子让我怎么看也不够；记不清你蹒跚学步时妈妈如何守护你的了，只记得你滑稽的步态逗得我开怀大笑；记不清你生病时妈妈是如何焦虑不安的了，只记得你纯真稚气的话语，经常让我惊讶你的思想；记不清你任性时妈妈怎么生气的了，只记得开始懂事的你做的每一件让我欣慰的事情；记不清你刚开始学钢琴妈妈是如何不厌其烦的了，只记得你参加比赛自信的演奏和深深的鞠躬；记不清为什么你搂着我说"谢谢妈妈"了，只记得我的生活因为你才变得更加精彩，充满着感动。

这六年来我在你的身上学到了很多很多。你让我明白不想要孩子的想法是多么的愚蠢，你让我认识到自己是世界上最美丽的人，你让我想要以身作则做更好的老师，你教我要智慧地对待孩子的成长问题，你告诉我和爸爸争吵是解决不了问题的，你教会我不要强求太多，一家人能在一起最好。

我从来没有追过星，可现在我是你最忠实的"粉丝"。我的目光始终追随着你的一举一动，一颦一笑。你唱歌我鼓掌，你演出我捧场。你弹奏的每一个音符我都牢牢地尽收耳底，你说的有趣的话我都会重复地讲给身边的人听。我知道你也是妈妈最忠实的"粉丝"。

我不想和你说母爱如何伟大，我对你的爱都是不由自主、心甘情愿。虽然有累，但是不苦！只有无尽的温暖和甜蜜！今天是你六岁生日，妈妈也不想对你说希望，因为你已经很让妈妈满足了。我和爸爸只想要祝福你，祝宝贝健康、快乐！你有什么愿望和理想，我们会陪伴你，帮助你去实现！

宝贝，不必说谢谢，妈妈爱你，因为爱，所以爱。

端端说

我非常清楚妈妈对我的爱，但是我不想跟妈妈说"谢谢"，因为这两个字一说，似乎就可以抵消妈妈对我的付出，心就平静了。我知道妈妈也不爱听这两个字。

记得有一次我在看一个教育类的节目，里面的主持人在深情地诉说一位母亲是如何含辛茹苦地养大孩子，怎么怎么不容易，要孩子懂得感恩，等妈妈回家要给妈妈端上洗脚水。主持人说得泪流满面，台下听的观众也泣不成声。妈妈却拿起遥控器把电视机关了。她说：你不要看这样煽情的节目，作为母亲，生孩子、养孩子都是自愿的，再说你在这方面也没选择的机会啊。而且，我们养育你的过程每一天都很快乐，都很有成就感，其乐无穷。我们的付出和回报每时每刻都是平衡的。所以，我爱你是因为你是我的孩子，而你爱我我希望不仅仅因为我是你妈妈。

所以，我想表达的是：我长大以后也会成家，也会生孩子，我会像爸爸、妈妈一样尽职尽责地教育我的孩子。我会让他学音乐、弹钢琴，会鼓励他勇敢面对挑战，会引导他做端端正正的人，会抽出时间陪他玩，会包容他犯的错误，会接纳他的所有不足，会为他的努力和进步鼓掌，会教他学习与人分享，会告诉他不要贪心，会支持他为社会多尽义务，还会经常带他去看望爷爷、奶奶。我也会告诉孩子："我爱你，就像我的爸爸妈妈爱我一样，而且你也不必对我说'谢谢'。"

给孩子的第一份礼物有讲究

很多家长爱问我一个问题:"陈老师,你的孩子培养得这么优秀,你的教育秘诀是什么啊?"

教育孩子的路上没有捷径,教育孩子的办法不可能几个字就能说得明白。不同的孩子所用的办法也不同。

记得我刚刚走上教师岗位的时候,也问过一位老教师同样的问题。这位教师的女儿特别优秀,附近的几所高中经常邀请她去给高三的家长们传授养育经验。

这位老教师幽默地跟我们说:"**秘诀啊,就是我来生、我来养、我来教。**"

当时虽然是玩笑话,但后来想想其实非常有道理。

养育一个优秀孩子的第一步就要从十月怀胎开始,0—3岁更是关键期。如果你的孩子都高三了还有一身的毛病,想要听一场成功家长的报告会就立刻解决问题,是不现实的。

孩子成长的不同时期,都会有不同的人和事对他产生影响,这些人是父母,是老师,是朋友,甚至是偶遇的路人。**好的影响对孩子来说就是一份珍贵的礼物**。这些礼物可能是一门学科、一项特长、一个感悟、一个榜样、一种品质、一种性格。

作为一名音乐老师,我深知音乐的美妙和学习音乐的好处,所以我选择送给儿子端端的第一份礼物就是——音乐启蒙。

在孕期的时候,我就开始对端端进行音乐听觉方面的培养。

每当我弹琴、唱歌,或者在音乐课上带着学生律动的时候,肚子里的端端都很安静。

孕期的胎儿在四五个月大时,就开始具备了听觉能力。此时,胎儿在母体里已经开始对外界的声音产生反应,这也是胎儿认识世界的第一个感官系统。轻松愉快的乐曲能改善脐带和胎盘的血液循环,增加心脏血液输出量及大脑组织血液供应。如果孕妇陶醉在舒缓、优美的音乐声中,胎儿也会通过子宫血管的跳动来同步接收。音乐在整个孕期对准妈妈和胎儿都有着不可低估的作用。

端端出生的那一刻,我至今记忆犹新。他没有表现出对外界的惊恐,只哭了几声就停住了。晚上,同病房的孕妇都以为房间里添了一个新生儿,大家都会睡不好,可是没想到他特别乖,不哭,不闹,很好哄。

端端出生后的第三天,我们从医院回到了家中。应我的要求,端爸已经准备好了一台小音箱。每天早上只要端端醒了,我就会第一时间打开小音箱,开始播放准备好的轻音乐。

月子里的端端渐渐习惯每天早上在音乐声中醒来。他转动着大眼睛,一见到我就会露出微笑的表情。虽然作为小婴儿的他泪腺还未发育完全,视力也有限,两只小手也抓握不住什么东西,但是音乐通过他的听觉,已经开始帮助他认识这个世界了。鸟叫、蝉鸣、流水声、风声,欢快轻松的旋律都在告诉他世界是友善的、美好的。整个婴幼儿期间,只要遇到端端哭闹,我就唱几首固定的儿歌或者播放音乐,他马上就会安静下来。

我们努力在家里营造音乐氛围,时时刻刻都有音乐绕梁,就连端端睡觉、玩玩具、听故事、出门晒太阳,我们都尽可能地让他有音乐伴随。

端端刚刚开始学走路,就颤颤巍巍地扶着钢琴站起来,按动琴键,听着钢琴发出的声响,满脸都是惊喜的神情。当我弹钢琴的时候,端端喜欢坐在一边听,两只小脚还会有节奏地摆动。

对于0—1岁的婴儿没必要放太多的曲目,重复地播放一首音乐,会对婴儿的大脑起到如信号一般的作用,这在音乐心理学中叫作"耳虫"。经常给婴儿播放同一首愉悦的旋律,伴随父母的和声细语,或者是哺乳进食,让婴儿处于身心舒服的状态中,即便是音响关掉,"耳虫"依然会在婴儿的脑海中歌唱。

比较有趣的是端端十个月大的时候,正逢他人生中的第一个春节。窗外是震耳欲聋的鞭炮声,我当时还有些担心这声响会不会吓着他,却发现他听见窗外的鞭炮声,不仅一点也不害怕,反而随着鞭炮的节奏晃动着身体。鞭炮声停止,他就不晃了;鞭炮声再次响起,他又开始美滋滋地晃起来,完全把鞭炮声当成了鼓点。

建议音乐每次播放三十分钟为宜,音乐的选择以古典音乐为主,音量不要大,旋律优美、舒缓、音色柔和,可以让婴儿的情绪平稳,帮助他逐步形成一个温柔、谦和的性格。

端端一岁左右的时候,我偶然给他播放了郎朗演奏的《黄河协奏曲》。他对这首乐曲表现了出极大的热情,每次吃饭的时候都要求我们给他循环播放。听到一定量后,他就开始模仿视频里郎朗弹奏钢琴的动作,或者模仿指挥家余隆指挥乐队的动作。虽然端端指挥的动作有些滑稽可笑,但他随着音乐变化,把音乐中跌宕起伏、气势磅礴的感觉都模仿出来了,全曲结束的时候还会来一个潇洒帅气的收的手势。粗略地算下来,他那个时期听《黄河协奏曲》不下两千遍。

他还养成了每天晚上听着音乐入睡的习惯,圣桑的《动物狂欢节》组曲、普罗柯菲耶夫的《彼得与狼》陪他度过了很多个夜晚。

大部分的乐器都需要左右手同时控制,甚至需要用到脚,比如钢琴需要踩踏板,双排键电子琴有双脚踩的踏板键盘。**学习一门乐器,对孩子左右脑平衡有很大的帮助**。历史上许多名人擅长演奏乐器,如科学家爱因斯坦就很擅长演奏小提琴。

端端是四岁开始正式学习钢琴的,我每周给他上一节课,每天练琴从二十分钟到一个小时、两个小时逐渐增加。他的专注时长也逐步增加了。学过的钢琴曲谱要背过,随着曲谱越来越长,越来越复杂,端端的记忆能力也随之加强。

幼儿园中班的老师对他的评价是活泼、开朗,虽然也贪玩,但是只要老师一讲课,他就会马上安静下来,眼睛睁得大大的,听得特别认真。当别的孩子注意力开始分散的时候,他却依然可以专注很久。在幼儿园参加讲故事比赛,一篇几百字的故事,他很快就能背熟。

他的记忆力也在影视剧表演中发挥了优势。记得拍摄《下一站婚姻》时,有一次导演临时改戏,新的剧本在拍摄前一刻才打印出来,导演把主演于和伟和端端叫到一起对一下新剧本。

我在一旁替端端担心,这么短的时间,他能否记住所有的台词,还有动作、站位、表情。可我的担心全是多余的,端端非常顺利地拍完了这场戏,还受到了导演的表扬。

美国北卡罗莱纳大学音乐研究所主任、音乐教育杰出教授唐纳德·霍杰斯说:**"没有其他东西能够像音乐那样激活人脑的那**

么多部位。"如果一个孩子在三四岁时就开始学习音乐课,那么他学到的不仅是听音能力,而且注意力和记忆力也会得到相应的锻炼——这两种能力是可以向学习能力转变的。

一位考上市重点高中的学生家长跟我反馈,她觉得孩子学了钢琴之后越来越聪明,学习成绩也越来越好,她认为这是钢琴带给孩子的益处。

我一点也不怀疑这位家长的判断。我通过从端端四岁时开始教他弹钢琴,陪他练钢琴,以及他在钢琴学习上比较突出的五种表现,预测他将来上学成绩差不了。

第一,善于发现乐谱的规律。他经常在练习的时候兴奋地告诉我,这一段和下一段是相似的,这一句的指法和下一句的指法是完全重复的。因此,看上去很长的乐谱被他总结成几个段落,很轻松就掌握了。

第二,喜欢研究音与音之间,哪些是和谐的,哪些是不和谐的。认谱让他更仔细了,而且他非常喜欢弹奏巴赫的钢琴曲,喜欢里面纵向和谐的音程和横向典雅的旋律。

第三,练琴时遇到难点也不退缩,反复地练习,寻找解决的办法。

第四,喜欢在钢琴上即兴演奏,一张照片、一幅油画都可以激发他的创作灵感,经常乐此不疲地弹很久。

第五,越是需要上台表演,他越能稳定发挥,比如音乐会、钢琴比赛等,很少失误。

端端六岁上小学以后,这些特质果然在学习上发挥了良性作用。比如,他在数学学习上表现出非常好的状态,能很快地找到运算规律,举一反三。做事情非常有条理,文具、课本都管理得非常好，哪怕是橡皮、铅笔、尺子都很少弄丢。遇到不会的问题从不放过，下课会追着老师问，直到弄明白为止。他积极地参加班级和学校的活动，喜欢出谋划策，好点子也特别多。心理承受力强，在众人面前谈吐自如，大方得体。考试不怯场，也很少失误。

早在2007年，堪萨斯大学音乐教授约翰逊就发现，在小学就开始学琴或接受其他音乐教育的儿童，相较于一般儿童，语言分数提高约22%、数学分数提高约20%。

从事艺术教育三十年来，我发现学习钢琴的孩子，他们身上有着一个共同的规律。钢琴学得优秀的孩子，学习成绩乃至各方面也非常优秀；相反钢琴学得艰难，甚至半途而废的孩子，学习成绩也同样不理想，做事情也容易半途而废。

有的家长会说："你自己是音乐老师，孩子肯定是遗传了你的基因，我们本身对音乐就一窍不通，孩子能学好音乐吗？"

我身边大部分学钢琴的孩子，父母都没有从事艺术工作，也不是多么精通音乐。但是他们都热爱音乐，认可音乐能给孩子成长带来益处。其实，音乐对于人有极强的渗透力，每个人都是音乐天才，无论是否接受过培训，也无论智商高低，都会因为学习音乐，而向着更好的自己迈进。

有的家长会担心，学钢琴或其他乐器演奏比较占用时间，孩子上了初中学业紧张，会不会因此耽误功课。

为此我追踪过多名从小学习乐器的孩子的成长轨迹，他们上了初中后，即便已经考过钢琴十级，也还在坚持学琴、学音乐。每年高考成绩优异的考生中，都不乏音乐爱好者、演奏者。

越来越多的学霸们用自身的实力和努力证明，学钢琴的好处不止于学琴本身。他们跟我反馈，在学习钢琴的过程中，不仅可以学习到艺术的美感，提高审美能力，还能在坚持的过程中学会克服困难、提高抗压能力等。

课余时间弹弹琴，美妙的旋律可以为他们带来活力与朝气，可以舒缓他们的学习压力，可以让他们的思维变得更加敏捷，成绩也更加优异。上大学期间，他们的音乐特长继续发挥作用，很多学生是大学乐队成员、钢琴伴奏、合唱团积极分子。那些认为学艺术会耽误功课的老想法，已经在实践中被证实是错误的。

曾有家长担心地问我："我家孩子的手小，是不是不适合弹钢琴啊？"

著名的钢琴家刘诗昆曾经说过："只要你是十个指头健全的正常人，就可以学习钢琴。"

端端四岁刚开始学琴的时候和同龄人比起来，手指头也是很短小的。我自己的手也不大，端爸的手指也是中等长度。但是，随着练习钢琴的时间越来越长，端端的手也越长越大，手指的张力和跨度也越来越理想。

有很多职业，人做得久了、累了、苦了，都会表示不希望自己的孩子将来从事和自己一样的工作。钢琴大师郎朗喜得贵子后，也有人问他会不会把孩子培养成艺术家。郎朗回答，一定会让孩子学艺术，因为艺术太美好了。他希望用艺术为孩子的美好保鲜。

如果你的孩子正在学习某种乐器，请不要轻易放弃，只要开始练习，就请坚持下去。不积跬步无以至千里，不积小流无以成江海。通过岁月的打磨，乐器的学习一定会带给你意想不到的惊喜与感悟。

以上都是我从事三十年艺术教育期间，跟踪调查、走访、学生反馈、亲身体验，总结出来的关于音乐启蒙的真实结论。

在起跑线上的父母，如果能够在孩子刚一出生，就把音乐这份礼物交到孩子手中，陪伴他一起学习一门乐器、坚持不懈地练习，那么音乐就会成为孩子的终生伙伴，孩子一生都会在这位伙伴身上受益良多。

端端说

从我有记忆开始，家里大大小小的乐器就随处可见。除了钢琴、电子琴，还有妈妈教学用的竖笛、口风琴、葫芦丝、非洲鼓。不过我最感兴趣的就是钢琴，没事我就会坐在钢琴前面按压那些黑白键。

小时候，我枕头边上放着MP3小音箱，那是我的生日礼物。里面有爸爸下载的一套适合孩子们听的古典音乐，我最喜欢听的是《彼得与狼》，每天我都会听着音乐入睡。

有一次，我脑海中突然闪现出一段音乐，就是想不起在哪里听过。我就给妈妈哼唱，她就从一大摞CD唱片中抽出《森林狂想曲》来递给我，我一听还就是这个音乐。可是这张唱片我是第一次见呢，我怎么会哼唱出来？

妈妈就在电脑上放了一段视频给我看：画面中，还是小婴儿的我在床上躺着，妈妈拿着玩具在哄我。背景音乐就是这首《森林狂想曲》。妈妈说那时候只要我睡醒了，她就会给我播放这段音乐。看着这段视频我挺感动的，画面中小婴儿的我样子实在太可爱了。

我是四岁开始学弹钢琴的，刚开始觉得弹手指练习和音阶特别枯燥，也不知道练这些有什么用，总想着出去玩。记得有一次，我弹一首巴赫的曲子，总弹不好。妈妈就不让我出去玩，规定我一直练。我其实挺不情愿的，边弹边生闷气。后来终于弹好了，当我完整无误地弹出整首曲子的时候，心里特别有成就感。就从琴凳上跳下来，激动地抱住妈妈说："妈妈，谢谢你教我弹钢琴！"

慢慢的，我弹出来的乐曲越来越好听，就有想要练琴的动力了，练琴也越来越自觉。我特别喜欢在钢琴上即兴创编，有时候能弹一个多小时。我和妈妈还在黑键上即兴合作了一首曲子，特别好听，我们开心极了。我特别庆幸从小可以学习弹钢琴，并且一直坚持到现在。希望热爱音乐的小琴童们，也可以和我一样在弹钢琴时收获快乐。

家长才是孩子最好的玩伴

如果问家长：孩子在学东西的时候玩，你会同意吗？

家长百分之百会说：那怎么行？

但是问家长：孩子在玩的时候学东西，你会同意吗？

家长肯定会高兴地回答：那可太好了。

由此可见"玩"和"学"在家长心中的地位。在亲子关系中，家长可以扮演保姆、保镖、厨师、专家、偶像、老师，但往往忽视了"玩伴"这个非常重要的角色。"学"固然重要，但其实"玩"也同样重要！家长不仅要扮演好"玩伴"这个角色，还应该扮得称职，演得自然。

玩是每个孩子的天性，一个好的玩伴给予孩子的影响会超过一位严肃的老师，或者是一本严谨的教科书。如果家长能成为孩子最好的玩伴，不仅可以增进亲子关系的和谐，加深与孩子的相互了解，而且家庭气氛也会呈现出其乐融融的状态。

端端在上小学之前，我都是他的第一"玩伴"。只要端端提出来要我和他一起玩，我都不推辞。

买了新玩具，我们一起看说明书、研究玩法；在游乐场，我会和他一起在蹦床上跳；我们一起在广场上踢球；一起荡秋千、放风筝；一起玩各种棋类游戏。通过这些游戏，我和端端一起探索大千世界，学会与人共处，发现兴趣倾向，掌握多种技能。

有的家长会说我也陪孩子玩，这有什么难的呢？其实和孩子一起玩也不容易，里面是有很多学问的。

一、陪孩子玩，要把握分寸感

有些家长不屑于和孩子玩，有的家长跟孩子玩起来缺乏分寸，常常伤到孩子的自尊或者引起误会，反而破坏了亲子之间的关系。

有些家长和孩子玩起来过于严肃，有的家长却和孩子玩到兴奋起来没大没小。当有一天突然又想凭借家长的权威震慑孩子时，孩子已经不吃那一套了。

我认识一位非常称职的爸爸，平时工作再忙也会挤出时间陪伴孩子学习、玩耍。但是最近他开始苦恼儿子和自己玩起来特别融洽，就像哥们儿一样，可是到了正事上却不听他的话。有时孩子犯了错误，他苦口婆心地耐心劝说，儿子听得心不在焉，而且转头就忘，不往心里去。

我问这位爸爸："你和孩子在一起玩的时候，是不是完全没有了父亲的角色感，把自己就单纯当成了孩子的玩伴？"

"是的，我们在家玩球、摔跤、打闹时，我完全没有架子，说话都用一种语气，我就想和他成为最好的朋友。"

"那你儿子这种表现就不奇怪了！谁会把小伙伴教育自己的话当真呢？"

"难道是我错了？"

"你没有错，你和孩子在一起玩是非常好的一件事，只是在游戏中的分寸要把握好。孩子是全身心投入地在玩，你却要始终明白自己是在扮演孩子的玩伴。玩过之后还是要快速转换到父亲的角色才行。"

我给这位父亲举例子：比如一家公司团建，老板和员工在一起吃饭、拓展、唱歌、搞联欢，显得平易近人。酒过三巡员工和老板开始称兄道弟，甚至互相开玩笑，现场气氛欢乐、融洽。但是回到公司，老板会立刻转换角色，一般都不会继续跟员工称兄道弟、开玩笑了。因为那样员工容易出现错觉，觉得老板的身份变轻了，对公司的规章制度开始不当回事。有些员工甚至会恃宠而骄，肆无忌惮地在工作上跟老板讨价还价，这样是不利于公司管理的。团建的目的是增强人与人之间的信任和沟通，并不是打乱原有的关系。

这位爸爸听后恍然大悟："我明白了，**是我和孩子玩得太过头了，失去了父亲在孩子心中本该有地位，因此说的话也就没有了分量。**"

二、陪孩子玩，要把握公平性

家长和孩子在一起玩游戏的时候，例如：下棋、打扑克、乒乓球、羽毛球等对战的游戏，常常不会把握公平感。

有的家长喜欢迁就孩子，为了让孩子高兴，每次都故意输给孩子，这样长此以往，孩子就更无法承受自己输，内心脆弱，很难和别的孩子相处。

我见过一个孩子，小朋友们一起下跳棋，每一盘必须她赢才可以，只要是她快要输了就开始不高兴，甚至生气地把棋盘掀了。她的妈妈告诉我，从小无论玩什么家里人都让着她，所以惯成这样。

有的家长喜欢在玩的时候指导孩子，告诉孩子"我走的桥比你走的路还多"，批评孩子这样不对，那样不对，一定要孩子听从自己的意见，像极了幼儿园里霸道、蛮横的小朋友。结果就是孩子再也不和他玩了。

还有的家长和孩子玩的时候耍赖，比如，玩之前大家说好谁输谁学小狗叫，轮到自己输了就翻脸："我是爸爸，怎么能学狗叫呢？"这样玩下来，孩子不仅玩得不开心，对家长的信任度也一落千丈。

我们和孩子一起玩，孩子输了不要嘲笑他，要帮助孩子分析游戏失败的原因，鼓励孩子再战。孩子赢的时候要不吝惜自己的表扬，虚心向孩子请教，给孩子一种成就感。然后要求下次再战，表现出自己的"求胜心"。

我们和孩子一起玩的时候，不能随意破坏游戏的规则，让孩子明白，即使是游戏，没有规则也就没意思了，靠耍赖赢了游戏也胜之不武。这样，孩子在和别的小朋友一起玩的时候，才不会因为输了而情绪失控，随意破坏游戏规则，成为一个不受欢迎的人。

三、陪孩子玩，寓教于乐是关键

家长虽然扮演的是孩子的玩伴，但是在整个玩的过程中家长要起主导作用，不能傻玩、疯玩，要把知识、技能潜移默化地植入游戏里。

端端去拍戏的时候，经常会坐好几个小时的车，在车上闷得慌怎么办呢？他有时也会要求玩手机，我不想他在车上看手机，伤眼睛。于是我带他玩几个小游戏，端端在这些小游戏里学到很多知识。

以下是几个我们在旅行途中经常玩的小游戏。无成本、不限人数。

猜数字：一个人心里想1到100之间的任何一个数字，另外的人开始猜，想的人根据猜的人说出的数字，告诉他这数字比自己想的大了还是小了，猜的人在提示下最终猜出数字。如果猜的人不止一个，就可以比赛谁第一个猜出来。

这是端端最早的数学启蒙游戏之一，在这个游戏中，不论是猜的一方还是想的一方都需要快速地比较出两个数字的大小，还要记住之前出现过的数字，不断缩小猜的范围。这个游戏可以很大程度上提高孩子对数字的记忆力和敏感性。玩得多了还可以发现获胜的捷径。

猜时间：打开手机上的秒表功能，一个人看着秒表，以十秒或二十秒为限。另一个开始在心中默数读秒，读到约定的秒数就喊停。这时候看看秒表的实际读数是多少，然后两人交换角色。一个回合下来，比一比谁默数的秒数更接近实际读数，谁就赢了。这个游戏可以让孩子安静下来，静静地读取心中的节奏，感受时间的流逝，增强时间概念。

成语接龙：家长首先说出一个成语，孩子用这个成语的最后一个字当作开头，再说一个成语。大家依次接龙下去（可以谐音）。比如：十全十美——美不胜收——收获颇丰——丰衣足食……这个游戏可以增加孩子的成语积累。

手偶游戏：出门带几个小手偶，和孩子用手偶对话，用手偶做动作，一起合作即兴表演故事情节。家长在情节中融入培养道德品质、行为习惯以及情商的内容。比如：问好、互相帮助、遇到困难如何解决等。端端特别喜欢和我玩这个游戏，孩子和小手偶交流特别没有障碍。

家长在陪孩子玩的时候，可以潜移默化地渗透一些知识和道理。比如：我和端端一起玩积木。在搭建高塔的过程中，我告诉他咱们要把地基打牢，每一层要摆放整齐，搭建的动作要小心谨慎。学习钢琴的基本功就像我们搭积木一样，不能急于求成。在搭建的过程中，我还会融入美术、数学的知识，指给他每一块积木的颜色，让他数一数搭建了多少层，设计好积木的造型和颜色是对称还是不对称等。

家长还可以根据孩子的喜好，亲自为孩子设计一款游戏。设计游戏的时候一定要根据孩子的年龄来设计难度，并融入符合孩子年龄段的知识，让孩子在玩中学习知识。

寻宝：这是我十年前给端端设计的一款益智游戏，在家里就可以玩。我把家里随便一样小东西当作"宝物"藏起来，记住不要选择贵重物品或者易碎品。藏东西的地方也要选在安全而隐蔽的角落。然后，我沿途准备好一系列线索，这些线索可能是一道数学题，也可能要他背下来一首古诗，还可能是一个谜语。游戏开始后，我会先给他第一个提示，让他根据提示找到第一个线索，他再按照线索寻找第二个线索。只要他能按线索上的要求做完，就可以找到一张藏宝图，根据图中显示的方位找到"宝物"。

这是端端童年最喜欢玩的游戏，在游戏里，他积极主动地完成几道数学题，背会几首古诗，还学会猜谜语、看地图。经常在找到一个线索之后开心地大笑，最终历经千辛万苦找到"宝物"，满满的都是快乐和成就感。

四、陪孩子玩，和孩子一起成长

端端上一年级的时候，班里流行用纸折战舰玩具，他没事就会在家折战舰，有时候还会开心地炫耀自己赢来的战舰，兴奋地告诉我什么形状的战舰特别厉害，教我战舰怎么玩，我们常常一起对战。

端端上二年级的时候，去成都拍电影《夏天的谎言》。剧组里的哥哥、姐姐教他玩"天黑请闭眼"。我发现这个游戏可以训练孩子的语言表达能力、倾听能力和逻辑分析能力，唯一的副作用是有时候需要隐瞒身份。所以我们在玩之前会讲清楚，游戏之外是不能撒谎的。

端端三年级的时候，开始流行玩"密室逃脱"，端端听说了表示很想见识一下。我就和几个孩子家长组团一起去玩。我们在密室中一起爬上钻下，一起找线索，破译密码。端端特别佩服我的分析能力，以至于每次玩都要求我和他一组。

五年级的时候端端迷上了变魔术，我们一起研究魔术的原理，看相关的视频。拍戏途中遇到有教魔术的地方，我都会支持他去学习。

有一年暑假，每天练完琴、写完作业，我就和端端在游戏机上玩一会儿"超级玛丽奥"，整整一个暑假从第一关一直打到最后一关。我常常和端端回忆起那段时光，都觉得非常幸福。

五、与其屡禁不止，不如玩出源代码

家长们都会担心孩子玩电脑、手机游戏上瘾，怕孩子沉迷其中无法自拔。所以很多家长杜绝孩子玩电脑、玩手机。但是互联网时代是不可能不让孩子与电脑绝缘的,而且容易越禁止越渴望。这会导致孩子一旦得到机会,玩起来就会没个够。

端端两三岁的时候就喜欢坐在我们的腿上看我们操作电脑,大一点也开始对电脑游戏产生兴趣。上小学之后,就开始表示想要参与电脑游戏。我们并没有严禁他接触电脑,而是规定他每周玩的时间和次数。并且跟他一周的综合表现结合起来,如果表现不好,玩游戏的时间就会被抵消。到了节假日和周末,我们也会跟他一起在游戏中闯关。

有一次,端爸告诉端端有一种可以用家庭网络联机玩的游戏。这让端端产生了好奇心,提出把家里的两台电脑联机玩对战。可我们当时都不会电脑联机的方法,于是我和端爸分别上网寻找相关的文章开始学习。在一旁看热闹的端端,对文章里的数据、设置一知半解,可他也在一旁积极地参与着。一会儿看看我这边,一会儿问问端爸怎么样了。经过一番折腾电脑虽然互联了,可游戏却还联不上。最终我们研究了快一个小时,才联接成功。游戏可以对战了,端端激动极了,高兴地搂搂我又抱抱端爸,一直赞叹着:你们太厉害了!

等到我们真正联机对战的时候,端端玩过几次也就满足了,远不如我们一起研究联机、攻克技术难关的过程让他有成就感。

但那次之后,端端开始对编程知识产生兴趣。不仅主动去图书馆借编程的书来看,还要求学习编程课。当他学会了编简单的小游戏程序,明白游戏的背后是一长串源代码,每一关都是人设置的以后,就能更加理智地对待游戏了。

大千世界让孩子上瘾的事情可真不少,端端二年级的时候,有一次在商场的游戏厅,看到有人玩投币的游戏机获胜了,从机器里面掉出很多游戏币。他被吸引着驻足观看了很久。之后几次路过游戏厅，端端都提出想玩一下。我当时也有点担心，毕竟这种游戏带点赌博的味道，可是我也知道越是禁止他，越勾起他的好奇心和兴趣，就像是一种饥饿营销。于是我就同意他去投几个币，同时心中开始琢磨怎么处理这种情况。

过年时，端端拿到不少压岁钱，我们去逛商场他又提出想去游戏厅玩投币游戏。看着他摩拳擦掌兴奋的表情，我决定这次让他玩痛快一点。

我提出用他的压岁钱来买游戏币，这样掉出来的游戏币也归他所有。已经开始学习理财的端端犹豫了一下，但还是同意了。

以前我只给他买十块钱、二十块钱的游戏币，玩起来不尽兴。这次我鼓动他从压岁钱里拿出五十元来买。他很惊讶我的建议，看我诚恳的表情不像是开玩笑，就蹦蹦跳跳地去买了五十元的游戏币开始玩。

我的计划是让端端把这五十元都输掉，他一定会非常心痛，然后就会讨厌这个游戏以后再也不玩了。可是，没想到他刚刚玩了几个币，就中了一个五百个币的最大奖。游戏机里源源不断地往外掉游戏币，"哗啦啦"的声响把周围的人都吸引了过来。围观的人群中传来赞叹说："好厉害啊！"

端端也特别开心，享受着游戏币掉落下来的声音。我却在一旁暗暗叫苦，心想这下弄巧成拙了，端端这下可能真的就上瘾了，以后更难办了。端端看着满满一筐的游戏币开心极了，他问："妈妈咱们接下来怎么办？要不咱们把游戏币拿回家吧，以后慢慢玩！"

我赶紧说："这才玩了一会儿，应该继续玩啊！以前咱们就买几个游戏币,还不舍得投进去,现在游戏币这么多,干吗不玩个痛快?"

端端兴奋地扭头就开始玩,还大方地抓了一大把游戏币给我,示意让我也去玩。可我哪有心思玩啊,暗中观察着端端的动态。有几次他差点就又中大奖了,看他对着游戏机抱怨,我也跟着他一起惋惜。眼瞅着面前的满满一筐游戏币一点一点减少,终于仅剩的一枚游戏币也投进了机器里。

这时已经过了中午饭的时间,他长叹一口气,沮丧地站起身表示自己又累又饿。我问他要不要再买五十块钱的币继续玩,他看着因为抓游戏币变得黑乎乎的双手,失落地摇摇头。

我们一起去吃午餐,我给他一边点餐一边计算。

"一个汉堡包加薯条也不到三十元,而刚才咱们玩游戏机就花了五十元,你觉得值吗?"

端端想了想说:"我刚才中大奖的时候特别开心,我觉得还是值的。"

"你中大奖的时候,很多人围观,还有人夸你很厉害,你觉得你是真的厉害吗?和你弹钢琴被人夸、学习好被人夸一样开心吗?"

端端说:"不一样,这些只是当时运气好而已,后来我的运气就变差了。而我弹钢琴和学习不会突然就变差了。"

"其实游戏币谁投都一样,运气是游戏机说了算。而你学习和弹琴是靠自己努力,是自己说了算的。"

端端若有所思地说:"那我还是愿意自己说了算。"

我们又开始讨论,游戏机为什么有的时候会中大奖,有的时候就没有奖。我引导他想想开游戏机店能不能挣到钱。

端端说:"游戏厅老板是一定能挣钱的,不然游戏厅早就倒闭了。那么,所有玩游戏的人加在一起输的要大于赢的才行。"

我说:"对啊,两者之间的差就是老板挣到的钱。每天,老板把游戏币从游戏机里一次性取出来,然后我们花钱帮他再一个一个投进去,我们花费了时间,而最终以失败告终。"

端端彻底弄明白这个事情之后,再见到游戏厅就不那么想进去玩了,节假日偶尔进去玩几下,也当作是个单纯的游戏,再也不是以前那副兴奋的模样了。

端端上高中之后,渐渐地不再约我们一起玩。他更喜欢跟同龄人一起聊天、玩密室逃脱,一起去蹦床馆,一起打篮球。茶余饭后,端端偶尔也会搬出平板电脑,我们一起玩几盘五子棋或者小游戏。现在的我几乎每盘都会输给他,然后换成是我喊着:"不服气,再战!"有时很难分辨是我在陪他玩,还是他在陪我玩。

孩子终究会长大,在体力和反应能力上超过家长。所以,家长要把握陪孩子在玩中长大的机会,彼此留下甜蜜的回忆。

端端说

我觉得玩和学同样重要,很多游戏不光好玩还很费脑子。就像"狼人杀",不仅可以训练我的语言表达能力、逻辑思维能力、判断和分析的能力,还可以促进人际交往。

至今在我心里,妈妈依然是我的好玩伴。妈妈自己也很喜欢玩,赢的时候跟个小孩一样开心,倒是我常在一旁提醒她"稳重一点"。新冠疫情期间,我们在家每天晚上打一个小时乒乓球。输的时候她也会闷闷不乐,我就会故意输给她几个球。毕竟她高兴了,我也高兴嘛。上次放寒假,我还和妈妈在平板上玩五子棋呢。小时候几乎没赢过她,现在我们能打个平手了。她把那几招必杀技都教给我了,当然赢我就不那么容易了。

小时候玩密室逃脱,妈妈看的书多,理解力、观察力也强,总能在密室中发现一些蛛丝马迹,找到破解密码的办法。我常常是跟着她过关,后来玩得多了,再去密室逃脱就以我为主了,轮到妈妈开始佩服我啦!现在我去玩密室逃脱,都和同学约着一起出去,因为有家长在场的话,同学们多多少少会有些放不开。

妈妈说,年轻人总能接触到最新的东西,有啥好玩的介绍给她。我就给她介绍现在有一款游戏叫"剧本杀"。妈妈很感兴趣,问了我很多问题。我答应妈妈找个机会带她去玩一次。妈妈喜欢写剧本,我觉得她也能写出很棒的"剧本杀"作品。

养一个有艺术气质的孩子

2020年新冠疫情期间，我在家里给学生们上网课，由于班级和课程整合，我负责五年级的音乐课和美术课。

网课比较难的是学生和老师之间的互动，音乐课还好，美术课尤其让我费神。于是，我想到在课程里安排一些做手工折纸的内容，这样我对着摄像头边做边指导，一节课下来学生基本可以学会。

那段时间，我们折了多米诺纸牌、各种各样的飞机、平衡鸟、翅膀爱心……孩子们会把自己折好的成品照片发给我，还会给我录制多米诺纸牌依次倒下、纸飞机飞行、平衡鸟旋转的视频。有的孩子没有学会，就会私信我，让我再教他一遍。看得出孩子们还是非常喜欢这门课的。

有一天，我打开摄像头和话筒准备上课，学生们陆陆续续进到网络课堂，我没有设置全体静音，可以听见每个孩子的背景声音。

突然一位妈妈的声音传了过来：又折纸，又折纸，你整天折纸有什么用啊？

虽然这位妈妈说话的声音不大，但是我却听得清清楚楚。原来我精心准备的美术课，在这位妈妈的眼里毫无价值。既然折纸在她眼里没用，那么音乐课呢？天天唱歌又有什么用呢？她认为有用的课是什么呢？我猜想应该是语文、数学、英语这类可以在中考、高考发挥作用的课程。

这位妈妈的话让我有些不开心,但是转头一想也在情理之中。素质教育已经提出超过二十年了,但是应试教育的魔咒始终无法突破。家长眼中只有语文、数学、英语,他们都在拼命给孩子各种补课。道德与法治、美术、音乐、劳动这些课程几乎没有家长会重视。就连任课老师本人也会随口说:"谁说我们副科就不重要啦。"

亚里士多德说过:"世上的一切事物可以分为两部分,以功利为目的和以美为目的。"

家长认为艺术没有用,艺术作品没有用,拒绝孩子去接触,或者带着功利的思想让孩子去学钢琴、学画画,忽视了美在生活中的意义。

在这样主导思想下长大的孩子,思维容易固定、僵化,不善变通,学习也容易陷入困境,遇到问题很难找到开解自己的途径,人生也会变得平庸。**只有艺术地养育孩子,才能养出具有艺术气质的孩子。**

一、用艺术思维创造生活亮点

我们家装修的时候,端爸亲手在入户门的天花板上,用黑白的亚克力材料做出了二十四个琴键的造型,不仅有和真琴键一样的凹凸感,并且每个黑键中间装了一个LED灯。成本并不高,但当时也花费了端爸不少的时间和体力。

第一次来我家的朋友,抬头无意间发现这个玄机,常常赞叹端爸的创意和手艺。不仅独一无二,而且凸显了主人的专业和爱好。

我们家二楼的阁楼上有一个窗户，也在端爸的巧思下改成了一扇门，并把外面的一小块没用的地方用防腐木搭建起来，变成了一个小露台。

春天小露台上开满了鸢尾花、玫瑰、蔷薇，夏天葡萄树上结满了小葡萄。我们一家人坐在小露台上放着音乐，纳凉、赏月、看晚霞，附近的麻雀、鸽子、斑鸠也常常光顾这个小露台，吃我们专门撒的鸟粮。

我们家里有整整一面墙，从地板到天花板都用老榆木做成书架。这书架中也有端爸的巧思。书架有一部分是可以移动的，下面装了四个轮子，就像是一个暗门。不仔细看，一点也看不出来。拉开"暗门"可以通往后面的一个衣帽间。这样的设计既实用又不破坏书架的整体感。

像这样的巧思我们家随处可见，朋友买了新房都会来我家取经，也想给自己的新居增添艺术感。这都得益于端爸美术专业融入生活的思维。

有一次，职工合唱团参加市里的演出，我负责给她们弹伴奏。演出服是几个合唱队员去演出公司租的，大家觉得衣服上最好能有些亮片，在舞台的灯光下比较有演出的效果。于是，有人选了腰部有弧形造型，上面贴满了银色亮片的一套衣服。衣服拿回来之后，大家都说漂亮，可是端爸看了照片断定这套衣服不合适。

他告诉我，在舞台上，腰部的亮片会反光有膨胀感，这会让每个人看上去都很胖。但是衣服已经租来了，合唱队员们也都很满意这套衣服，我对端爸的话也半信半疑。合唱比赛结束，大家兴高采烈地在手机上传看演出照片，所有人都发现了这套衣服的弊病，每个人的腰部都亮闪闪，看上去就像是水桶腰，实在是不好看。

可见，艺术思维不仅能让我们发现生活的美，还能创造生活的美。

二、艺术拓展孩子看世界的角度

孩子接触的事物不同，认识就会不同，视角也会发生变化。这种变化在小孩子阶段不明显，孩子对美是无意识的。但随着孩子**年龄的增长，从小接受艺术教育的孩子，和只接受功利主义教育的孩子相比，看待世界的角度会多很多，见解和行为也很不一样。**

我认识一位用艺术育娃的妈妈，秋天带着孩子去公园散步，和孩子一起捡形状不同的枯黄树叶带回家。在妈妈的巧思下，这些在别人眼里是垃圾的落叶，则摇身一变成了秋天的使者。妈妈和孩子把各种颜色均匀地刷在叶子上，再把叶子往白纸上按压。树叶的经络，在白纸上印出五彩缤纷的纹理，孩子运用想象力用彩笔在上面稍加勾勒，一幅世上独一无二的画作就诞生了。妈妈和孩子自己动手制作画框，把这些画装裱起来挂在墙上，非常好看。

端端小时候对任何小昆虫都充满好奇心，他曾经长时间蹲在一条山路上看地上的蚂蚁搬家，还因为蚂蚁被爬山的游客踩死了而伤心落泪。那些成年人看来不屑一顾、稀松平常的东西，在孩子的眼中都呈现出不同的样子。妈妈不要打扰和阻止，要鼓励孩子用视觉、嗅觉、味觉，眼、鼻、口、心去和大自然沟通、交流，去发现美、欣赏美、认识美。

有一天傍晚，我们正在厨房忙着做饭，突然端爸喊我们快去露台。我和端端闻声赶过去。端爸指着西边的晚霞说："你们看，晚霞多漂亮。"果然，在落日余晖的照射下，西边的整片云彩都变红了。

端爸建议我们爬到楼顶上去看，这样可以把夕阳的全貌尽收眼底。于是，我们一家三口顺着梯子爬到了楼顶上。这时，夕阳的红开始幻化出不同的颜色，红色由浅入深再转成淡蓝至深蓝，整片天空就像电影《火星计划》里面的场景。端爸和端端已经拿出相机开始拍照。天上的云彩迅速变化、翻滚，在每一张照片上都展现出不同的颜色和形状。我们生活的这片小区就像是在火星上修建的太空城，墙体和窗户都被火烧云染红了。很快火烧云就已经开始失去了绚烂的颜色，红色渐渐转成青黑色，并逐渐占据了大部分天空，最后整个天空都暗了下来。我们才依依不舍地从楼顶上下来。

我把拍摄的照片发了微信朋友圈，很多朋友都询问我们去哪里旅游了，这是什么地方。当我回答这就是我家楼顶的时候，朋友们在表示照片美极了的同时，也纳闷怎么刚才没注意外面天空的颜色。

雕塑家罗丹说："世界上并不缺少美，而是缺少发现美的眼睛。"

家长应当给孩子营造宽松的环境，鼓励孩子去发现美，及时肯定并分享孩子的发现，帮孩子保留与生俱来的爱美之心。

春天和孩子一起看冰雪消融，小草返青，看纸片在楼宇间随风跳圆舞曲。夏天启发孩子聆听雨滴敲打窗棂，蝉鸣蛙叫，体会雷鸣电闪交错的波尔卡节奏。秋天陪孩子一起用树叶复制植物的经络,去田野漫步,躺在吊床上看天上的云从百马变成千帆,又幻化如万丝漫卷。冬天和孩子一起堆个雪人,仔细观察雪花的冰瓣,看一夜之间树木挂上白胡子,房子戴上白帽子,用手指在被白雪覆盖的车上画一幅即兴漫画。早餐的时候,给鸡蛋画上五官;晚饭过后,用水果切片创意拼盘;周末,用面团做成饼干小人;给洋娃娃设计一套衣服……发挥孩子的想象力,亲子互动,共度美好时光。

三、艺术的无用,恰是有用之妙

如果把吃、穿、用、考试、挣钱当作生活中最有用的事情,美术课上画的画、做的手工,音乐课上唱的歌、听的乐曲都可以算作没用。

中考、高考不会考孩子折纸,平时的画也不能当饭吃,在网上想听一首歌估计还要付费。但是,正是这些没用的东西,却像我们身边的空气一样重要。

艺术美化着我们的生活,时刻滋润着我们的心灵。如果把这些所谓的没用的东西全都清除出去,我们就会觉得枯燥和窒息。美育是人类获得快乐、获得幸福的必要素养。

有一天,我班上的家长打电话给孩子请半天假,说孩子不舒服,上午在家休息不来上学了。我说身体健康非常重要,就在家好好休息明天再来吧。家长却说,孩子坚持下午要去学校,因为有陈老师的音乐课,她一节也不想耽误。我听了心中非常欣慰,孩子喜欢音乐,愿意上我的课,这是当老师莫大的幸福。

记得我上小学的时候,只要课程表上有音乐、美术、体育课,那一天就是特别有盼头的一天。上课的过程就好像在充电,我这一天都感到很满足。

我们开车陪端端拍戏，去过最远的地方是横店影视城。一天开了一千多公里，从早上六点出发晚上六点才到达。端爸是司机，除了必备的食物和水之外，他头天晚上一定要下载好喜欢的音乐。我和端端在后排睡着了，只要有音乐陪伴，端爸就可以一口气开到目的地。

经常有人问："端端是怎么学会演戏的？和明星对戏是怎么把握感觉的？"我认为在表演中，端端从小学习钢琴的经历，给了他潜移默化的影响。

端端在弹奏巴赫的《十二平均律（前奏曲与赋格）》时的状态和拍戏异曲同工，赋格的主要结构是先在一个声部上出现一个主题片段，然后在其他的声部上模仿这个片段。演奏者要让主题的声部与新的声部相对应的乐句，形成相互问答、追逐的效果。巴赫的音乐蕴含着充沛的生命力，是结构理性、情感表达的完美结合体。

这多么像一出戏的结构，几位演员的对白都围绕着一个主题，你一句我一句，声调、音色各有特点，抑扬顿挫，自然呼应。激动之处会有台词的重叠交错，但还要观众听清楚每个人的话。不能答非所问，也不能没有意义地唠叨。演员在表演的时候必须要用理智去演绎充沛的情感。

这就是为什么很多学音乐的孩子，拍戏很快可以找到台词中的节奏感、韵律感。学舞蹈的孩子拍戏也很会运用身体语言和眼神。这就是音乐、舞蹈、戏剧的相通之处。

这个世界上的大部分焦虑和痛苦，都是对过去的失落和对未来可能发生之事的恐惧。当这种恐惧占上风，就会使我们无法充分体验到当下的时刻。而**艺术是可以让你看到、听到、触摸到当下，感觉到自己存在的真实和美好，从而获得正念的力量。**

这几年，我一直在给社区的老年大学合唱团担任伴奏的工作。合唱团的成员都是离退休的老年人，平均年龄七十五岁，在退休前大多从事着与艺术无关的工作。他们中间不乏工程师、医生、教师、科研人员，有的还是科级和处级干部。每次合唱团训练，团员们都积极参加，不迟到不早退，比小学生还遵守纪律。

他们告诉我自己小时候家里条件差，没有机会学习唱歌和弹琴，其实对艺术非常渴望。成家立业、生儿育女忙碌了一辈子，退休了终于可以做喜欢的事情了。他们眼睛已经花了，但还是捧着歌谱认真地学着、唱着。

有一位头发花白、面色红润的大叔跟我说，他退休之后眼睛出现问题，一度失明非常痛苦，也因此患上了焦虑症，几度想要自杀。后来，在朋友的带动下参加了老年合唱团。在歌声中，情绪慢慢得到缓解。眼睛治好后，他爱上了唱歌，不仅自学五线谱，还报名了老年钢琴班。音乐治愈了他，现在有什么病痛他也不那么焦虑了，能够正确地看待衰老、疾病和死亡，还和老伴签署了器官捐献登记表。

老年大学还有书法班、绘画班、摄影班、剪纸班、舞蹈班和模特班，几乎班班爆满，座无虚席。他们不必参加中高考，却像对待中高考一样认真和努力，精益求精地要求自己。无论他们退休前擅长什么专业，在工作中取得过多么大的成绩，退休后都不约而同地在"副课"中寻找到了快乐和慰藉。

"双减"政策让教育回归初心，缓解教育焦虑。国家的这一政策其中一个重要目的就是要把中小学生从繁重的学业压力中解放出来，让他们有更多时间和机会接触自然、感受艺术、放飞自我，让他们接受更为全面健康的教育。

现在也有越来越多的家长开始明白艺术的重要性，家长要艺术地育儿，才能育出艺术的孩子，切忌逼迫孩子考级，在学习艺术的过程中拔高、攀比，把艺术卷入虚荣的功利场。这样，孩子不管将来是否从事艺术专业，艺术都会陪伴他一生，直至终老。

端端说

出生在一个艺术之家，能够学习音乐，能够选择现在的学业方向，我觉得非常幸福。作为学习艺术的孩子，我对身边的音乐特别敏感和关注，喜欢去搜集各种音乐素材，学习多种多样的音乐表现形式；也喜欢好看的风景，愿意用相机记录它们。我记得一年级的时候，有一次带着家里的相机去学校拍摄植物，拍回来的照片妈妈看了连连赞叹，说自己从没发现学校有这么多好看的花草。

我的生活中有很多跟艺术相关的东西，比如：折纸、手工，哪怕是烹饪都能让我在中间找到乐趣。艺术提高了人的审美，我觉得一个人用艺术的素养去生活和工作，相当于多了一双可以发现美的眼睛，能看到更多有趣、美妙世界的抽象的一面。一个审美水平很高的人，他做事情的标准一定不会平庸，完成后交上去的"成品"也注定会打动人。

没有哪个孩子不聪明

在我眼里没有不聪明的孩子，只有还没开窍的孩子。**只要开发孩子智力的方法得当，待到时机成熟，每个孩子都能开窍，都能表现出令人为之赞叹的智慧。**

1983年，哈佛大学心理学家加德纳，提出了多元智能理论。他提出人类智能至少分成九个范畴，包括逻辑、语言、空间、音乐、肢体动作、内省、人际、自然探索、生存智慧。这一理论认为几乎每个人都是聪明的，但聪明的范畴和性质呈现出差异。

开发智力的方法和途径其实有很多，但我作为音乐老师，见证了太多在音乐的陪伴下越变越聪明的孩子，包括儿子端端也是音乐教育非常大的受益者。所以非常想跟大家分享一下，我是如何用音乐教育理念来开发端端的智力的。

从端端出生开始，我就有目的地让他多接触音乐，但是对低幼孩子的音乐启蒙实操方法，还是知之甚少。于是，端端三岁那年的寒假，我自费去北京参加了被称为世界最著名、影响最广泛的三大音乐教育体系之一的奥尔夫音乐教师培训班。

卡尔·奥尔夫，生于德国慕尼黑的一个军人家庭，从小接受各式艺术的熏陶，就读于慕尼黑音乐学院，成为音乐作曲家；后开创了奥尔夫音乐教育，1961年于萨尔茨堡莫扎特音乐学院成立奥尔夫研究所。

奥尔夫音乐教育强调音乐教育的目的是为了"人"，让孩子从小就打下良好的音乐根基,使有音乐天分的孩子,能走上专业的道路,而让较平常的孩子也能成为有一定水准的欣赏者。奥尔夫的音乐教育强调原本音乐,是指人们不是作为听众,而是作为演奏者参与其中,把动作、舞蹈、语言紧密结合在一起,接近自然,源于生活,非常适合儿童。奥尔夫的音乐教育范畴,包括舞蹈、戏剧、文学、诗歌等综合性艺术素材,有助于孩子全面发展。"即兴"是奥尔夫音乐教育体系最核心、最吸引人的构成部分,有助于激发孩子的创造力。

从培训班回来之后,我决定先在端端身上实施奥尔夫音乐课程。奥尔夫课适合多人上集体课,于是我邀请端端的三个要好的小伙伴一起来学。四位妈妈和孩子组成了八人亲子班,每周在几个家庭轮流上课。每节课我都会拍视频、做上课记录。根据孩子们的表现,对比学之前和学之后的变化,想看看奥尔夫音乐教育对这几个孩子到底有哪些神奇的影响。

苏霍姆林斯基说过,孩子的动手能力越强,智力发展就越充分。

我们的奥尔夫亲子课非常成功,孩子们不仅表现出对课程每个环节的极大热情,他们在课堂上的表现,也出乎妈妈们的意料。在此之前,我们从来不知道孩子们的接受能力、创编能力、想象能力和记忆能力这么厉害。

随着课程的进行,内容的不断加深,难度不断加大,四个孩子的进步让妈妈们惊喜不断。每次上完课,孩子们和妈妈们都意犹未尽,期盼着下一节课快点到来。

在这里,我给大家分享几个家长和孩子一起互动的课例。妈妈也可以带着宝宝试一试。

第一轮自我介绍。小朋友们和妈妈们围坐在一圈做自我介绍，第一轮我拍着手有节奏地说道："我是陈老师，你叫什么？"

我把手伸向其中一个孩子，不用过多的言语解释，孩子们马上就心领神会，模仿我有节奏地回答："我叫端端""我叫文文""我叫楠楠""我叫三宝"。

第二轮我们每个人为自己的名字设计动作，比如剪刀手、叉腰、马步都可以。做动作的同时配合刚才有节奏的自我介绍。然后我模仿其中一个动作，让孩子们回忆一下这是谁设计的。孩子们都积极地回答着，连最小的文文也把八个人的动作记得清清楚楚。

我又问："你爱吃什么？"

孩子们和妈妈们依次回答："我爱吃水果""我爱吃鸡翅""我爱吃猕猴桃""我爱吃蔬菜"。

每个孩子回答后，我还有节奏地表扬道："爱吃蔬菜真好""回答问题真快""声音真是响亮"。

这样的设计看似简单实则巧妙，有节奏地一问一答，既打破了孩子们上课的拘束感，还培养了孩子们敏捷思考、勇于表达的能力。

《山岛之旅》是奥尔夫课中的戏剧表演课，也是孩子们最喜欢的内容之一。我先给孩子们讲了一个故事："宝贝们，咱们八个人今天要坐船去小岛探险了，孩子和妈妈一组登船，必须要一起设计一个上船的动作，每个组都要有自己的特点哦。"

"船"就是我们围成一圈的八把小凳子。妈妈和孩子一起开始设计与众不同的上船方式。有拉着手跳上船的，有妈妈抱着孩子上船的，还有一起爬上船的。每一组妈妈和宝宝的动作，都能惹得大家哈哈大笑。

四个组都上"船"之后，我故意皱着眉头说："呀！咱们这艘船需要打扫一下啊。"孩子们立刻争相模仿打扫船舱的过程，扫地、拖地、修修补补。

接着就要开船了，我来教大家唱《划船歌》，妈妈们和孩子们一起学，一边唱一边做着划船的动作，大家很快就都会唱了。

我喊道："我们现在到了第一座小岛，岛主正在欢迎咱们呢，他鼓掌的声音大，咱们就慢慢地起身；岛主鼓掌的声音小，咱们就慢慢地蹲下。"

孩子们能准确地根据掌声的强弱，选择正确的动作。

"现在我们要登上第二座小岛了！"

第二座小岛要求大家轮流当岛主，我们八个人排成一竖排，第一个人设计一个动作跟着音乐表演，后面的人都要模仿。当音乐变化的时候，第一个人就跑到队伍最后，由第二个人接管第一个人带领大家做动作。在这个环节里，孩子们的创意层出不穷，表现甚至比妈妈们还好。

课堂上，我为孩子们准备了很多奥尔夫打击乐器，如三角铁、手鼓、铃鼓、手摇铃、沙铃、手响板、响棒等。每节课都会让孩子们用乐器合奏，让孩子们从合奏中体会演奏音乐的乐趣，并在团体中了解合作、协调的重要性。

《走、跑、停》是奥尔夫课中的一个音乐游戏，是孩子们的最爱。孩子们在场地内随意行走，我用打击乐器不断地敲击出节奏。节奏速度慢孩子们就走，节奏速度快孩子们就跑，敲击声停止时孩子们要马上停住不动。

当孩子们熟悉了这个游戏规则之后，我开始升级难度。要求孩子们在停的一瞬间，根据我的口令做动作。比如：我喊"头"，那么孩子们要找邻近的队员头碰头地接触；如果我喊"手"，相近的队员就马上手拉手。

《螃蟹舞》是奥尔夫课的舞蹈环节，孩子和妈妈面对面，双手相对握紧，跟着音乐模仿螃蟹横着走的样子，一起跳集体舞。这些舞蹈动作形象有趣，简单易学，非常适合2—5岁的幼儿。就连妈妈们也跳得不亦乐乎。

通过大半年的奥尔夫亲子音乐课，四个孩子的进步都非常大。孩子们因被尊重而有勇气尝试新事物，愿意与人合作，并对音乐开始有了浓厚的兴趣。对各种声音开始有了敏锐的反应，可以听辨出我播放的不同乐器的音色，模仿出很多有趣的动作，用打击乐器敲打出复杂的节奏。能分辨音乐的强弱、高低、快慢，还学会了与人小组协作，积累了合奏的经验。

我们的奥尔夫音乐亲子课结束后，四个孩子中有三个选择了学习钢琴，一个孩子选择了学习吉他。上小学后，这四个孩子的学习成绩都在年级名列前茅，并且三个学习钢琴的孩子在小学阶段就考过了钢琴十级。中考时，他们全都考入了市级重点中学。

多年后，当我们一起聊起孩子们幼年学习奥尔夫音乐的那段经历时，几位妈妈都表示特别庆幸让孩子学了奥尔夫音乐，肯定了早期的音乐启蒙，对孩子的智力发展有着重要的作用，所以孩子们越来越聪明。

我分析还有一个重要的原因，就是这四位妈妈对孩子教育的重视，对音乐教育的认可，对新鲜事物有着较强的接受能力，还有一颗陪着孩子上课的坚定决心。

端端是快四周岁时开始正式跟我学习钢琴的，有了奥尔夫音乐作为启蒙，他的钢琴课进行得非常顺利。而我从端端学钢琴第一节课开始，就以日记的方式记录他上课的内容和表现。

从日记中可以看到端端学习钢琴后，智力飞速地发展着，不仅在演奏上进步很大，而且在其他很多方面都有着不小的变化。下面是我在《学琴日记》里摘录的几段，相信会对家长们有所启发。

《学琴日记》摘录

2009年3月23日　12∶35

端端已经学了一个多月的钢琴了，因为去年学了奥尔夫音乐课，所以他的节奏感很强，识谱也不费劲，进步很快。

最让我感动的是，端端从来没有说过不想练琴，练琴那么努力的样子非常可爱。他说最喜欢我表扬他，不喜欢我批评他和在一边总是唠叨："手型、别折指。"

有时候，他会规定我坐在离他有一定距离的地方，然后跟我定个暗号：如果他弹得好，我就给他鼓掌；弹得不好，我就不说话，这样他就会再重新练。

端端已经开始对音乐表现出了浓厚的兴趣，不仅会在钢琴上用强弱力度去弹奏，而且还有自己的一套"理论"。比如：这是小猫在睡觉，声音不能强；这里是刮大风了。他除了话特别多，让人哭笑不得以外，还是个很好的学生。只要一有观众，他的弹琴热情就飞涨，说不准是个表演人才！

2009年4月15日　9∶37

端端学琴两个多月了，上课和练琴这件事，对他来说已经非常自然了。每次来练琴特积极，一进屋马上掀开琴罩、琴盖，翻开书就弹，错了就马上重新弹。

他对音乐的感觉还是很好的，弹《摘棉花的老人》时，他说开始几个小节是悲伤的。

弹《自新大陆交响曲》时，他弹的附点节奏不准确，我给他指出来，他有些不服气。我就给他讲作曲家德沃夏克，是听到一个思念家乡的黑人妇女在哼唱小曲，然后写下了这首曲子的故事，并给他唱歌词。他听得入迷，听完之后马上就按正确的节奏弹下来了。

2009年5月7日　15：37

端端学琴将近三个月了，他学新的曲子并不费劲。特别难得的是在遇到困难的时候有股子冲劲，不喜欢我在一边唠叨，更愿意自己攻克。但是自负的一面也表现得很突出，不喜欢别人提意见，不让别人帮忙指谱子、数拍子。

有一次练琴刚开始，他就跟我讲条件，而且每弹一遍就停下来说些废话，要这样要那样地耽误时间。我知道现在的曲子长了，开始有点难度了，他也有点想偷懒耍滑了。

我故意装作很生气，不理睬他离开了房间。他就故意喊着说我不陪他就不练了。我头也不回地说："你看着办吧，后果自负！"

僵持了一会儿，如我所料他又开始练琴了。一连弹了很多遍，见我还不进去，就跑到门口把门打开。我心里一直偷偷笑，便给了他一个台阶下，端着水果走进他的房间。他马上笑脸相迎，问他弹得是不是很好。哈哈，你说这小家伙早咋不这样。

2009年6月24日　19：34

端端已经学了四个多月的钢琴了，给我的感觉是惊喜，让我猜不透他的能力极限在哪里。每次学琴，他都很明白，练琴又很自觉，除了练我教的以外，还主动弹别的曲子。在钢琴上一弹就是一个多小时，还常常自编曲子，并且告诉我他编的这段音乐描述的是什么。练好曲子就特别有成就感，总拉着别人听，可愿意表现了。但是在速度上还控制不好，喜欢快，节奏不稳。总的来看，他还是很适合学琴的。

2009年7月27日　16：16

端端学琴五个多月了，北京的姐姐来了。姐姐也是个小琴童，两个人相差两岁，每次都一起练琴。

到了晚上，我给他们读郎朗的自传——《千里之行：我的故事》。两个孩子都被郎朗的成长经历吸引、打动了，每天读书成了固定的节目。很快一本厚厚的书就快读完了。

7月底，两个孩子参加了一场音乐会，各自演奏了一首钢琴曲。端端第一次上台，一点都不害怕。倒是姐姐年龄大些，有点小紧张，但是两个孩子最后发挥得都不错！

2009年9月21日　18：06

端端学习钢琴已经半年多了，想来真的不容易。虽然我教过的学生不少，但是在开始教端端的时候，还是心里没底。一是因为他是自己的孩子，不知道他能否听话。二是因为他上第一节课的时候还不满四周岁，不知道他接受能力如何。现在看来这些担心都是多余的，端端的综合表现还是非常让我满意的。这孩子打心里喜欢音乐，学琴的进度一直很快，完成的质量也不错，每天坚持练琴一个小时，从没有怨言。

我相信"坚持就是胜利"这句话。端端开始学钢琴这半年，在学习方面取得了不少成绩。幼儿园的逻辑狗比赛进入了决赛，诗歌朗诵比赛得了第一，全国"新丝路"少儿模特东营赛区的比赛，也得了第三名。

其实这中间不是端端有多少过人之处，而是我们认真做了，坚持了！坚毅的性格已经逐渐养成了。作为妈妈我真的很高兴！我没有想让端端当什么钢琴家，就是通过学习音乐，培养他的好习惯和性格。从小打好基础，长大做什么都会是最棒的！

端端说

看过一个小视频，是导演徐峥问钢琴家赵胤胤："我现在学钢琴还来得及吗？"赵胤胤说："肯定来不及了，你爸妈都打不过你了。"

这句话是有道理的，我四岁开始学钢琴，妈妈规定我每天一个小时练琴，那可是雷打不动的。如遇特殊情况要外出，就把练琴时间调到早晨弹完再走。外出不论回来多晚，只要没练琴就都要把这一小时补上。发烧的话，就退烧了练两个小时。就连我们去银川拍戏，她都能在手机上搜一个琴行地址，坐上几站公交车带我去练习。

一开始我真的觉得妈妈太严苛了，周围没几个同学受到我这样的"待遇"，心中也常常冒出不满的情绪。妈妈就说真心不想学钢琴，就写个"自愿放弃学钢琴，将来绝不后悔"的保证书，以后就再也不"逼"我练了。可我心里又放不下钢琴就没写。现在想想幸好没写。

于是这么坚持了三四年,弹琴就成了习惯,如果一天没练琴心里就会内疚,两天不练琴就会手痒痒,心中不自觉响起钢琴的旋律,恨不得飞奔到钢琴前面去弹出来。

有一次,我在学校的琴房录一首钢琴曲的视频,为了能让作品完美无瑕,我反复地录制,一首六分多钟的钢琴曲,我来来回回地录了五十多遍,直到手机内存不够才停止。我当时就知道,这首钢琴曲我已经能拿得出手了,后来用这首曲子去参加全国性的一个钢琴比赛,获得了第一名。别人一听这事都觉得很惊叹,其实在坚持的路上品尝了甜,再继续坚持下去根本就不是难事。

我劝一些家长,趁你的孩子还小,你还能"打得过他",给他选择正确的事情陪他坚持下去,并养成好习惯,长大了他肯定感谢你。

长大后你要做什么？

有一部法国电影叫作《放牛班的春天》，影片刚开始讲述的是刚刚到池塘底教养院教音乐的马修老师，第一节课面对调皮捣蛋的孩子们，做的第一件事就是让他们每个人写下自己将来要做的职业。

刚才还在教室里大声喧哗、丢黑板擦、恶作剧的学生们，立刻都回到座位认真地在纸上写了起来。

这桥段让我想起自己刚上小学一年级的时候，班主任老师也同样问过我们长大了想做什么。我当时是第一个举手回答的，说："长大了我要当老师！"班主任听了很高兴，冲我笑着点头。

小时候的我喜欢看动画片，对画面风格的记忆力非常好。常常是动画片刚播几秒钟，只要是曾经看过的，我就马上能准确地说出片名。

记得有一次我们一家人围坐在一起吃晚饭，电视上刚播出一个动画片的开头，我立刻脱口而出了片名。

妈妈笑着说："说不定你将来长大了，也可以拍动画片。"

年龄再大一点，我发现只要是自己看过的电影，也能马上说出片名。联想起妈妈说过的话，心里琢磨着是不是将来也可以干和电影有关的职业呢？

我从小喜欢看书，上小学的时候就开始试着写武侠小说。写完还配上插图，按照图书的样子把一张张纸装订起来，画上封面。

妈妈看见了直夸我写得好、画得好，再次鼓励说："你将来可以去当作家。"那时候虽然觉得作家梦离我实在太遥远，但是却更喜欢写作了。

在一年级立的志向的驱使下，我顺利成为一名光荣的人民教师。虽然是教音乐的老师，却一直热爱写作。从2013年写童话《和妈妈一起去探险》获奖到开专栏写科幻小说，在陪着端端拍戏的过程中，读过很多优秀的影视剧本后，就开始转向写电影、电视剧的剧本。

我认为这一切都是小时候那些梦想的种子始终没有丢弃，最终生根、发芽、长大的结果。

当然并不是每个孩子小时候立的志向，长大后都会实现，而且孩子的想法是会随着年龄的增长而改变的。但是，**一个从小就立志的孩子，他会表现出不满足于现状，有追求完美、追求最高境界的欲望。这样的人不成功于此，必成功于彼，而且成功的概率比较大。**

端端上幼儿园的时候，我就问过他："儿子，你将来长大了想干什么啊？"

他回答我说："当警察，因为警察很厉害，可以抓坏人，可以保护大家。"

我冲着他竖大拇指，当警察太好了！妈妈支持你。

幼儿园的端端特别喜欢舞刀弄枪，每天腰里别着一把玩具枪跑来跑去，喜欢看《铠甲勇士》，想象着自己是个英雄在保护妈妈。

端端上小学以后，想法又变了。

有一天他告诉我："妈妈，我现在不想当警察了，我想当科学家,专门研究怎么让人永远不死。"

我开心地说:"那你可太厉害了,妈妈支持你。"

那段时期,端端对生命科学非常感兴趣,看过很多这方面的书。他在参加福建电视台的《同桌计划》节目时,还在节目里说将来自己要当科学家,研究如何让人不死。如果人的身体器官哪里坏了、旧了,就换上新的,就算是大脑坏了也可以换。他的话把现场的主持人和观众都逗笑了。

端端从上二年级开始,数学成绩越来越突出。那是因为他看了一部电影,里面讲的是哈佛大学数学系的老师和学生,用数学计算输赢概率的有趣故事。

他认真地告诉我:"我大学要考哈佛的数学系,将来要当一名数学家。"

我佩服地说:"能考上哈佛大学当数学家,我们可太为你骄傲了。"

那段时期,端端对数学十分用功,不放过任何一道不会的题,做题的准确率也很高。在参加电视剧《急诊科医生》的拍摄时,他饰演蝎子,几乎每周都要乘车去北京。从开机到角色杀青,前前后后一共跑了十一次,期末考试他的数学竟然还是考了满分。

童年、少年时期是孩子志向形成的阶段,这一阶段父母如果能引导孩子正确立志,就能使孩子对未来有期待,也有努力前进的动力。

1961年在美国有一位小学校长,在大沙头诺必塔小学任教的时候,发现这里的黑人穷孩子整日无所事事,他们不与老师合作,还旷课、斗殴,甚至砸烂教室的黑板。这位校长想了很多方法来引导他们，可是没有一个是有效的。后来他发现这些孩子很迷信，都很喜欢算命，于是他上课的时候就主动给学生看手相。一次，一个黑人男孩把一只手伸给了校长让他给自己看手相。校长仔细看看这只手说："我一看你修长的小拇指就知道，将来你是纽约州的州长。"

这个小男孩听了校长的话非常惊讶，因为在这之前，他和别的孩子一样调皮、顽劣，从没想过自己将来能这么体面。小男孩选择相信校长的话，开始以未来州长的身份来要求自己，从此衣服不再沾满泥土，说话时也不再夹杂污言秽语，甚至走路都挺直腰杆。多年之后，在他51岁那年，真的成了纽约州第53任州长，也是纽约历史上第一位黑人州长，他叫罗杰·罗尔斯。

罗杰·罗尔斯在就职演说中说道："信念值多少钱？信念是不值钱的，它有时甚至是一个善意的欺骗，然而你一旦坚持下去，它就会迅速升值。"

作为班主任，我也经常会问学生们对将来的打算或者职业选择。我发现每个孩子心中编织的职业梦各不相同，有很多孩子表示从来没有思考过这个问题，而有些学生的答案则很明确。

三年级的时候，我给学生们布置了一道作业，就是把自己未来从事工作时的状态画下来，并写上日期，我替他们保存着。将来有一天大家聚在一起，可以看看每个人的梦想是否实现了。

每个孩子把画交给我的时候，我都让他讲解一下自己的画。从学生们的画中可以看出来，他们期待的未来都是五光十色、丰富多彩的，而且大部分都和他们的现状息息相关。

比如：学古筝的学生画的是自己正在舞台上弹着古筝；运动会上刚刚获得跑步第一名的学生，画的是自己成为一名马拉松运动员；几个喜欢组队踢足球的学生，不约而同地画的都是足球场上自己在踢足球的画面；刚刚参加过演讲比赛的学生，画的则是自己站在讲台上讲课的样子；就连班上学习成绩最不好的学生，也画的自己将来是一名宇航员。知道了孩子们的梦想，我常常就借梦想之力来和他们沟通。

"你不是长大想当宇航员吗？宇航员要懂很多知识，要擅长操作复杂精密的飞船，有聪明冷静的头脑和强健的体魄，你为了你的梦想是不是应该上课认真听讲呢？"

"你看你考试总是粗心大意的，不是算错就是漏题，你长大的梦想是当一名外科医生。如果粗心的毛病不改了，哪个病人敢让你做手术啊？"

"你脾气太大了，动不动就跟别人动手，你长大了不是想当律师吗？律师是要在法庭上讲道理的，下次发生矛盾你试试跟人家讲道理，正好也练练口才。"

我发现跟学生这么交流，比起只是讲考试的分数、班级纪律等说教的话更有效。

随着互联网的盛行，很多孩子的梦想也开始有了很大的变化。一位孩子上九年级的妈妈跟我抱怨说，她的孩子最近开始不听老师的话了，说自己长大了要当网红，网红主播一天挣的比老师一年挣的都多。家长很着急却说不过孩子。

据我了解想当网红的孩子为数不算少，很大的原因是他们对职业种类认识的匮乏。这些孩子都有自己的手机，他们经常在网上看各种小视频，看到网红直播带货，又风光又挣钱，耳濡目染自然会萌发想要当网红主播的想法。家长整日看手机，刷视频，也会给孩子造成网红让人羡慕的印象。

面对孩子说出的梦想,首先我们要承认**孩子有梦想就比没有好,想工作就比不想工作、整日吃喝玩乐啃老强**。家长不能说听到孩子的梦想和自己不契合就不高兴,可以好好跟孩子沟通一下,了解孩子出现这种想法的原因。

其次,家长要审视自己是不是对孩子的审美教育方面做得不够。如果经常带着孩子出入博物馆、图书馆,欣赏雕塑、名画,聆听音乐会,给孩子创造一些增长见识、开阔视野的机会,那么孩子不会看几次主播带货,就觉得这是自己的理想,更不会有当网红就不需要学习这样的念头。

最后,家长可以告诉孩子网红也有很多,那些没有文化底蕴,靠怪异、粗俗和幕后推手来吸引粉丝的网红,最终会被淘汰。

让孩子明白有些网红拥有众多粉丝的原因,是他们渊博的知识、优雅的谈吐、随机应变的能力。让孩子了解到网红从零做起非常不容易,他们的成功并不是一蹴而就的,常常一年三百六十五天,从晚上七点直播到凌晨一点钟。如果你真的可以做到这样,那么就不会连学习的苦都吃不了。

我认识一位叫小叶的孩子,从小非常喜欢玩游戏,游戏打得也好,在同学中间颇有名气。八年级的时候,小叶提出要当职业电竞选手,父母拗不过他,就送他去电竞学校上学了。谁知他上了没多久就又回学校了。我很好奇在他身上发生了什么,为此专门去和他父母交谈。

小叶的爸爸说:"孩子到了电竞学校一下子就傻眼了,比小叶打电竞好的人比初中学习比他好的人还多。学校不停地筛选选手,几次下来,小叶就被淘汰了,然后会有专门的老师负责劝退。"

小叶的爸爸感慨地说:"职业电竞选手的概率是十万分之一,而考上清华、北大的概率大概是万分之三,相比之下还是学习更容易些。"

经过了这次,小叶不再那么迷恋游戏了,学习也比之前努力多了。

真正成功的家教并不仅仅是智力教育,应该同时把孩子的非智力素质如意志、感情以及道德培养好,而更重要的是把孩子的"志"立好。家庭教育不仅仅在于教孩子多识几个字、多做几道题,更重要的是在孩子的成长过程中,通过言传身教、潜移默化,逐步使孩子形成一个童真的"梦"。随着知识的增加、眼界的扩大,慢慢地让孩子形成一个毕生为之奋斗的人生理想。综上所述,家长们可以在以下几个方面帮助孩子立志:

第一,自己要做一个有志向的父母。如果把挣钱、出名作为鞭策孩子的目标,每天看手机、追星、打赏,这样的家庭不可能培养出一个志向远大、士气高昂的人。

第二,看到孩子的优点及时鼓励,给孩子讲一些古今中外名人小时候的故事,引导孩子从中汲取优秀人物身上执着、无畏、顽强、奋斗的精神,在充满竞争的现代社会中更好地确定自己的人生目标。端端的书架上就有《数学家的故事》《科学家的故事》《贝多芬的一生》这样的书籍,我们会一起阅读。

第三,孩子到了一定年龄,家长通过观察可以看出他的特质,在他自己立志的基础上也要结合实际情况,引导孩子制定一个可行的奋斗目标。

端端想当数学家好多年,一心想将来去读哈佛的数学系。我知道他在音乐方面也很有天赋，端爸又是从事美术工作的，对于端端来说从事艺术工作，可能更适合他未来的发展。所以，小升初的时候，我们跟他认真地讨论后，他还是选择去国内顶尖的音乐附中上学。后来，端端也跟我说自己的选择是非常正确的。

第四，大目标确立以后，也不要拘泥于这个专业，未来社会需要的是复合型人才，社会人才的培养不能单一。只要有条件和精力，就可以鼓励孩子涉猎不同的专业，将来才可能在瞬息万变的时代，立于不败之地。

端端目前虽然在专业的音乐学校学习，但是我还让他选修了编程课，自学电子音乐制作，只要他喜欢的学科都会让他去学习，他喜欢的数学我也在一直支持他。

第五，告诉孩子目标就算是达不成也比站在原地强。我们环顾身边的人，有目标的不在少数。但是，你会发现他们大多数面对心中的目标并不坚定，都只是嘴上说说，真要付诸行动的时候顾虑就开始多起来。要么是担心前进路上的障碍，要么是对自己能力的不信任，害怕失败后别人对自己的评价。

当你给他讲那些坚持不懈成功人士的故事时，他会开脱自己说：人家那可不是一般人，我又没有人家的天赋。

其实，**人和人之间的天赋差别是有的，但是并不大。导致人与人较大差别的是坚持下去的信念。**告诉孩子每个人都有过人之处，那些成功人士在成功之前也不知道自己这么厉害。也许我们的目标最终没有实现，但是只要做过的事情就都没有白费的，努力的过程中全是收获，奋斗的日子里填满了成功。

对于树立志向和目标，家长也应该以身作则，不要拿孩子的目标当自己的目标，拿实现孩子的志向作为自己的志向。有时候，生活的目标不用特别大，哪怕是学会做一道菜，攒钱让全家出门旅游，为老人操办一次生日会，搞一次彻底的大扫除……我们的日子都会越过越有滋味。

端端说

我妈说我从小就属于特别有想法的小孩，说话总能别出心裁。记得五岁半的时候，我和妈妈去参加湖南广播电视台金鹰卡通的综艺节目。主持人知道我参演过影视剧，就问我是不是长大了想当演员。我回答说："我想当导演。"主持人很意外，问："为什么？"我说："因为演员要被导演管着，让笑就笑，让哭就哭，不自由。"下面的观众全都笑了。我每次说想法的时候，妈妈都特别赞同和支持。所以我敢想也敢去做。

我觉得一旦有了目标，做事情就会特别有动力。定目标就像是许愿，那个想要实现的愿望就是目标。考音乐学院附中那年，我过生日时对着蛋糕上的蜡烛许的愿，就是能顺利考上音乐学院附中。在备考的时候，我特别努力和用心，参加面试的时候，比去任何一个剧组试戏都全力以赴。

我现在的目标就是努力地学好音乐，有机会也愿意尝试新的影视角色。我希望将来做个音乐的传播者，让美好的音乐影响更多的人，让所有人都和我一样爱上音乐。

第二辑 成为妈妈的自我修养

你想要孩子成为
什么样的人，首先你自己就得
成为什么样的人。

与其吼叫不如唱歌

妈妈的情绪就像是一条小船,而孩子就在这条船上。情绪平静的妈妈,孩子在小船上也很有安全感。情绪激动的妈妈,小船上下颠簸,孩子也会感到非常难受。

曼彻斯特大学的心理学教授做过一个著名的静止脸实验。在这个静止脸的实验中,刚开始妈妈和自己一岁左右的宝宝玩耍,要么表情夸张,宝宝被逗得开心大笑;要么指着什么地方,宝宝就顺着妈妈的意图去看。画面中,气氛轻松愉快,宝宝的表情天真无邪,可爱极了。

接着静止脸实验开始,妈妈先是把头侧向一边,待转回来盯着宝宝就面无表情,也不说话。宝宝还在继续刚才的交流,嘴里对着妈妈"咿呀"发出声响,还有的宝宝会冲着妈妈挥舞小手。但是妈妈不为所动,就像是一张静止的照片。宝宝很快觉察到不对劲,想着各种办法,努力引起妈妈的注意,希望妈妈恢复到刚才的样子。妈妈不为所动,最终孩子表现出害怕的怯懦表情,或者干脆崩溃大哭。

这个实验证明,妈妈的情绪对宝宝的影响是非常大的,**不论多小的宝宝都是会看妈妈的脸色的,宝宝能通过妈妈的情绪做出自己的判断。**

育儿本身不是妈妈一个人的事情,只是孩子年幼时需要妈妈的照顾、陪伴更多。孩子固然可爱,带给我们很多欢乐。但是当孩子调皮、哭闹、生病、不吃饭、发生磕碰……对于妈妈来说都非常受折磨。

孩子小的时候，妈妈常常会因为孩子的各种问题操劳，失眠时有发生。当一个人睡眠出问题，身体透支的时候，面对孩子养育中出现的各种问题，再要求她控制自己的情绪是非常难的。而且，压抑情绪对身体伤害很大，容易引发一系列妇科疾病。

因此，妈妈在育儿的时候出现情绪问题，我们不应该过多地指责妈妈，而是应该关爱妈妈，帮助妈妈。

情绪就像软管里的水，心情不好的时候水压就会变强，水龙头流出来的水就会变快。如果强行关闭软管的水龙头，软管壁就要承受压力，一旦软管破裂，水花四溅，那就是大人情绪失控、孩子身心俱损，母子两败俱伤。

如果妈妈能够先学会控制情绪，然后学会化解情绪，或者找到正确的情绪释放的办法，就会对母子双方有益。

经常有家长跟我说："陈老师，你的脾气真好，对学生们太有耐心了。"

我都坦然回答："我也有脾气，只是在当教师的三十年磨炼中学会控制了。因为发脾气解决不了任何问题，发完火之后，还要继续面对问题。有发脾气的时间，还不如想想解决问题的办法。"

经常有家长说："你儿子这么乖，是不是很省心啊？"

其实不是这样的，**只要是小孩子就没有一个是省心的**。我在端端的成长过程中也发过无数次脾气，情绪也失控过。

端端房间的墙上挂着几张他五岁时候的写真照片，照片中的端端身穿足球服站在球门口，一脸的调皮可爱，唯独眼睛是肿肿的。那是因为拍照的前一天我冲他发火,还把他训哭了。早上起来,他的眼睛就是肿肿的,到中午也没消下去。可是,拍照的时间是早就定好的,所以我们还是去影楼拍了照片。化妆师给他的眼睛做了冰敷,又用粉底掩盖,可是照片拍出来后,细看还是不对劲。

每次看到这张照片,我都感到无比懊悔和惭愧,然而当时生气、发火的起因却怎么都想不起来了。

多年后,我指着照片问端端:"妈妈是为什么事情把你训哭了呢?"

端端说:"我也忘了。"

我不记得了,孩子也忘记了,这就证明无论当时端端做错了什么,我在盛怒之下说的话,我们俩都没记住。也就是说,**我自以为振振有词的吼叫,除了给孩子留下不好的回忆以外,对孩子的成长起不了任何促进作用。**

我问端端:"妈妈冲你发火的时候,你是怎么想的?"

端端说:"我不想理你。"

这是端端大了才敢说的心里话,小孩子是不敢说出自己的真实感受的,幸好我醒悟了。在这里给妈妈们介绍一下我的情绪控制法。

一、没有什么事情值得你动真气

妈妈们情绪不好,起因常常不是事情本身,而是自己过于执着,控制欲太强。如果孩子、老公没有如自己期望的那样,就觉得不如意、不甘心,对孩子和老公各种挑剔和不满。即使孩子做得很优秀,取得好成绩,妈妈依然患得患失。在这里我要告诉妈妈们，没有什么事情比爱自己的家人更重要，爱他们就要学会放手和接纳。

每当遇到不如意的事情，或者孩子意见和我不一样，心里的负面情绪出现苗头时，我就深吸几口气，问自己几个问题：这件事的结果不随心一定不行吗？我想要的结果一定就是最好的吗？除了发脾气还有没有解决的办法？这件事放一放再解决行不行？明年这个时候，我回忆起来这件事会说什么呢？

常常这些问题还没有问完，心情就已经平静了很多。情绪平和则智商在线，你就会想到很多解决问题的好办法。

当然，谁也不可能永远一副平和的样子，偶尔也有需要点情绪才能解决问题的时候。**平时情绪稳定的家长，偶尔适当有效地发发脾气，可以让孩子印象深刻，也有助于孩子将来步入社会，学会面对脾气差的领导或同事。这也让孩子步入社会后不养成"讨好型"人格，遇到不公平的事情也要表现出自己的意见，不会为了息事宁人，总是放弃自己的利益。**

现在的孩子也会看人下菜碟，欺软怕硬。如果孩子怎么都不听劝，而且事情紧急，作为家长该有的脾气也要有，让孩子有所触动，留下印象，但切记没有什么事情值得你动真气。另外，批评孩子的时候，要就事论事，不要翻旧账。

朋友的女儿小琴上三年级，有些叛逆，母女俩总是闹别扭。女孩也跟我很熟，平时很愿意跟我说说心里话。

有一天我们约好一起吃饭，可不知怎么了，小琴和妈妈赌气，还没走到饭店就说要回家，然后转身就往车站走去了。朋友没办法，赶紧求助于我，我就往车站的方向去找小琴。

小琴本来走得挺慢，突然回头看到了我跟在她后面，就撒腿开始跑了起来。我怕她在公路上跑危险，就赶忙几个大跨步追上了她，从后面一把抓住她的胳膊。

可没想到小琴开始使劲挣脱，挣脱不出来就开始对我又踢又打，也不听我的劝解。我抓着她的胳膊，努力地跟她保持身体距离，又灵巧地躲闪。她的脚够不到我，就气得冲我吐口水。我心想平时好言好语地把这孩子惯坏了，今天我索性也不讲道理了。于是，我把身上的口水全都擦到她的衣服上。她气得又来踢我，我也踢她。她吐我口水，我也吐她。她使多大劲踢我，我也还给她多大力道。最后，她累得气喘吁吁，蹲坐在地上。

我问她："你是要跟我继续打啊，还是跟我好好谈？"

她揉着被我踢痛的腿说："我想跟你好好谈。"

我心中暗暗想笑："你早这样不就好了。"

我们坐在路边聊她今天的情绪，她讲了为什么和妈妈赌气。我给她分析了事情的对错，也说了我的看法。最后，我们沟通好了一起往回走。路上她说不该打我，也不该往我身上吐口水。

我摇头说："不用道歉，咱们俩今天回去都要洗衣服。"

小琴不好意思地笑了。

我说："每个人都有脾气，发脾气并不能显示你多厉害。不会有人总让着你，除了你妈。你妈之所以没有把脾气发到你身上，是因为她比我更爱你。"

回到饭店，小琴妈妈站在门口焦急地等着我们，见到我和小琴回来了，一副如释重负的样子。小琴赶紧跑过去拉着妈妈的手走进了饭店。

冲着孩子发完脾气后，切记一定要好好收场。真诚地告诉孩子爱之深责之切的道理，妈妈发脾气是不好的，孩子要纠正自己的错误，妈妈也会改正自己的态度。

二、与其吼叫不如唱歌

情绪控制只是第一步，化解情绪，才是妈妈保护自己和孩子的目标。

端爸有个习惯，就是心里不痛快时就去厨房忙活，一边做着饭一边还唱着歌。每到这个时候，我就知道他不是真的高兴地在唱歌，而是在用歌声平息自己的怒气，掩盖自己的负面情绪。听一会儿，他本来虚伪的音调慢慢变得真挚，再过一会儿他不再哼唱了，我就知道他已经释然了。

唱歌不仅能够调节不良情绪，对健康也有很大的帮助。当妈妈带孩子疲惫烦躁的时候，可以试着唱唱歌。不必在意自己唱得好不好，只要大声地唱出来，就会立刻觉得身体开始与现实中的琐事疏离，自己的意识开始跳出身处的环境。

这时，你会发现事情其实没有自己认为的那么严重。如果内心悲伤那就唱一首悲伤的歌，将内心的不愉快发泄出来；如果纠结于某件事就唱一首舒缓的歌。

我和端端也各自有疏解情绪的办法，我坏情绪上来的时候，就会把家里的地板全部拖一遍，一边拖一边开导自己，看着水流冲洗拖把，心情慢慢恢复平静。这个时候，端爸和端端都不会来打搅我。

端端心情不好的时候会多弹一会儿琴，我们也不会去打搅他。

不想唱歌的话，可以选择聆听音乐，在这里我给妈妈们推荐几首疏解不良情绪的音乐。

消除焦虑情绪的音乐：维瓦尔第《四季》、普罗科菲耶夫

《彼得与狼》、莫扎特《安魂曲》、久石让《人生的旋转木马》、柴可夫斯基《六月船歌》、小约翰·施特劳斯《蓝色多瑙河》。

滋养心灵的音乐：巴赫《十二平均律》、贝多芬《献给爱丽丝》、舒伯特《军队进行曲》、莫扎特歌剧《魔笛》序曲、小约翰·施特劳斯《蝙蝠序曲》、柴可夫斯基《如歌的行板》。

消除不安情绪的音乐：肖邦《英雄波兰舞曲》、柴可夫斯基《1812序曲》、小约翰·施特劳斯《维也纳森林的故事》、勃拉姆斯《第五匈牙利舞曲》、穆索尔斯基《图画展览会》、罗西尼《威廉·退尔》。

建立信心的音乐：贝多芬《热情奏鸣曲》、肖邦《革命练习曲》、柴可夫斯基《悲怆》、巴达捷夫斯卡《少女的祈祷》、久石让《菊次郎的夏天》。

有助于睡眠的音乐：巴赫《哥德堡变奏曲》、德彪西《月光》、肖邦《幻想即兴曲》、舒伯特《小夜曲》、舒曼《梦幻曲》、纯音乐《森林狂想曲》。

解除身心疲劳的音乐：巴赫《小步舞曲》、德沃夏克《诙谐曲》、石进《夜的钢琴曲》、理查德·克莱德曼《童年的回忆》、埃米尔《溜冰圆舞曲》。

让内心充满爱的音乐：德彪西《亚麻色头发的少女》、李斯特《爱之梦》、莫扎特《费加罗的婚礼》、普契尼《晴朗的一天》、贝多芬《欢乐颂》、久石让《天空之城》。

妈妈们关心孩子教育的同时，也要关爱自己，不要失去自己的兴趣爱好和朋友。把自己的时间安排合理，照顾好孩子和家人的同时也要给自己留出一片天地。

三、化解不了的情绪要正确释放

1.找个可以倾诉的对象

情绪不好的时候找个亲人或者朋友倾诉是非常好的办法。选择可以倾听的亲人或者朋友，可以与你共情，而不是上来就说你产生的情绪完全没必要，然后讲一番大道理，让你更不开心。这样等于强行关闭了你释放情绪的"水龙头"。

妈妈每天和孩子在一起相处，很容易就把孩子当成自己的倾诉对象，有时候跟孩子说说心里就放松一些了。但是，这种释放情绪的办法不可取。孩子会把母亲的烦恼理解成是自己造成的，于是会产生愧疚感，会埋怨责怪自己。当孩子发现妈妈表现得无助和迷茫的时候，他会产生极度的不安全感。这样对孩子非常不好。

我的一位朋友讲他小时候母亲身体不好，母亲总是跟他说："妈妈可能活不长了，如果我死了，你就成了没有妈妈的孩子。如果你爸再给你找个后妈，后妈成天虐待你，我可怜的儿子啊，你该咋办啊？"

朋友那时候才六七岁，每天都被母亲的哀愁环绕着，总觉得母亲就快要死了，胆战心惊的。每天带着同情的目光看着母亲，母亲说的话都不敢反驳，心想母亲都快要死了，在最后日子里就让她顺心吧。他对父亲也非常疏远和害怕，觉得父亲不爱自己，早晚要找个恶女人来折磨自己。

现在，朋友的父亲已经去世二十年了，母亲已经年过八十，身体还挺硬朗。虽然朋友把这件事当作童年的一个小故事来讲，但是他告诉我母亲的态度对他的影响还是很大的，内心的不安一直到少年时期才逐渐消失。

如果不愿意跟别人倾诉，你还可以找个情绪的袋子来释放：准备一个袋子，找个没人的地方把心里的不愉快、愤懑，各种抱怨甚至脏话，都可以对着袋子说出来。说完之后，心里会觉得轻松很多。

2. 运动可以使人快乐

情绪不好的时候，就到大自然中去释放。在公园里散散步、慢跑三公里，形成规律更好。大自然的神奇力量会让你的不良情绪得到纾解。

3. 阅读和写作具有治愈功能

育儿的办法可以在很多书中找到答案，多看一些教育、心理、生活小百科类的书籍，也可以写写育儿日记，把每天和孩子的点点滴滴记录下来。不需要多么华丽的文字，哪怕就是记记流水账、写写生活琐事都可以。过一段时间翻看一下，会觉得特别有意思。

4. 仰望星空或者云朵

夜空中，仰望浩瀚的星河，你会觉得地球是那么渺小，人类与宇宙相比更加微不足道。我们眼下遇到的困难，在漫长的人生长河中可能不值得一提。有了这种想法，心情就会变得平静了。

国家出台三孩政策，妈妈的责任更重大，为了更好地养育几个孩子，有些妈妈会选择做几年全职妈妈。综合多方面情况，全职妈妈是一个容易情绪不稳定的群体。希望每一位妈妈都可以管理好自己的情绪，接纳孩子和家人，欣赏自己的独特，与家人积极沟通，过好自己的每一天。

端端说

我记忆中，妈妈也不是一直情绪稳定，我小时候她也因为我生病住院哭过，也因为我不听话冲我发过脾气。妈妈告诉我，她小时候是个暴脾气，上小学的时候还和男同学打架呢！但是随着我年龄的增长，我能感觉到，妈妈不断地在调整自己。她没事就会去看很多书，会主动和朋友交谈，逐渐地妈妈的脾气越来越小了。我觉得妈妈是在不断的修身养性中，才变成现在这样情绪稳定的妈妈。

正是因为她自己走入过情绪的误区，所以在我遇到事情、情绪不好的时候，她特别有同理心，而且还很有办法。她教会了我控制情绪，放下心事。她告诉我伤害自己最大的其实不是事情本身，而是自己的负面情绪，让我对人对事都多一点包容，少一些执着。与人争执时要学会互相给台阶下，有时候不发脾气，平和地处理问题，效果会比生气、发火好很多。妈妈一直都说我的性格脾气比她年轻的时候好，可妈妈的朋友和同事们经常跟我说："陈老师好有耐心呢，脾气真好。"所以，我觉得没有人天生就能处变不惊、心如止水、稳若泰山，只有不断地提高自己的修养，才能磨炼出一颗豁达的心。我也要不断地努力才行。

聪明妈妈这样讲道理

思想家卢梭说过，世上最没用的三种教育方法就是讲道理、发脾气、刻意感动。

我第一次看到这句话心中一惊，三个没用的教育方法自己占了两个：讲道理和发脾气。

"发脾气"我已经意识到错误，也在努力地改正了。但是为什么"讲道理"也是最没用的教育方法呢？

老师的"职业病"就是摆事实、讲道理、爱说教，总不能当个不讲道理的老师吧？我不赞同卢梭的话，于是，我开始寻找答案。结果我找到更多教育家关于"不该对孩子讲大道理"的道理。

育儿专家阿黛尔·法伯说："让孩子成为一个有血有肉的孩子、情感真实的人比继续让他当'妈妈的乖孩子'更重要。"

苏霍姆林斯基曾说过，任何一种教育现象，孩子在其中越少感受到教育者的意图，它的教育效果就越大。

心理学书上讲的"超限效应"，指刺激过多、过强或作用时间过久，从而引起心理极不耐烦或逆反的心理现象。

我还是不甘心，心想也不能只听教育专家的，不如听听孩子们怎么说吧。开班会时，我就"讲道理"这种教育形式，跟孩子们讨论了一下。孩子们是这样说的。

学生1：我妈妈讲大道理其实就是唠叨，我很烦，也没听进去，很想捂耳朵，要不就在那里耗时间，等她唠叨够。

学生2：大人讲起道理就是居高临下的感觉，好像道理谁说谁就懂一样，其实大人自己也做不到。

学生3：我妈说的那些道理，我偏想反着来试试。

学生4：我知道大人说的道理是对的，但是我不想听。比如说同学打我，我不能还手，去告诉老师来解决。可我知道老师顶多让他跟我道歉，我还必须要说"没关系"。可我很想打回来，但是不敢说。

学生5：我觉得老师和家长讲的话都特别有道理，感谢老师和爸爸妈妈耐心地教导我们。（她的发言引起班里同学的一片嘘声，这个孩子的人缘并不好）

听了学生的话，我心中开始一阵恐慌，我对端端从小到大讲的道理可不少，他对这方面是怎么想的呢？于是，我找刚上初中的端端聊了一下。

端端说："妈妈，我这个年龄其实大部分道理都懂，即便是不懂的，我也能在网上找到答案。小视频里，那些关于哲理、道理、忠告的内容太多了，比你讲得还好呢。"

我问："那爸爸、妈妈就啥也不说了吗？"

端端很认真地说："也不是，我也需要你们的帮助。我虽然懂很多道理，但是不知道怎么做才能达到道理说的那个状态。比如说跑步对身体好，可是跑起来太累了，我坚持不下来怎么办？再比如看电子产品伤眼睛，可是我们都喜欢玩啊，而且不玩和同学就没话题，这该怎么办呢？这时候就是父母发挥作用的时候了。"

我一时无言以对，因为自己跑步也坚持不下来啊！

现在可以确定，卢梭的话是对的，教育中的"讲道理"的确是下下策。

一是孩子们讨厌说教，就像老鼠见到猫一样想要逃避。讲大道理会触发孩子的心理防御机制，这是天性。

二是年龄小的孩子看到大人严肃的说教，会感受到非常大的压力，有的孩子面对压力会反抗，就演变成叛逆。选择忍受就会演变成自我封闭、内向，到了青春期问题会更严重。

大道理听多了的孩子，会为了道理而活着，丧失原动力和自我价值感；会为了让说道理的人满意而去做一些事情，不敢说"不"，变成讨好型人格。就像学生5，她在努力讨好老师和同学，可是她在班里的朋友并不多。

大人讲的道理越多，越容易把自己置于不义之地；如果大人的行为和讲的道理自相矛盾，更会降低在孩子心目中的地位，以后再讲啥也没用了。

有的道理也许根本就没道理，或者是对你有道理，对他没道理，甚至有些道理随着时代的进步会被摒弃。例如古代的"三从四德""重男轻女""养儿防老"。

那不讲大道理，我们在教育中该做些什么呢？我结合自身的教育经验，包括踩过的坑、避过的雷，从失败的教训中总结出一些规律。

六岁之前，孩子的抽象思维还没发展起来，看不见摸不着的大道理，他们理解起来非常困难。因此这个时候不要给孩子讲道理，他也听不懂。不如把道理分解成一些规则，直截了当地让孩子去遵守。

端端六岁之前，我们带他出门玩，他对于"玩"这个概念都会很迷茫。他会一直问：咱们到底干啥去？玩什么？怎么玩？我干脆就每次蹲下来，跟他把整个计划的来龙去脉讲清楚。比如：我们要去哪里，路线是什么，给他看看地图、图片，要见什么人，干什么事讲明白具体，然后让他跟着我们，按指令行事。端端消除了疑问就会很满足，还从中学了知识，长了见识。

六岁到十二岁的孩子，开始有了自身的想法和需求，他们要求家长给予自己应有的尊重。这个时候大道理不能干巴巴地讲，如果孩子做得不对，要先对他们进行情绪上的安抚，然后共情，再倾听，用爱来打通情感的通道。沟通好了，你的道理才能抵达孩子的内心。

有一次学校五年级的合唱团训练，一个女生来晚了，辅导老师并没有批评她，但是她自己变得心情很差，演唱的时候情绪低落。辅导老师点名提示她，说她状态不对。这个孩子突然开始眼圈发红，声音也开始哽咽。我看她哭着唱歌实在难受，就拉着她的手让她先休息，问她为什么情绪这么差。她哭得更伤心了，眼泪止不住地流，问她为什么就是不说。我就开始猜，可她一直摇头。哄了很久，女孩才说从家里出来晚了，没吃早饭，加上老师说自己唱歌状态不对，突然想到如果不参加合唱团就不用这么狼狈了，就觉得特别委屈。

在听她讲述的过程中，我一直拉着她的手，时不时地点头表示理解，然后从包里拿出一块巧克力剥开包装纸，递给她让她垫垫肚子。

我问："你是真的不想参加合唱团吗？如果是的话，可以说出来，辅导老师不会勉强你。唱歌本来就是一件快乐的事情，不想唱了，却被迫唱，那么唱歌就没有意义了。"

女孩没有回答，看得出她在犹豫。我让女孩先想一想。

"如果觉得老师说得有道理,就自己回到队伍继续唱,如果还是不想参加就自己离开。"

女孩坐在一旁思考着,眼泪也不流了。过了一会儿她站起身,走进了合唱队伍精神饱满地演唱起来。

对待十二岁到成年期的青少年,家长说话要格外注意。不要站在道理的制高点俯视孩子,更不能用命令的口气指挥孩子做什么,不做什么。他们追求和家长平等的对话。道理可以讲,讲完之后告诉孩子你可以选择这样做,也可以选择那样做,以及每种选择可能面对的后果。

这里我要强调一点,家长要把握孩子自主选择的尺度,如果孩子的选择会带来严重的后果,属于原则性问题,一定要坚决给出意见,在法律和道德面前不存在居高临下。

下面,我介绍一下不讲道理仍能达到目的的五个办法。

(1)**不讲道理讲故事**。想让孩子真正从道理中有所改进和收获,讲故事是个特别有用的办法。很多小故事中蕴含着大道理,内容丰富,情节精彩,家长不妨试试以故事代替说教,可以是寓言故事,也可以是童话故事,特别是把身边的故事讲给孩子听,让故事中的人来代替自己评说,孩子更容易接受。

比如:当孩子不喜欢吃青菜,与其对孩子说,不吃青菜就会缺少维生素,身体需要蔬菜中的营养等道理,不如找来相应的绘本或动画片,用孩子视角跟着书中的角色,体验应该吃青菜的道理。

端端小时候不爱吃青菜,我就给他编故事,指着盘子里的青菜说,你看这棵青菜独自躺在盘子里多可怜,它的好朋友都进了你的肚子,它现在正在说:"端端,把我吃进肚子吧,我想和我的朋友一起给你增加营养,帮你长高。"

端端就笑着夹起这棵青菜,毫不犹豫地放进嘴里。

用读绘本、讲故事的方式代替讲道理。每个孩子都喜欢听故事,故事对孩子能产生潜移默化、润物无声的影响。在讲故事时,创造一个轻松、愉快、温暖的氛围,孩子也更容易明白蕴含在故事中的道理。

(2)不讲道理做示范。家长以身作则、亲身示范是对孩子最好的教育方式。想让孩子养成规律的生活习惯,家长就不要熬夜或者睡懒觉。想让孩子明白读书是非常重要的事,家长就不应该沉迷于手机、电脑中,而是应该经常拿起书本阅读,带孩子去书店、图书馆。家长热爱运动,健康饮食,保持好身材,想让孩子也去运动、健身就不是难事。家长待人和善、宽厚、彬彬有礼,那么孩子绝对不会是莽撞、粗鲁的性格……总之,你想对孩子讲的大道理,先讲给自己听听,看看自己有没有做到。

记得端端四岁的时候刚刚开始学钢琴,我特别兴奋,第一天就告诉他想要把钢琴弹好,从现在开始就要每天练习,从二十分钟逐步增加到一个小时,就像是运动员锻炼身体,一天不练胳膊腿都不灵活了。

我当时滔滔不绝地给端端讲着大道理,却没注意到端端的小脸越来越阴沉,最后竟然开始哭了。我心里很不理解,心想弹钢琴是多么有意思的事情啊,你有个音乐老师的妈妈陪着你,别人都羡慕呢,有啥可哭的呢?

后来我跟端端交流,他说妈妈当时的语气就好像要带他去医院打针时的语气,那么的严肃和认真。只有要带他去医院打针,怕他不愿意的时候,才故意把打针说得那么好,那么有道理。我听了他的话如醍醐灌顶。于是,每次端端练琴我也练,他练多久我也练多久,陪他度过了开始的起步阶段。

(3) **不讲道理讲办法**。端端告诉我道理他都懂,就算是不明白现在上网在百度、知乎上都可以找到答案。他认为父母没必要讲太多大道理,而是要帮孩子把道理中的事情做到。他们什么都明白,只是不知道怎么做到道理中的事情,有的时候是不会方法,有的时候是缺自制力。

其实讲道理也好,不讲道理也好,最重要的不是标榜讲道理的人多么聪明,而是应该同时给孩子一些达到目的的建议或者办法。就像是去医院看病,医生只诊断病人得了什么病,分析病是怎么得的,这个病如何如何不好。但是,就是不说怎么才能预防或者治疗,那么病人就会非常反感和生气。

智慧的家长教育孩子,要学会给孩子留有余地,把判断和思考的空间让给孩子。就像是中国水墨画的留白,电影中的空镜头,音乐中的休止符,这些"空白效应",有着"此时无声胜有声"的效果,反而有很强烈的渲染能力,使氛围更加浓厚。

(4) **不讲道理多倾听**。大道理都太冰冷,讲多了就阻断了与孩子之间情感的交流,对建立良好的亲子关系是无益的。家长不如放低姿态和孩子一起问问题,一起寻找答案,少讲多倾听,多问孩子,多和孩子谈感受,启发孩子换位思考,有时候孩子自己就把道理说出来了。

没有哪个孩子喜欢做事的时候总有一双眼睛在盯着自己,总有一张嘴巴在喋喋不休。尤其是青春期的孩子,他们非常敏感,做错事情往往表面上看着无所谓,其实心里特别难受。这个时候,孩子最想要的是家长温暖的拥抱和安慰的话语。家长只要带一双耳朵和一颗包容的心就可以了,让孩子来倾诉。

(5)**不讲道理听道理**。道理讲出来不如让孩子自己去总结。有些道理要自己从挫折中学会。看视频、看书、听同学讲、听老师讲,端端自己听来的道理,比我讲给他的更让他信服,他甚至会把他得到的理论讲给我听。

允许孩子通过犯错明白道理。假如孩子行为的后果是家长和孩子都能够承受的,就可以考虑让孩子自己去尝试错误,并亲自体验错误行为的后果。孩子从这种亲身经历中获得的体验,往往比听家长讲无数遍道理要印象深刻得多。

有一次,我让班里每个孩子带一枚生鸡蛋来学校,告诉他们说:"你们现在是鸡蛋的爸爸妈妈,今天一整天都要随身带着鸡蛋,小心别把鸡蛋弄碎了。"

下午放学的时候,我让孩子们把鸡蛋拿出来检查,好多孩子的鸡蛋早就碎掉了。他们纷纷讲述着自己鸡蛋破碎的原因和经过,有的孩子大声埋怨带着一枚易碎的鸡蛋实在太麻烦了。

"为什么我要玩给鸡蛋当一天爸爸妈妈的游戏呢?"

孩子们纷纷举手,大部分都能猜出老师是想让他们体会一下爸爸妈妈照顾宝宝的辛苦。

"体会到当爸爸、妈妈的辛苦过后,得到了什么启发呢?"

孩子们争着回答:"我要好好地爱爸爸妈妈,他们把我养大很不容易。"

"为了保护我,爸爸妈妈一定也放弃了很多玩的机会。"

"我才当了一天就受不了了,爸爸妈妈都养了我六年了,我很感动。"

"我应该做个乖孩子,不让爸爸妈妈太操心。"

这些道理都是孩子们自己总结出来的，根本不用老师说教；他们七嘴八舌地讲着道理，而且理解角度非常多；孩子们互相倾听着，这些道理一定能深入他们的心，给他们留下深刻印象。

教师的"职业病"就是好为人师，不自觉地就会口出充满说教意味的语言。自从明白了卢梭的话，我开始时常提醒自己不要犯错。

有一部美国科幻电影，里面是讲到一群科学家在海底用鲨鱼做实验，研究治疗阿尔兹海默病的药，结果鲨鱼都变聪明了，然后逃出鲨网去攻击科学家。电影有个镜头太震撼了：大家在逃命，意见不统一起了内讧。一位科学家开始发表演讲，大概就是我们要团结起来，要相信人比鲨鱼更聪明，正义可以战胜邪恶等大道理，突然从他身后跃起一条大鲨鱼，一口就把他吞了。

我在想：这部电影的编剧为什么要这么写呢？也许他也是从小被大道理困扰，借用大鲨鱼来释放自己对说教的憎恶吧。于是每当想要对着孩子说教的时候，我就会想想这个镜头，想象着身后有条大鲨鱼正在怒气冲冲地瞪着我，然后立刻收起"大道理"。

端端说

从小到大我听到的道理真不少，我发现有些道理其实是相通的。我六岁的时候有一次生病住院，爸爸和妈妈在医院陪我打针，他们俩就讨论说我吃饭挑食，喜欢的食物种类单一，所以抵抗力就差。以后只要对身体有好处的食物都应该吃，这样摄入的营养才丰富……

爸爸和妈妈在一旁聊，我躺在床上就想："学习也应该这样，不能只学课本上那些。只要是有用的技能我就应该多学学，技多不压身嘛！"所以，我从不拒绝可以学到新东西的机会。所有的人都可以是我的老师，我也因此掌握了很多小技能，比如：球类游戏、魔方、魔术、Penbeat（敲击笔）、轮滑、游泳、骑马、攀岩、滑雪、摄影……对出现的新鲜事物我也想尝试一下，比如：密室逃脱、剧本杀、电子音乐制作、PPT制作、视频编辑。对电脑、手机的操作我也喜欢琢磨，不会就去翻找一些教程和小视频。在家里姥姥、姥爷遇到手机问题就会喊我去解决，在学校我的同学、老师遇到电脑问题都喜欢找我帮忙，有一阵他们还开玩笑说我是计算机专业的，这也成为我朋友多、人缘好的原因之一。

　　孩子学的东西越多就越聪明、身体也就越灵活。我经常想如果中小学也能多开一些课程就好了，或者只要是某种知识和技能，不论在哪学的都算分数，加起来也可以作为高考或者人才选拔的标准，学校就无处不在，老师也真的能做到"三人行必有我师"了。

勇敢地向孩子道歉吧

你是否在孩子面前犯过错？你有没有给孩子道过歉？你对孩子是如何道歉的？

有的父母认为要在孩子面前保持尊严和面子，不能承认自己错了，否则孩子以后就不信服自己了。有的父母认为就算是自己错了也不必向孩子道歉，甚至会委屈地想："我生了你，养了你，难道还有错了？"还有的父母从内心深处就不承认自己会错，认为自己比孩子年龄大，阅历深，小孩子懂什么。

这些思想源自中国传统思想中的"君君，臣臣，父父，子子"，长辈就应该高高在上，小辈就应该俯首帖耳，父母之命不得违抗。家长们小时候就没敢指责过父母的不是，等到自己做父母了自然也承袭了这个习惯。

其实在中国古代，皇帝身边都有谏官，是专门给皇帝提意见、找错误的。谏官进言可以犀利、尖锐，而皇帝不能降罪。人非圣贤孰能无过？既然皇帝都会犯错，父母又怎么可能不做错事呢？孩子犯错家长要及时帮他纠正，告诉孩子知错就改，要对别人说"对不起"。同样家长如果在孩子面前犯了错，也要勇于承认错误，并且诚恳地向孩子道歉。

《弟子规》中关于父母犯错是这么说的："亲有过，谏使更，怡吾色，柔吾声，谏不入，悦复谏，号泣随，挞无怨。"意思是父母犯错，孩子提醒父母时要和颜悦色，语气柔和。如果父母不接受，那就多提几次，实在不行就哭着求父母改错，哪怕父母因此而打自己，也不能因此怨恨他们。可见自古以来让父母改正错误是件非常不容易的事情，需要儿女有足够的耐心和智慧。

教师这个职业如同行走的标准答案，在孩子心中老师说的话就是真理，老师做的事都是对的，老师教的知识也都是正确的，学生就要全盘接受。久而久之，作为老师的我也有着深深的自负。

当我做妈妈的时候，第一次给端端正式道歉其实特别难，也因此给我留下了特别深的印象。

那是一个暑假，端端大概五六岁。天气特别热，我在小屋里陪端端睡午觉，迷迷糊糊地刚睡着，隐约觉得端端从我身边起来了。我嘱咐他自己玩，妈妈太困了想再睡会儿。可我睡得正香，总感觉枕边有窸窸窣窣的声音，好像是端端弄出来的，心中特别烦躁。端端总不走，不知干啥又弄出声响。我生气了，大声埋怨端端不懂事，睡个午觉也不能让妈妈安生，自己睡醒了就来打扰妈妈，实在是太自私了。

我听见端端赶忙出去了，还把门轻轻地关上了，我就翻身继续睡。等我醒来一睁眼看到枕头旁边有一杯水，水杯底下压着一张纸。我把纸拿出来发现上面端端用铅笔写着一行歪歪扭扭的字："妈妈，天热喝杯水。"旁边还画了一个戴眼镜的小人和一颗红色的心。

我立刻明白了，刚才端端是给我倒了杯水，又给我留了言。他本来是想给我一个惊喜，希望我睡醒了能喝到水，能看到这封信。而我却不分青红皂白地训斥了他，心中立刻感到很愧疚。

于是，我赶忙去找端端。端端正在房间里玩着玩具，见我走进来很高兴:"妈妈你睡醒了?"我看到端端情绪如常,应该已经忘记了我刚才批评他的不愉快,心中闪过一个念头:我错怪他的事情还要提吗?

端端看到我手里的水杯催促我:"妈妈,你快喝吧,我想每次我睡觉起来你都给我倒水喝,所以刚才就去给你倒了一杯水。"

我赶忙将杯子里的水一饮而尽:"我还真是渴了,谢谢你。"

我感觉自己可以跟孩子说一百句"谢谢",但是要我说"对不起"实在是太难了。

端端更高兴了,他把我手里的字条抽过去,在桌上打开。给我指着字条上的字说:"妈妈,你看我写得对不对?'妈妈,天热喝杯水''热'是四点水吧?这个字是'喝'还是'渴',我也不确定。"

我说:"你全写对了。"

端端说:"我旁边画的是你戴着眼镜,这颗红心的意思是我爱你。"

我说:"你画得真好,我一看就知道画的是我,这张字条我要保存起来。"

我觉得我可以跟孩子说一千句表扬的话,可是让我说"对不起"实在是太不容易了。

端端听我这么说非常满意,转过头去继续玩起玩具来。

我拿着杯子转身离开他的房间,心中暗暗侥幸端端没有提刚才的不愉快。于是在心里开始给自己找了一万个借口:"人睡觉的时候就是很讨厌被别人打搅嘛,我刚才那么生气也正常。再说,端端出于好心要倒水给我喝,也可以做得再巧妙一些,干吗非要把杯子放到枕头旁边?这不就把好事办成坏事了?所以批评他是有道理的,不用道歉。"

可是我拿着字条回到书房,准备放进抽屉的时候,字条上的字却深深地刺激着我。我说端端不懂事,是他真的不懂事吗?我说他自私这话对吗?我判断失误乱发脾气,对着儿子说了这么伤人的话,怎么就跟没事人一样呢?如果换作是端端错怪了我,我会不了了之吗?我心中突然有无数个声音在说:"就是你错了,你就是该跟端端道歉。"

我拿着字条走回端端的房间,端端看到我很高兴:"妈妈,你能跟我一起玩吗?"

我蹲在端端坐的椅子前,拉起端端的手说:"端端,妈妈得向你说句'对不起'。"

端端的表情一下子就变得严肃起来:"为什么?"

"你给妈妈倒水,写字条,可妈妈却说你不懂事、自私。你非常懂事,一点也不自私。是妈妈错怪你了,希望你能原谅我。"

端端立刻咧开嘴笑了:"没事啊,妈妈,你不用道歉。"

我心中感动极了,端端的心胸比我这个妈妈宽广多了。

"你原谅妈妈了?"

"当然了!"

"可是妈妈心中还是觉得对你很歉疚呢。"

端端笑着张开双臂:"那就抱一个吧!"我赶忙迎上去抱了抱他。

端端歪着头问我道:"你现在好些了吗?"

我点点头,明明是我对不起端端,可他却在安慰我。

端端拿起玩具递到我手里:"那咱们就一起玩吧!"

这件事情现在想想还是惭愧,孩子对待父母的宽容,真的是远远超过父母对待孩子。

美国心理学家罗达·邓尼说过，**父母错了，或者违背自己的诺言时，如果能对孩子说声对不起，可以帮助孩子建立自尊，同时能培养孩子尊重他人的习惯。**

并不是所有的父母都有勇气向孩子道歉。做家长的，做了错事就要学会道歉，敢于向孩子低头承认错误。家长对孩子的言语杀伤力极强，有时候一句不经意的话可能会在孩子的心里生根发芽，直接影响孩子的心理健康。家长说错、做错，如果能主动给孩子道歉，不但不会降低父母的威严，反而可以使孩子更崇拜父母、亲近父母。

在孩子的眼里，父母的行为是一面明亮的镜子，孩子可以通过这面镜子影响自己未来的成长和生活。

敢于直面错误并向孩子道歉的家长，教育出来的孩子做事会比较谦虚谨慎，不自负、不倔强，和父母的关系融洽，即使观点发生分歧，也容易互相理解找到解决的办法。从学校走入社会后，不会因为对方的辈分和职位盲目轻信于人，失去自己的判断和立场。

拒绝道歉的家长，亲子之间的矛盾不会消散，只会暂时隐藏起来。随着孩子年龄的增长，矛盾会越来越深，当冲突再次发生时可能会激化。亲子之间的关系也会越来越僵，等到冰冻超过三尺的时候，父母的道歉就很难融化孩子的心了，孩子甚至会认为父母的道歉是为了达到目的的作秀而已。孩子会在潜意识里认为，犯了错需要道歉的主要原因是自己地位、身份低微，不是错误本身。只要自己强大了，拒不承认就不需要承担责任。

从来没有给孩子道过歉的家长，第一次道歉真的很难。心里总是很别扭,觉得说"对不起"不是自己风格,说出来太虚伪。宁可给孩子物质或者替孩子做点啥事来补偿。在这里我给家长提供几个道歉的妙招,帮助你们勇敢地迈出道歉的第一步。

(1)**亲子之间没有一顿大餐解决不了的事**。人在面对美食的时候,身体会分泌多巴胺,而多巴胺是会让人的心情变好的一种物质。

我有个青春期的学生,经常跟父母闹别扭,同样的话别人说都听得进去,但是父母说他就会曲解意思。我发现这个问题之后,跟学生的母亲打电话沟通。这位母亲对孩子还是很理解和宽容的,更多地是在自己和老公身上寻找问题。临挂电话的时候,这位母亲说:"陈老师你放心,这孩子再和我们闹别扭,我只要给他把饭做好吃了,他就马上消气了。"

我不禁会心一笑,记得端端小学的时候写了一篇作文,讲述他跟我闹了点不愉快,然后就摔门出去上课。回来的路上想起来,满脑子都是对我的控诉,委屈极了。可是,当他推门进屋的时候,桌子上摆满了好吃的饭菜,香气扑鼻。我面带微笑地招呼他洗手吃饭,他立刻就释然了,觉得家庭很温暖,妈妈很爱他,这一桌子好吃的就是妈妈在示好。

(2)**向孩子示弱请求理解和帮助**。在韩剧《请回答1988》中有一个名场面,就是德善爸爸给自己的二女儿德善道歉说:"爸爸妈妈对不住你,是因为不知道对老大要好好教导,对老二要好好关心,对老小要教他好好做人。爸爸也不是一生下来就是爸爸。爸爸也是第一次当爸爸,所以女儿好好理解一下爸爸吧。"

在做家长的过程中,出现错误也在所难免,没有人能说自己是专业的家长。不同年龄阶段的孩子有不同的教育方法,不同的原生家庭也会造就有差异的心理，孩子性别、性格不同，家里孩子的数量不同，不同的时代背景，这些因素都会让教育理念和办法发生变化。谁敢说一种办法可以放之四海而皆准呢？家长也是在不断的试对、试错中反思、成长和进步的。

我的一位朋友为了让孩子接受更好的教育，就在初中的时候把孩子转到了离家较远的学校，早上送去学校，晚上去接。朋友为了买学区房费了不少心思和钱，就是想让孩子成绩更好。于是，她全心都在孩子的成绩上，只要跟孩子交流就问课堂上的事、考试的情况、分数的高低，忽视了孩子的感受。久而久之，孩子变得沉默寡言，和家长的话也越来越少。渐渐地，朋友发现孩子的成绩开始退步，还迷上了电子游戏，甚至半夜起来偷偷地玩。朋友开始意识到一定是哪里出了问题，就去找了青少年心理医生。

医生经过问询和分析后告诉她，孩子的这些问题都是转学造成的。孩子换了新环境，朋友也少了，心里的苦闷没处倾诉。可玩起游戏来，这些烦恼就可以暂时放下，这才导致他性格突变、痴迷游戏、成绩退步的。

朋友立刻回家和老公、孩子一起召开家庭会议，诚恳地向孩子道歉，说转学没有征求孩子的意见，虽然初衷是为孩子好，但是过程太急躁，忽视了孩子的感受，作为家长在这件事上有不可推卸的责任。并且他们制定了改正措施：平时要多陪伴孩子，多关心孩子的生活和心理；学习上也不再强求，只要孩子尽力就好。

后来，朋友的孩子慢慢不再沉迷游戏了，每天和爸爸妈妈跑步、健身，一家人有说有笑地聊有趣的话题，孩子的成绩渐渐赶上来了，好几门功课都名列前茅。

（3）说"对不起"的花样小贴士。"对不起"三个字实在说不出口就写下来，写在信纸上放到孩子书包里，用牙膏抹到镜子上，孩子刷牙就看到了，还可以用番茄酱挤到面包片上。

说不出口还可以唱出来。中文版可以参考周华健的《宝贝，对不起》，英文版可以将Vincent歌词稍加改动。

说不出口可以只张嘴不出声，让孩子根据你的口型猜出来。

也可以一起玩真心话大冒险，你选真心话，看着孩子说出"对不起"三个字。

相亲相爱的一家人在一起，道歉要真诚但不必一副严肃、沉重的表情，可以用幽默、风趣的方式来表达。

当父母走出道歉的第一步，以后再跟孩子道歉就会容易得多了。但是真正的道歉不是说句"对不起"就万事大吉，一定要遵循以下两个原则。

第一，道歉要及时。既然你已经是一位知错就改、勇敢向孩子道歉的父母了，那么当自己错了的时候，不管事情大小都要在第一时间道歉，或者做出道歉的举动。以免孩子误会你不认错，对你产生不好的印象，说出顶撞的话或做出反击的事情，生出亲子之间不必要的嫌隙。

第二，要分析自己做错的原因。很多父母，特别是当爸爸的，在跟孩子道歉的时候都只会生硬地嘟囔一句："对不起行了吧！"这种含糊其词的道歉根本起不到什么效果。家庭成员的犯错都是对其他人的一个反思和警醒的机会。道歉者应该分析一下错误是怎么形成的，自己的失误或者认知误区在哪里。这样既可以避免其他人犯同样的错误，也可以让孩子感受到你的道歉是发自内心的，非常诚恳；孩子也更容易谅解你。

（4）不要强求孩子立刻原谅自己。家长向孩子道歉后，孩子有可能会马上原谅你，也有可能在气头上不原谅。这时候，家长千万不要恼羞成怒，接着又指责回去说孩子"得理不让人""蹬鼻子上脸""不懂得感恩"之类的。有句玩笑话是这样说的："如果道歉有用的话，还要警察干什么？"

家长一定要给孩子消气、缓解的时间，人心都是肉长的，孩子想明白以后一定会原谅你。

我最喜欢看的美国家庭喜剧《成长的烦恼》中，有这样一个桥段：本恩诬陷邻居的孩子，邻居的孩子挨了爸爸的打。当真相大白的时候，邻居爸爸说："哦，孩子，这次是爸爸错了。"

孩子委屈地说："那我白挨板子了！"

邻居爸爸说："就算是预支了，下次你该挨板子的时候就不打了。"

美国教育家斯特娜夫人说：**"一个勇于承认错误、探索新的谈话起点的父母，远比固执、专横的父母要可爱得多。"**

爸爸、妈妈是伟大和神圣的称呼，新时代的年轻父母应该摒弃上一代人的固执和专横，避开育儿中自以为是的坑，在为孩子付出和操劳的同时，也让自己更真实、更可爱、更有智慧。

端端说

有一天，妈妈打电话问我："端端，你还记得妈妈给你道歉的那些事情吗？"我很奇怪地问妈妈："你问这干啥啊？"妈妈说："我在写一本书，这两天正在写关于家长要勇于向孩子道歉的章节。想跟你一起回忆一下咱俩当时的情景。"

我努力地回忆着，记忆中妈妈不止一次向我道过歉，大概是冤枉了我什么或者对我态度不好之类的鸡毛蒜皮的小事吧，可是当时具体发生了什么，还有妈妈道歉的细节，在我记忆中早就模糊了。

从小到大我和妈妈关系很好，除了母子关系，还有师生关系，是合作伙伴，也是并肩作战的战友，还常常是默契的玩伴。我跟妈妈从来没有真正生过气，就算是发生点不愉快，当时心里委屈、生气，可是只要妈妈跟我一说话，我就没脾气了。如果是妈妈错了来找我道歉，我从来都是第一时间原谅她，那点不愉快也就烟消云散了。说实话，妈妈不道歉我会意难平，但是真的找我道歉，我心里又很心痛妈妈，并不愿意看到妈妈"低头认错"的样子。

我跟妈妈说："你是找我道过歉，但是事情我想不起来了。"

妈妈说："我可都记着呢，有些事现在想起来还觉得对不起你。"

我说："妈，你快都忘了吧！全都忘了才证明道歉起作用了啊，我早就原谅你了，过这么久咱们还记着它们干吗呢？"

妈妈在电话那头哈哈大笑："你说得有道理！"

生一次病长一次心眼

经常听到的一句话就是：孩子生一次病就长一次心眼。我一直以为这句话是一句俗语而已，可当了妈妈以后，发现这话真的有道理。

端端小时候生一次病，好了以后就发现他有明显的变化，或者词汇量大了，或者更懂事了，或者在某件事上变聪明了。我曾经请教过一位儿科医生，她告诉我孩子生病之后，会感到不舒服，身体会反思自己到底做错了什么，病好之后身体内会留下抗体，下次遇到这样的情况就会尽量避免。生病过程中孩子会感受到家人不同于平常的关注和爱，帮助孩子成长。明白了这个道理，端端生病我就不那么焦虑了。

同样，孩子从小到大会犯很多次错误，犯错就像生病一样，只要家长处理得当，孩子也会在纠正错误中变得越来越优秀，越来越聪明，并且深刻感受到父母的关心和爱。

年龄小的孩子所犯的错大都是无心之失。家长不要被孩子犯错误带来的后果激怒，先要弄清楚事情的经过，再问问孩子是怎么想的。如果孩子的初衷是好的，就不要过多地指责孩子。给孩子示范这件事情的正确做法，让孩子明白自己错在哪里，最后提出遇到类似事情时你的期待。

端端上一年级的时候，有一天中午，他趁我们午休的时候，跑到厨房踩在小凳子上把碗全都洗了。等我发现的时候，他的衣服裤子全都湿了,我看到他狼狈的样子又好气又好笑,问他:"你干吗不午休而去洗碗呢?"

他说:"就想帮爸爸妈妈干点活。"

我一边帮他把湿衣服换下来,一边表扬他。

"想帮大人承担家务是很好的,爸爸妈妈非常高兴。下次洗碗的时候把水龙头关小一点,还可以系上围裙。"

可是端端好像并不高兴,他说:"妈妈,我打碎了一个碗,碎片在垃圾袋里。"

果真我最喜欢的一个大瓷碗的碎片,正躺在垃圾袋里。

端端充满歉疚地说:"妈妈,洗洁精太滑了,这个碗我抓不住就摔碎了。"

我连忙检查他的手:"你的手没有被划破吧?"

"没有。"

"手没受伤就好,我洗碗的时候也打碎过碗。"

端端听了表情变得轻松多了。

我说:"不过碎片很容易划伤手,下次一定不要自己处理,叫大人来收拾。"

端端说:"妈妈你不生气吗?这个碗是你最喜欢的。"

我笑着说:"我怎么会生气?我还要感谢你帮我洗了这么多的碗。"

我给端端讲我小时候的故事:有一次暑假,我和哥哥、姐姐想帮大人们做饭,在水管下淘米的时候,就浪费了很多大米。那时候没有电饭锅,我们蒸饭就在一个蒸锅里,姐姐忘了给米加水,等到爸爸妈妈下班回来,看到一大锅干米,也不能吃。那时候家庭经济条件很差,煮那么一大锅米却不能吃其实非常让人心痛。但是，爸爸妈妈一句批评的话都没有，还表扬我们懂事。后来，这锅米熬成了稀饭，我们喝了好多天。

端端听得哈哈大笑。

"你想帮我们干家务特别好，妈妈下次教你怎么用电饭锅蒸米饭，怎么用洗衣机洗衣服。"

发现孩子做错事情，一定要先跟孩子交流。如果是孩子认知错误导致的，不要着急地立刻去纠正，或者用家长权威强硬地让孩子认错，而是**要细心地引导孩子，鼓励孩子跟家长辩论，大胆地说出自己的想法**。这样才有利于从根本上纠正孩子的错误。

有一天我坐在办公室，班里的几个孩子惊慌失措地跑过来，说小贺同学在篮球场被高年级的大哥哥打了。

我赶紧跑到操场上，看到小贺的左臂有一大片擦伤，正在流血。我们班上的孩子们拦住一个初中班的高个子男生不让走。

我第一反应是非常生气，冲过去质问那个男生："你干吗打我们班的孩子？"

那个男生个子比我还高，毫不畏惧地冲着我说："你是他班主任？"

我有点意外，觉得他挺横，心里更生气了："对，我是班主任，你一个高年级的同学打这么小的同学，你怎么好意思？还下手这么重，你是哪个班的？"

男生说："你问问他，是不是他先骂我的，骂得可难听了。"

我一愣，问小贺："你骂这个哥哥了吗？"

小贺说："他们的篮球打到了好几个女同学，我就骂了他傻×，他就使劲地把我推倒了。"

男生更理直气壮了："对吧，他先骂我我才推的他。"

孩子们全都期待地看着我,想看我怎么反驳这个男生。

"那他骂你,你就打人吗?"

"对啊,谁让他骂我的,这很公平!"

"他骂你是因为你的篮球打到女生了。"

"我们的篮球也是不小心打到她们的。"

男生周围的几个初中生也帮他解释:"是的,老师,我们还说对不起了。"

我一时语塞,觉得这事情没这么好解决。我可以用老师的身份强行训斥这个男生,给班上的孩子撑腰。但是小贺同学的确骂人在先,我这么做对两个孩子都不好。

"好的,事情我已经清楚了,你先别走,咱们一起好好处理一下这事。"

男生倔强地说:"不走就不走!"

我们一起去了校医室给小贺的伤口上药,然后给男生的班主任打了电话,班主任正在上课,跑出来看了小贺的伤情有点严重,说还是把双方家长叫来吧。小贺的爸妈正好在外地赶不过来,在电话里委托我处理。

于是,我们三个人站在学校门口等男生的家长。我看出男生被叫家长非常紧张,胸口强烈地起伏着,估计心中正委屈着呢。

我决定先不说今天的事。

我问男生:"我看你有些面熟,是不是小学我教过你音乐啊?"

男生点头:"是的,陈老师。"

我说:"我记得你小时候很懂事,是个好孩子呢。"

男生低下头有些不好意思。

我又问小贺："小贺，你的伤口痛吗？"

小贺点头。

我说："你这伤口怎么也要三四天才能好，肯定还会留疤，有可能疤痕明年才会消失。今天如果你不骂哥哥，哥哥就不会打你，你也不会受伤，流这么多血。你现在后悔吗？"

小贺说："后悔。"

"那你先给哥哥道个歉吧。"

小贺冲着男生说："哥哥，对不起，我不该骂你。"

男生有些尴尬。

我冲着男生说："你觉得他骂了你，你打了他很公平是吧？现在他向你道歉了……"

我的话还没说完，男生就已经向着小贺鞠了一躬："我也对不起，不应该推你。"

我心中一暖，其实孩子就是在气头上，他不是想欺负小孩，而是想要一个公平。

一时间我们三个没话说了，但我觉得这事还没完。

我问男生："你看小贺的胳膊在流血，你心里怎么想的？"

男生说："我心里也不舒服。"

"你觉得如果被人骂了就打对方是公平的话，你愿意和小贺交换吗？你骂他，然后你现在受伤？"

我在引导他换位思考。

男生摇头："不愿意。"

我说："这么说来，小贺还是更吃亏对吧？"

男生点点头："老师，我当时在气头上，就上去推了他一下，没想到他摔得这么重。"

我说:"是的,不是有句话叫冲动是魔鬼吗?人在气头上往往会做出冲动的事情。还好小贺的骨头没摔断,否则事情就更复杂了。既然小贺爸妈让我替他们全权处理,那我跟你们说,今天的事情对你们来说都是个教训。以后,小贺要管住嘴,不要出口伤人。哥哥记住盛怒之下也不要动手,你现在长得越来越壮,力量也越来越大,我们要用力气去做有益的事情,而不是伤害别人的事情。"

两个孩子都使劲地点头。

我对男生说:"你是不是担心你爸妈来了要批评你啊?我有个主意,你明天给小贺买个本子作为补偿吧,这样小贺回家也会跟爸妈替你说情,他们就不会再追究你。只要小贺的爸爸妈妈原谅你了,你的爸妈也就不那么生气了。如果你爸妈有什么疑虑,让他们给我打电话。"

男生满口答应了,并记下了我的电话号码。

我很高兴地说:"既然事情都解决了,不如咱们都回教室去上课吧!"

晚上,男生的妈妈给我打来电话,我把事情的经过和我处理的过程讲了一遍,男生的妈妈非常满意,她说儿子回家说了,还说要用自己的压岁钱给弟弟买本子。

第二天,男生拿着本子和一袋零食来到我们班找小贺,把本子和零食送给小贺,还搂了搂小贺的肩膀。同学们全都围着看,纷纷议论着这个大反转的结局。

通过这件事,两个孩子不仅都意识到了自己的错误,还成了好朋友。

小孩子的自制力差,有时候明知道这么做不对,可是却对

自己宽容或者心存侥幸。导致错误一犯再犯，甚至惩罚都无济于事。这时候，家长就要运用智慧寻找有效的办法，帮助孩子戒掉错误的习惯。

我班上有个叫小南的同学，从一年级开始就有拿别人东西的习惯，我发现之后及时跟他的父母交流。小南的父母说家里从来不缺他的，吃什么用什么他只要提出来都满足，就是不知道为什么喜欢拿别人的东西。

我专门找到小南聊这件事，小南表示非常清楚拿别人的东西是"偷"，他的行为不对。我以为他以后就会改了，可是没过多久又有学生反映小南拿别人的东西。小南的爸爸知道以后，很严厉地惩罚过他，但是没多久他又会故伎重施。

一天，小伟同学的美术包不见了，同学们提供线索说在小南的桌子上有看到。我当时心里非常不解，小南把这么一大包东西据为己有，还敢明目张胆地拿出来用。他这毛病再不根除，长大了肯定就更难办了。

我来到教室，看到小南在画画，他的桌子上果然有两个美术包。

我就问："小南，这个美术包是你的吗？"

小南说："不是，是我在树下捡的。"

"这个美术包应该是小伟的，不过他是在教室丢的。"

小南头也不抬地说："那不清楚，反正我是在树下捡的。"

我说："那事就奇怪了，不如打110吧，让警察来破案。"

小南抬起头，表情有些慌张地说："不要打110，我还给小伟不就行了？"

中午，我一直在思考小南的事情，既然他这么害怕警察，就让警察来彻底帮他改掉坏习惯吧。

下午第二节有我的"道德与法治"课,我刚上了十分钟,门卫师傅突然来敲门。他说学校门口来了一辆警车,说是来找二年级三班的一个孩子,好像是这孩子拿了别人的东西。

同学们全都看向小南,小南面无表情,比我预期的样子镇定多了。

我问门卫师傅:"警察要找的孩子叫什么名字?"

门卫师傅说:"好像叫小南。"

突然,女孩珍珍站起来大声说:"陈老师,铅笔小南已经还给我了。"

我蒙了,怎么还有铅笔的事?

原来下午第一节课,小南又拿了珍珍的铅笔,被同学发现后还了回去。

我眉头紧锁,说:"小南,你跟着门卫师傅去见警察吧。"

小南一副淡定的表情说:"我不去。"

我跟大家说:"你们先看书,老师先去问问警察到底咋回事。"

我跟着门卫师傅走出教室,低声说:"谢谢您师傅,您去忙吧。"

其实这位门卫师傅,是我提前安排好的,我嘱咐他上课十分钟后来我班教室,说出我提前给他设计的这些台词,和我配合着给学生们演一场戏。

门卫师傅离开后,我跑去洗手间站了站,装作气喘吁吁的样子跑回教室。

"哎呀,警察果真来了,就在学校门口呢。警察不光找咱们班,还找别的班的学生呢。小南,警察点名要你去,要不你去一趟呗。"

小南依然很冷静地坐在座位上说:"反正东西我都还给同学们了,我不去。"

我说:"你不想去啊?那这样吧,如果以后咱们班再也没人丢东西了,我出面去跟警察说说情,看看能不能不带你走。"

小南突然"腾"的一下从座位上站起来,用我从没听到过的洪亮声音说:"我保证再也不拿别人东西了。"

我很高兴,小南终于被触动了。

我说:"小南,我是很相信你的话,不过我不知道同学们怎么想?"

这时,全班同学都大声说:"我们相信小南,别让警察带他走!"包括丢铅笔的珍珍和丢美术包的小伟,也都激动地为小南发声,班里气氛热烈异常。

我心中一阵感动,孩子们能马上原谅小南,他们的心灵真的是既善良又单纯。

"既然大家都相信小南,我就再去跟警察说说吧。"

我跑出教室,过一会儿又喘着粗气跑回来。

"好了,小南你放心吧,警察已经走了。我已经跟警察保证了,咱们班没有孩子再偷拿别人的东西了。不过警察带走了别的年级的孩子去问话。"

小南感激地冲我道谢:"谢谢老师!"

我说:"你还要谢谢同学们,是他们鼓励我去向警察求情的。"

从那以后小南再也没有拿过别人的东西了,我们班上也再也没人丢过东西。

现在小南已经上七年级了，每次在校园见了我都很热情地打招呼。我也曾经想过向他坦白真相，但是，事情已经过去了这么多年，他的毛病也彻底改了，我决定还是先不说吧。

小南，如果你看到这本书，希望你能够理解老师当初为你精心策划这出戏的苦心，原谅老师！

当孩子做错事情后，作为家长一定要注意以下几个原则。

第一，尊重孩子，就事论事，客观公正地给孩子纠正错误。不要以大人的姿态贬低孩子的能力和智商，说一些伤害孩子自尊的话。也不要当着众人的面来指责孩子，以此显示自己多么地有原则、会教育，却忽视了孩子的感受。

第二，理解孩子会犯错的成长规律，严格纠正孩子犯的错误。耐心地教孩子认错，让他们学会掌握道歉的态度和语言，并且陪伴孩子一起去认错。

记得美剧《成长的烦恼》里小儿子利用宗教信仰从邻居家募捐了很多钱，给爸爸买了一台照相机作为生日礼物。爸爸知道之后没有批评小儿子，而是给他讲清楚了道理，然后带着他把照相机退掉，陪着他挨家挨户地还钱、道歉，一直到深夜才抱着小儿子回到家里。

第三，对孩子做错事情的惩罚要有仪式感。端端三年级之前也会因做错事情而被打屁股，但是我们都会提前说清楚打还是不打，为什么打，打几下，打多重，在什么地方打等。他虽然被打了，但是心服口服。

人只要吃五谷杂粮，就会生病。随着孩子免疫力的提升，身体会越来越强壮，到成年的时候，病就会比小时候少很多。**孩子**

只要做事情就可能会出错，随着孩子经历的事情越来越多，就越来越懂道理，到他们成年的时候，犯的错误也就少很多。希望家长们能够帮助孩子分辨是非、纠正错误，小时候做知书达理的孩子，长大后做遵纪守法的公民。

端端说

我很清楚地记得我犯的一个错误，是我三年级的时候，打碎了妈妈梳妆台上一个很好看的音乐盒。音乐盒的造型是一个装满透明液体的圆球，里面有一栋房子和一个小雪人。只要晃一晃，就有白色的粉末在圆球里面飘浮，就好像是下着漫天大雪。我看着觉得有趣，就很想拿过来玩。妈妈说："这个是玻璃的，还挺重的，你最好不要拿。"可我坚持要玩一下，妈妈就把音乐盒给我了。我拿在手里给音乐盒上发条，圆球一滑就从我手里掉到地上了，果真就摔碎了，圆球里的液体流了一地。我吓坏了，愧疚地看着妈妈。妈妈第一反应也是很心痛，但很快她就开始收拾碎玻璃片，拖地，并没有批评我。我问妈妈："妈妈，对不起，我给你重新买一个吧？"妈妈说："这是你爸爸在结婚纪念日买给我的礼物，其实我也并不是一定需要它，只是有纪念意义而已。碎了就碎了吧，以后你要记着做事情谨慎一些。"我反复地问妈妈："你真的不生气吗？"妈妈说："这件事我也有责任，明知道你可能拿不住，但还是禁不住你的请求给你了，然后我也没有在一旁看护，所以这事就算了。"我当时真的是如释重负。

有一次在礼品店我看到差不多的音乐盒，就想起这件事，提议要给妈妈买一个。妈妈笑了，说："这事你还记着啊？就是个结婚纪念品而已，我只要和你爸的婚姻还在，纪念品并不重要。"在学校写作文的时候，我把这件事写了进去，在作文里我是这样结尾的：有时候做一个宽容的人比弥补错误更有意义！

我现在基本上学会了要对人宽容，做事情要考虑周全，对待别人犯的错也不要揪着不放。这也是朋友们和我在一起都觉得很放松的原因吧！

做家长的原则

现在的父母养孩子早就不指望防老了,他们无条件地为孩子创造物质基础,心甘情愿地给孩子所有的爱。所以常常会听到父母对孩子说的一句话:"我只要你幸福快乐就可以了。"

父母的爱,可以没有条件,但是一定要有原则。国有国法,家有家规。一个孩子从小有规矩,将来才能真正幸福快乐。想让孩子守规矩、讲规则,就要求家长自己首先能坚持原则。

孩子小的时候,遇到的都是些芝麻一般的小事,比如随地小便、乱丢玩具、见人不打招呼、公众场合大声喧哗等,这些很多看起来很小的事情,如果小时候不及时规范,长大后就很难矫正。孩子年龄越小,父母越需要理性,坚守原则的态度应该越坚定。**有原则地控制,比无原则地纵容更重要**。

我认识一个十一岁的孩子,非常不拘小节,比如:打喷嚏、放屁、咳嗽他都不避讳旁人,甚至会故意冲着人来做。看旁人皱眉头,他还不以为意地咧着嘴大笑。

作为班主任,我严肃地跟他讲了待人的礼仪,可是没几天,我又听到班里学生们反映他这些行为。同学们都因此对他避之唯恐不及,可他却依然我行我素,甚至以此作为攻击别人的"武器",屡禁不止。

我于是联系了这孩子的家长。家长听到孩子的这些行为也是一副苦恼的样子,当着我的面也批评了孩子。

"你咋又这样了呢？我们不是告诉你这样不文明吗？"

通常做错了事情的孩子，在老师和家长面前都会是一副惭愧的表情，低着头或者不好意思。而这个孩子立刻满脸不高兴，眼睛还溢出了眼泪，一副委屈的样子。似乎他做的这些虽然不体面，但是我们不应该指责他，应该忍着或者原谅他。

我问家长："他在家里也这样吗？容不得别人指出错误吗？"

家长说："也不知道为啥，每次一说他哪里不对就哭。"

我直言不讳地告诉家长："你的孩子这样就是从小惯的。"

给孩子立规矩时，父母跟孩子的"第一次较量"很重要，如果第一次家长输了，那么给孩子立规矩的难度就会增加。如果第二次又输了，那么立规矩的难度则会成倍增长。就如同身体哪里发炎了要吃抗生素，如果没有吃够量就停药，那么细菌再次繁殖，就会对这个药产生抗药性，下次再用药就只能加倍，病程也会变长，对身体损害更大。

父母往往不知道"第一次较量"的时间节点。孩子一岁左右，你觉得跟他立规矩似乎太过严苛，那么一岁半可不可以呢？两岁是不是还有点小？他偶尔发个小脾气，乱丢东西，穿着鞋子上床，就批评一番是不是太较真了？

于是和孩子的"第一次较量"，就这样一天一天，一个月一个月地推迟。转眼突然发现孩子已经不小了，这时候开始给孩子立规矩，发现孩子特别能耍赖，讨价还价，脾气也大，还委屈得不行。你给他立的规矩他总是一次次打破。

这是因为，你和孩子的第一次较量早就开始了，不光是第一次，你已经不止一次地在较量中输了，只是自己没有发现而已。

回想起我们跟端端的第一次较量也算是险胜。那时候的端端也就刚刚一岁，走路还不稳，说话也不清楚，因为要拿一个什么东西，我们不给而大哭。

我们觉得是时候该告诉他，大人决定了的事情是不能动摇的了。于是，我和端爸都坚决地告诉他"不行"。可是他的哭声更加强烈了，我看到小小的他那么委屈，满脸都是泪，大大的眼睛充满祈求地看着我，我的心早就软了，真想妥协。

但是，我和端爸曾经约定过，教育孩子的态度要一致，不能当着孩子意见有分歧。看端爸那么坚决的态度，于是我便心一横。

我对端端严肃地摆手："我和爸爸说了不行，你哭也没用，别再哭了啊，不然的话就不是说说这么简单了。"说完我们各自忙活，谁也不理他了。

端端看到我们俩态度这么一致，又这么坚决，慢慢止住了哭声。我看到他不哭了，马上过去把他抱起来表扬。

"端端，真乖，知道不该拿的东西不能拿，对吧？"

端端脸上挂着眼泪，却点着头。

端爸也及时过来安慰他："端端，你这么小就能明白事理，真是一个小英雄。"

端端很快就忘记了这件事，转头去玩玩具了。我暗自庆幸刚才没有妥协，刚想夸端爸两句，没想到端爸说："你还挺有原则的，我刚才都心软了，看你这么坚决才忍住没妥协。"

这第一次较量看似是在纠正一次孩子的错误行为，其实是在家里插上了一面印有"原则"两个大字的红旗。这面红旗告诉孩子，父母对孩子是爱与原则并存的，面对孩子的不良行为和不合理要求，用坚定的态度，平和地告诉孩子什么事情能做，什么事情绝对不能做，让孩子明确自己的行为边界。

自从"第一次较量"我们胜利了之后，端端就很少出现用哭、耍赖、发脾气来实现自己的不合理要求，我们也更能"狠"得下心来坚持原则了。虽然第二次、第三次较量接踵而来，但是过程明显缩短了不少。所谓"长痛不如短痛"，随着端端年龄的增长，他面对原则妥协得越来越快，再次触碰"红旗"的次数也越来越少。

我们的家庭原则其实也很简单，包括待人接物的礼貌问题、时间管理问题、遵守约定问题。但其实，有些原则是不可能一下子就全都规定好的，很多事情是临时出现的，就像国家法律也是经常要修订、完善。那么临时出现的情况，就要先跟孩子一起分析，得出正确的结论后，要求孩子必须遵守，不得讨价还价。

有一次过春节，家里来了很多亲戚，还有长辈，大家说好中午一起聚餐。我一大早就提醒端端练琴早点开始，这样就不耽误中午出去吃饭。可端端有些忘乎所以，一直在跟表姐玩，我反复又提醒了几次后，他都说知道了，时间还来得及。临近中午，突然有人提议大家可以先去公园拍照，玩一会儿再去饭店。大家都觉得这个主意不错，端端和表姐就开始穿外套准备下楼了。我喊住端端问："你是不是忘了什么？"

端端说："哦，对了，我还没练琴呢。"然后看看大家，又看看我。

众人皆劝道："过年嘛，少练一次不要紧吧！"

我看着端端，想看他怎么回答。

端端表面上很为难的样子，但却这样回答："少练一次倒也不是不行，我也不考级，也不参加比赛的。"

我知道他正在借助天时、地利、人和，企图动摇一下这面久攻不下的"原则红旗"。我如果现在一定要他练琴，那么我就是跟全家人过不去。少练一次钢琴的确不会对他造成很大的影响，但是如果这次我妥协了，那么就证明原则这面"红旗"也不是坚不可摧的啊！"红旗"也就动摇了，那么就很快会迎来下次动摇。这次可以不练琴，下次就可以不写作业，可以熬夜，可以尝一口啤酒的味道，可以撒个小谎……

我于是坚定地表达："不行，端端必须要去练琴。一个小时之后我们去饭店跟大家会合。"

端端眼巴巴地看着一大家子的亲人们，流露出希望大家给说个情的意思。

姥爷最先开口说情。

"你对孩子太严苛了，过年照合影怎么能少了端端呢？今天姥爷做主，钢琴不练了。"

端端和表姐开心地欢呼起来，他跑到门口开始穿衣服，换鞋。

我看着端端要出门的背影喊住他："端端，姥爷是在为你说情。但是你想想是我严苛吗？现在这个局面是怎么造成的，你应该比我清楚。我希望你好好思考一下，要不要真的放弃这次练琴，放弃咱们之前的约定？"

端端知道我不高兴了，他转身脱下外套，眼泪开始涌出："好，那我就练琴呗，你这不是也不听你爸的话吗？"

众人都七嘴八舌地劝我，说我太不近人情了，就是当老师的职业病，对孩子太严格了，端端已经够懂事了，过个年就不能让老人高兴下吗？

我冲大家摆手说:"我早就提醒他早点练琴,是他拖延到现在没有完成,这是我们多年的约定,希望你们不要打破好吗?对不住大家了。"

端爸打圆场,劝着大家先出门去公园了。看着家人们尴尬地离开,我心里其实也特别难过。这次不光是对端端的考验,也是对我这个当妈的考验。如果我妥协了,是会换来皆大欢喜,但是我以后说的话在端端心目中的分量一定会变轻。

家里此时只剩我和端端两个人,端端早就已经坐在钢琴前面练琴了。我听着他一丝不苟的琴声,知道他的情绪已经平复了,开始进入了日常练琴状态,这归功于一直以来他遵守原则的习惯。

练完一个小时钢琴之后,我们走在去饭店的路上,一起反思这件事情。端端表示自己是觉得去饭店的时间还够,没想到突然大家决定去公园,打乱了自己的计划。我告诉他计划没有变化快,你只有把时间尽量往前赶,才有应对突发事件的能力,也表扬了他最后的正确选择。

一个孩子能遵守家规,也就能遵守校规,工作之后也能遵守单位的规章制度,也能遵守各种法律法规。这样不触碰红线、不心存侥幸,不钻空子的人生,不仅会增大安全的概率,也会更轻松和快乐。

有一次,端端和同学小雨在学校篮球场打篮球,两个孩子玩得非常开心,我和小雨的妈妈在一边边看边聊天。

小雨的妈妈问我:"陈老师,你家儿子可真听话,我儿子就不行,什么事都要说好几遍才听,你帮我诊断一下呗。"

天色渐渐暗下来,我们看看时间便招呼孩子们该回家了,端端应声回答着,然后收了篮球和小雨一起向我们走来。

小雨妈妈很高兴地说:"哎呀,小雨这是在端端的带动下,头一回这么听话。"

端端和小雨抱着球走过来,端端说:"妈妈,我们还没玩够,可不可以再各投三个球呢?"

我和小雨妈妈对视了一下,觉得这个要求不过分,便同意了。

端端和小雨开心地跑到就近的篮球架下面,一人投了三个球,然后就抱着球准备出校门。

小雨的妈妈看到小雨这么乖,心头一热说:"你们想玩就再投三个球吧,反正天还没黑呢。"

小雨立刻就又返回篮球架去投球了,我却摆摆手示意端端不要回去了。然后,我跟小雨妈妈说:"我知道为什么小雨不听你的话了,刚才明明孩子做了正确的事情,非常遵守约定,而你却把约定打破了。可能这样的事情不止一次吧,那么在孩子心目中,妈妈说的话也就没有了分量。"小雨的妈妈恍然大悟。

我和端端离开学校的时候,小雨还在投篮,我听见小雨妈妈在喊:"好了,天黑了,你看人家端端都已经回家了。"

不能遵守原则的家长,和孩子相处只会越来越累,亲子关系还会越来越紧张。

我当班主任管理班级也是这样,我们的班级有自己的班规,还有家长守则,每一条包括违反规定的惩罚条款,都是孩子们和我一起商量着制定的。

我跟孩子们约好的事情,我一定是会履行的,慢慢孩子们知道我是言出必行,从不打折。我布置任务只需要说一遍,再去检查的时候，孩子们一定是都做完了。

以下是我们一起制定的班级公约：

1. 行为和语言要有礼貌，待人要有分寸。
2. 与人互动，眼睛要看着对方的眼睛。
3. 同学有好表现，要替他高兴；同学受罚的时候，不要看着他。
4. 不在群内公布考试成绩，同学之间不要打听；不要嘲笑别人的分数。
5. 尊重别人的发言与想法。
6. 自己有什么好表现，不要炫耀，输给别人也不要生气。
7. 别人送你东西，要说谢谢；接到奖品和礼物，不可以嫌弃和挑拣。
8. 批改同学的试题时要谨慎；遇到分歧，找老师求证，不要冤枉对方。
9. 全班一起念课文时，要看着书上的一字一句；读错的字及时标注。
10. 课堂上发言应该讲规矩，以完整的句子回答问题，不要接话茬。
11. 每天都要做完作业；自己收拾书包，不要落下东西。
12. 准备文具教材的时候，动作要快；要安静，要守秩序。
13. 爱护教室环境卫生，不要在墙上乱画；自己的垃圾自己收拾干净。
14. 上课的时候不能做与学习无关的事情，老师在和不在都一样。
15. 课堂上不可以喝水，水杯不要放在课桌上；生病的除外。

16. 注意个人卫生，把身边的病原减少到最少。

17. 休息日可以打电话找老师，可以留言，没接时也只要联系一次就够了。

18. 别人掉东西，请弯腰去帮他捡；进门时，请帮后面的人扶住门。

19. 你碰到别人，不管有没有错，都要说声对不起。

20. 无论到哪一个公共场所，都要保持安静。

21. 去参观别人的地方，不吝惜赞美。

22. 全校师生集会的时候，列队行进时，不要说话。

23. 不能欺负任何人；有谁欺负你，告诉老师。

24. 要乐观，要享受人生；要善良，要诚实。

25. 不会写的字要自己查字典，并主动把查到的字写到黑板上。

26. 不要在教室和走廊里大喊大叫、乱跑。

27. 不能带饮料、零食、首饰、玩具到学校来。

28. 没经过别人允许，不要拿别人的东西。

29. 预备铃响就要迅速回到教室坐好，上课的时候要专心。

30. 每个岗位要各负其责，公平、公正；电脑、风扇由专人负责。

31. 穿戴好校服和红领巾；不要把衣服系在腰上，或者披在身上。

32. 不要做危险的事情；远离烟酒、毒品、赌博、网络游戏。

33. 对知识要充满好奇和求知欲，主动寻找答案。

34. 对陌生人要抱有戒心，不要跟不认识的人走。

35. 要勇于承认错误，并积极找到改正错误的办法。

36. 不要把公用的物品占为己有，不要计较个人得失。

37.在你的能力范围内，做最好的人。

我们还一起制定了家长守则：

1.（耐心）我不想您在打骂我的时候生气，还伤了我的自尊心，请耐心地跟我讲道理，一次、两次……我会明白的。

2.（鼓励）在您拿我跟别人比较的时候，我会失去自信和动力，请多多鼓励我，我会比昨天的我更优秀。

3.（公平）每次我在学习的时候，您在一边玩手机、看电视，您对我的监督就显得没有力度。请您尽量回避。

4.（尊重）我们尊重您，也请您尊重您的长辈，以及我们的老师和我的同学。你们之间的争执要避免在我们面前发生。否则，我们会很伤心。

5.（榜样）请您做好表率和榜样，也和我们一样热爱学习、努力工作、充满正义和善良、不说脏话、遵纪守法。

6.（陪伴）爸爸妈妈的爱对我同等重要，希望在我最需要你们的时候，你们能尽量多陪伴我，别让您的缺席，成为我们心中的遗憾。

7.（理智）我知道您非常爱我，但是遇事也要冷静，一定要先和老师沟通学校的情况，理智处理并信任老师。

8.（民主）您是我成长道路的航标灯，但请您在替我做决定的时候征求我的意见，那样我做事的时候就会心甘情愿。

9.（个性）我是世上独一无二的孩子，请您用心发现我的长处，帮助我找到最适合自己的方向，实现人生的价值，拥有光明的未来。

10.（爱）希望我们一家人永远相爱！

我们既是孩子的引路人，也是孩子的同行者，教育的成功不是培养出一个乖巧听话的娃娃，而是帮助孩子在自主的成长中找到自我，收获自尊自信，拥有独立的人格和开阔的人生！

爱从来不是大包大揽，要教会孩子解决问题的方法，而不是替他解决问题，这才是真正的爱。既不失去爱，也不缺乏管教，坚守做父母的原则。

端端说

对待学习，我的原则是：多动手、多动脑，对未知的知识怀着一颗探索的心。

对待生活，我的原则是：多一事不如少一事，尽量不受他人的影响，活在当下，做真我。

对待朋友，我的原则是：道不同不相为谋，善待每一个朋友，对所有人给予尊重和包容。

对待是非，我的原则是：要言而有信，要做正确的事，要做正直的人，要让内心平静无歉疚。

言传身教的力量

我的一位朋友是一位公认的模范爸爸,为女儿的学业付出了很多。女儿高三那年要参加美术面试,他为了陪孩子不得不经常请假往返于各个面试的城市。可恰逢工作面临晋升的机会,领导说他是非常有希望的,可他再三衡量觉得不能不管孩子,于是还是请了一个月的假,也因此没有成功晋升。令他欣慰的是,女儿考上了中国最好的美术院校,我们也都纷纷为他祝贺。

时间一晃五六年过去,见到他问起他女儿的情况,他却一副无奈的表情说:"女儿大学毕业之后就结婚生子了。"

我说:"这不是很好吗?"

他烦恼地说:"自从女儿当了妈妈,就辞掉了工作,专业也全都荒废了,每天就是陪着孩子玩啊、旅游啊,也不干家务,全都要两边老人轮流去帮着打扫卫生、整理家务。现在外孙快要上幼儿园了,女儿却表示不想再走入职场,反正老公收入不菲,她就每天做做美容、瑜伽,逛逛街、喝喝茶度日。"

他深深地为女儿担心,表示自己费力培养女儿,是希望女儿成家的同时也有自己的事业,并且为当年陪女儿去面试而放弃自己的晋升机会感到不值。

很多父母对孩子寄予很大期望,甚至会为了全心全意地培养孩子而放弃自己的学业、事业,甚至生活,把所有的重心都放在孩子身上。当然,也有非常多的全职爸妈把孩子培养得很优秀,成名成家的也不在少数。

就拿我这位朋友来说，当年培养女儿考大学也并非不值，虽然女儿当了全职妈妈，没有在事业上有所成就，但是，相信她在当妈妈的过程中，自己的艺术素养还是会发挥很大作用的。只是，与当年朋友为女儿做出的牺牲不对等，也难怪他觉得不满意。

前几年在网络上看到一则新闻，一位单亲妈妈含辛茹苦地培养了一名研究生，全部希望都寄托在孩子身上，自己的工作也顾不上了。可是孩子上了大学以后除了学习什么都不会，后来沉迷于游戏，研究生没毕业就被学校劝退了。面对这样的结果，可想而知这位妈妈是多么痛心疾首。

我们可以一起算一道非常简单的数学题：

1（成长的孩子）+1（全职的家长）–1（牺牲自我的家长）=1（或许成才的孩子）

这道数学题告诉我们，一个人放弃自己的价值去帮助另一个人成才，其实有很大的不确定性，而且社会并没有增加人才。如果把力气放在自己身上，成功的可能性更大，而且孩子在父母榜样的感召下也同样可能成才。如果每一代人都为下一代人去牺牲自己这个方式是正确的，那么你培养的孩子也会为了他的孩子放弃事业，牺牲自我价值，那么每一代的付出就都被下一代辜负了。

所以，我不赞成家长以为了孩子而牺牲自己事业的方式育儿，家长完全可以和孩子一起成长、一起努力，共同实现自己的价值。

我觉得这道数学题应该是这样的：

1（成长的孩子）+1（身教言传的父母）=2（双赢的家庭）

作为父母，身教应该做在言传之前。父母首先要给孩子做个好榜样，你想要孩子成为什么样的人，首先自己就得成为什么样的人。而不是只给孩子提要求，把美好的期望强加在孩子身上，自己却得过且过。

著名教育家孔子说："其身正，不令而行；其身不正，虽令不从。"

很多职业都是需要考试合格才可以上岗的，只有父母这个职业是没有通过考试就上岗的。所以父母应该用一生的时间来努力学习怎样做合格的父母。

有一天，我翻看班里孩子们的作文本，有一个题目吸引了我——给爸爸的一封信。一个孩子这样写道："爸爸，请你不要再玩手机了，我在写作业而你的手机里游戏的声音一直在影响着我。"另一个孩子写道："爸爸，你能多跟我聊聊天吗？不要总跟视频里的阿姨说个没完好吗？"我看到孩子们的作文内容，心里真的为孩子感到着急。这是孩子内心的呐喊，他们在通过作文向父母发出请求。

有一次我开家长会之前对孩子们说："家长们在家玩手机的请举手。"

大部分孩子都举起了手。他们纷纷跟我吐槽父母玩手机的种种不良后果，有的把饭烧煳了，有的父母因此吵架，有的开车接电话出现了剐蹭事故。

开家长会的时候我跟家长们反映了这个情况，于是有家长解释说自己看手机是有工作要做，避免不了。我告诉家长说："这种情况可以理解，如果要长时间看手机，要么回避孩子，要么就让孩子看看自己手机的内容，取得孩子的认同，让孩子明白自己不是在玩游戏或者刷视频。否则，孩子玩起手机来，你想要限制住他可就不容易了。"

在端端的成长过程中，我和端爸非常注重"身教"这件事。努力在家里营造一个好学习、爱读书、勤锻炼的氛围。经常都是孩子在练琴，我在看书，端爸在画画。晚上还会一起打乒乓球、跳绳、做平板支撑。

我们在公共场合也时刻注意自己的言行举止，以身作则来教育孩子。比如：不大声喧哗；在公交车上看到老人或孕妇我会主动让座，端端也会马上站起来让座；排队时我们井然有序地排在队尾，从不插队；过马路时我会教他遵守交通信号灯，在街上也不乱丢垃圾；尽量使用环保的购物袋；见人主动热情地打招呼、问好，与人分开时有礼貌地说再见。别看这些事情都很小，但是都会一点一滴地渗透到孩子的品德修养中。

记得有一次我和端端进校门，遇到几个学生，他们冲我喊："陈老师好！"我也对孩子们报以微笑和点头，可是端端却冲我提意见了。

"妈妈，你的学生在喊你，你怎么不理人啊？"

我赶忙解释，自己刚才是冲他们微笑了，而且还点头了，并没有不理他们。

通过这件事，我更加注意自己的言行，再遇到有学生跟我打招呼，一定报以同样的方式回应，尽量不再给端端造成误会。

父母的身教不仅会成为孩子的榜样，还会在完善自己的同时，使自己在过程中有所收获，从而达到双赢的结果。

端端刚上一年级的时候不是很喜欢看书，为了能让他喜欢上阅读，我每天和他一起读书半小时，可是坚持了一段时间发现他还是不喜欢看书。于是，我就问他原因，端端告诉我书中的内容都不是太吸引他，他喜欢的是另一些东西，比如：飞机、大炮、遥控器、对讲机、战争和冒险的事情。

听了端端的话我萌生出专门为端端写一本书的念头，主人公就叫端端，在书中加入端端喜欢的素材，希望这样能让端端喜欢上看书。

于是，我就开始每天晚上写作，端端的房间和我的房间门对着门，他在书桌上写作业，一抬头就可以看到我也在写作。端端睡觉的时候，我也会关上灯，让他以为我也睡了，等到他睡着了，我又会回到书桌前写作。

最后这本八万多字的亲子童话《和妈妈一起去探险》完成了，我特地去把稿件打印出来，装订成书的样子在端端八岁生日这天送给了他。端端看到书里的小主人公也叫端端，而且在书中驾驶着飞船在天上飞来飞去，与小伙伴们一起靠勇气和智慧战胜反派大 Boss；看到里面还有他喜欢的钢琴、对讲机，他觉得非常有意思，从此真的开始对看书感兴趣了，作文水平也提高了。他写的《书，陪伴我成长》参加了学校的作文比赛，获得了一等奖。

后来我把这个童话发到网络上，竟然获得了"首届儿童文学大赛最具潜力奖"，2018年被做成了有声读物在懒人听书 App 上发表，2019年还在《少年时代》刊物上刊发。这次的创作经历，是我迈向写作道路的第一步。

作为家长，身教其实是很辛苦的，一方面要陪伴孩子成长，另一方面还要不放松对自己的要求，需要家长有足够的耐心和坚定的意志。**当一家人一起坚持过起步阶段，孩子在家长的带动下，明白实现自我价值是自己的事，是一件有意义的事，一家人的生活就会开始向着良性循环方向运转。**我们在和端端一起成长的过程中克服了非常多的困难，这需要家人们相互理解、相互帮扶、相互体谅才可以做到。

端端五岁的时候，我参加市里举行的音乐教师基本功比赛。每天陪着端端练完琴之后，我自己再练一个小时的钢琴，还会带着端端去学校的排练室，让他看我练习舞蹈。

端端十岁的时候，端爸参加一幅大型油画的创作，每天早出晚归去画画，每次回来都会给我们看作品的进展，给我们讲画画中遇到的困难。周末的时候，我就带着端端去画室看爸爸创作。端端看到爸爸用一个月的时间画出来的巨幅长城油画的时候，赞叹不已。

我们的这些身教的事例都给端端幼小的心灵留下了深刻的印象，对他起到了很大的正向引导。因此，当他在学习上、练琴时遇到困难，或者是任务重、很累很辛苦的时候，他就会想到爸爸妈妈都在努力，就没有退缩或者委屈了。

关于言传，我认为一定要惜字如金，话说得多不一定能对孩子起到正面作用，有时还会起到反作用。

经常有学生跟我聊自己的父母，都说最烦父母的唠叨，有时父母越说得多，自己越不想干。还有的学生说，父母教育我要做的事情，他们自己也做不到，太虚伪了，以后他们说啥我才不信呢。

如果家长一直给孩子说教，告诉孩子不要撒谎、要努力学习、别玩手机、别吃垃圾食品，唠叨一通大道理；然而自己给上司打电话撒谎却被孩子听见,天天躺着什么也不干,拿着手机一刷就好几个小时,撕开膨化食品包装袋就往嘴里倒……孩子不仅不会听信你的说教,还会从内心把家长当成语言的巨人、行动的矮子。以后,你再跟孩子说啥,他都会把这些话当成"毒鸡汤"倒进下水道。

也不是每个家长都会写作、会弹钢琴、画油画,或者有较高的学历,可以用自己的优秀去影响孩子,那么,做一个默默的爱孩子的家长就足够了。你陪伴孩子的日日夜夜,你照顾病中的孩子,给他喂水吃药;安抚难过中的孩子,给他擦干眼泪。这些都会在孩子成年后划出一道长长的反射弧,转化成孩子优秀、强大的力量。但是,有些家长喜欢去标榜自己的付出,可能一句为了让孩子感恩、内疚的话,就会砍断这道反射弧。因此,言传不如身教。

家长可以普普通通,没有任何特长,但一些基本修养一定要具备;如果不具备,就要不断地去学习和积累。否则,就不要去抱怨别人家的孩子为啥比自己的孩子省心。

第一,家长必须有很强的责任心。

孩子不仅仅是自己的,也是祖国的未来,教育好自己的子女是父母应尽的责任。不要认为把孩子送到幼儿园、学校就万事大吉,孩子不好都是学校没给自己教育好。

就好比生病了做手术,手术很成功。但是住院期间不按时吃药,不按时休息,不遵从医嘱乱吃东西,导致术后感染或者留下后遗症,这些肯定不能去找医院讨说法,就算是耍赖要到了补偿,身体还是自己的,受苦的也是自己。同样,孩子的成长教育出现偏差,将来吃亏的也是孩子自己。

第二，家长必须不断提升文化水平。

孩子的求知欲很强，家长的科学文化水平越高，越有利于进行家庭教育，培养出优秀的孩子。小学生要学习的语文、数学、英语、科学、传统文化、音乐、美术、舞蹈、体育、道德与法治等，这些科目都是帮助孩子了解世界、增进交流不可缺少的知识，家长掌握起来其实不难。如果家长一无所知就会令孩子失望，甚至降低自己的威信。

还有日常的生活常识，比如做饭、养生、用药、交通、居家的常识，也应该多多积累，平时点滴地灌输给孩子。这些大多是学校里学不到的，但是对孩子将来独立生活，则会起到重要作用。

端端很小的时候就学会了煎鸡蛋，我告诉他要尽量少放油，鸡蛋可以两面煎，也可以只煎一面。

端爸则告诉他电路相关的知识，让他知道家用电路的原理，让他不必过度担心触电而不敢使用电器。很快他学会了使用电饭锅、咖啡机、洗衣机、螺丝刀等。我们还指导他自己修理玩具，告诉他养宠物和种植花卉的知识。因此，他遇到问题就会请教我们，对我们的建议也深信不疑。

有时候，我们也会因为某个知识点出现盲区，然后就一起到网上查资料。

第三，家长还要具备儿童心理学、生理学的知识。

在端端还没出月子的时候，我在一本育儿杂志上看到一篇文章，上面讲到自然分娩的新生儿，有可能脖子会在生产过程中受到扭伤，导致一侧肌肉拉伤出现肿块。孩子会表现出睡觉时总侧向一方，眼睛也会一大一小，严重的会导致脸两侧不对称。这种病,叫作新生儿斜颈。

我就仔细观察端端,的确有文章中描述的情况,眼睛一大一小,脸也是,而且他总是习惯朝着一侧睡觉。我又去摸他一侧的脖子,真的摸到一个小肿块。赶忙喊上端爸去医院找医生咨询。

医生诊断后说的确是由于分娩导致的肌肉拉伤,不过我们发现得早,如果每天给孩子脖子上的肿块做按摩,半年左右肿块消失就没事了。医生还说这个毛病越早发现越好。很多孩子百天了或者半岁了,头还总是歪,脸也不对称才来医院检查,确诊为斜颈。那样的话,治疗起来难度很大,很多得了斜颈的孩子长大了之后脖子也是歪的。

于是,我们就坚持每天给端端按摩脖子,坚持了整整六个月,肿块消失了。这也是儿子"端端"这个小名的由来。端爸至今一说起这个事情,还表扬我立了大功!

只有家长了解孩子心理发展的年龄特征、个性特征,掌握孩子心理变化的规律,才能为养育孩子提供相对科学的依据。此外,还应该掌握青少年的身体发育、器官成熟、体质增强等方面的知识,科学指导孩子规律饮食、睡眠、运动、保健。

端端说

有一次,我去湖北电视台参加《童声朗朗》这个节目,做自我介绍的时候我说:"我的小名叫端端。"主持人好奇地问我:"端端是你的艺名吗?"我说:"不是,就是我爸妈给我起的小名。他们希望我做人一生都要端端正正的。"

我很喜欢"端端"这个小名,爸妈从我很小就跟我解释过"端端"这名字的含义。直到有一次在妈妈的博客里,看到我出生那段时间的日记,才知道原来我小时候脖子还受过伤,爸爸、妈妈给我做了六个月的颈部按摩。

我问妈妈为啥不早点告诉我啊,妈妈说:这事都过去这么多年了,没必要再提了。当时取"端端"这个名字就是希望我别长歪了。后来就觉得"端端"这个名字有很多正面的意思,比如"好端端""开端""端端正正""端午节"也有这个端字,就觉得特别开心。要不是当时得了这个病,恐怕还想不到这个小名。

这也是冥冥之中我和这个名字的缘分。所以,我也一直时时处处地衡量自己的行为和思想,努力做一个行得正、坐得端的人。每当有人在喊我"端端"的时候,也都是在给我提个醒。

第三辑
学习这样搞,孩子更有料

学习是人的天性，
没有不爱学习的孩子。

捕捉孩子的学习兴趣

有句话叫作：兴趣是最好的老师。那么孩子的学习兴趣到底怎么培养呢？

我曾经跟一位成年学生交谈过，她小时候很喜欢弹钢琴，但是父母比较心急。老师的教法也欠妥当，弹不好的时候经常用小棍敲她的手。于是，她开始反感弹钢琴了。

一次，她去上钢琴课，走到老师楼下，竟然把钢琴书藏到小区花坛的土里面，然后告诉老师自己的书全都丢了。

有些父母对孩子寄托了很大的希望，但他们往往按照自己的主观意志去"规定"孩子的兴趣，而不尊重孩子自身的学习兴趣，这样往往会延误孩子的发展。

记得看过一个扎心的寓言故事：动物学校里，小猴子爬树获得了第一名，因此鸭妈妈也让小鸭子去跟猴子老师学爬树。小鸭子爬不上去，鸭妈妈就批评它，鸭爸爸还对小鸭子冷嘲热讽地说："你看人家小猴子，爬得多好。"小鸭子渐渐对自己没了自信。有一天它来到河边，不小心掉进河里。明明天生会游泳的小鸭子，因为丧失了信心，竟然在河里淹死了。这则寓言告诉我们，学习方向错误会带来很大的危害。

还有一次我们在动物园看马戏表演。一只小猴子在爬竿，驯兽师要求小猴子爬得要快，爬得要高，但是不给小猴子饼干吃。结果小猴子撂挑子不干了，跑进笼子里就是不出来。这属于学习方向正确，但是急功近利导致结果不如人意。

孩子的成长过程可比小动物复杂太多了。作为父母，要帮助他们找对方向，还要陪伴他们在正确的方向上砥砺前行。每个孩子的特质不同，做父母的要更多地了解自己的孩子，发现孩子的长处，有目的地去引导他。

如果孩子还不是很清楚自己的兴趣，那就应该多给孩子一些看世界的机会，让他们了解更多的学科门类，看看不同职业的人的生活方式，给他们宽松、自主的空间，鼓励孩子自己去选择感兴趣、喜欢的事。这样，他们才可能在成长过程中，知道自己擅长什么，适合什么，也愿意为之去努力。如果孩子长大后所从事的工作，是自己喜欢的，也是自己擅长的，那么他一定可以把工作做得出类拔萃。

我认识一位妈妈，每逢寒暑假都会带着孩子出门旅游，走遍了中国的名胜古迹，也去了不少国家的历史名城。他们不购物，也不去游乐场，就是了解这个国家的历史。母子俩一起参观当地的经典建筑、欣赏画展、听音乐会、去图书馆，后来这个孩子养成了爱看书的习惯，言谈举止间也充满了自信，对历史、艺术有自己独到的见解，对自己的未来有明确的信念。他的思路清晰，知道自己喜欢什么，擅长什么，可以从事哪类工作。这位妈妈给了孩子自由的旅程，让时间和空间赋予了孩子更大的格局。

你可能会说，我们家的经济条件有限，不允许我们到处去旅游。那么我给你讲一位爸爸的经验。他从孩子很小的时候，每逢周末、节假日就带着孩子去城市郊区徒步。他们沿着河边走，观察自然、摄影、挖野菜、捡石头、野炊、采集植物标本。他的孩子从小身上就散发着一种大气，脸上全是轻松的微笑。

给我印象深刻的一次是学校里举行朗诵比赛，这个孩子在台上淡定自如，搭配沉稳有致，声音随着背景音乐的起伏抑扬顿挫。音乐结束的时候，她也恰到好处、激昂澎湃地朗诵完最后一个字。她的朗诵和音乐配合得浑然天成，那么自然和谐。这个孩子的学习成绩也非常好，后来考上了非常理想的大学，选择了自己喜欢的专业。这位爸爸给了孩子一片广阔的天地，大自然赋予了这个孩子更多的灵动和智慧。

你可能会说："我的工作特别忙，每天要加班，根本没有节假日。"那我说一下我小时候的故事。我的父母工作特别忙，家里有老人和一大堆孩子，几乎没有时间管我。但是，从三四岁的时候起，临睡前母亲有机会就会给我读故事书。那时候适合孩子看的书籍特别少，我记得听的故事叫《高玉宝》《宝葫芦的秘密》。我认字以后就表现得特别喜欢看书，母亲再忙都会给我买书，后来，就演变成每年的生日礼物就是一本书。那时候，书店特别少，但是我和母亲只要路过书店，她都会答应我进去看一会儿。哪怕母亲的兜里没有余钱，隔着柜台的玻璃看看书籍的封面，对我来说也是一种安慰。书读得多了，我就开始写，没上学的时候我就写了很多小短文，有《我的妈妈》《我的爸爸》《我的哥哥》《我的姥姥》《我家的大公鸡》，这也为我日后笔耕不辍、对写作充满兴趣和热爱播下了种子。

其实，**学习是人的天性，没有不爱学习的孩子。**孩子能很快学会用奶嘴、用吸管、用勺子、用筷子进食，再大点开始玩玩具，哪怕是设计再复杂的玩具，孩子都会迫不及待地想要亲手试试。但是，为什么有些孩子随着年龄的增长，反而学习能力越来越差，想要学习的动力也越来越少呢？这一定是在孩子身上发生了什么。

我认识一个叫小夏的学生,很聪明,语文、英语成绩都很不错,可是上三年级了还不会系鞋带,放学的时候鞋带总是散开的。我喊住她,告诉她要尽快学会系鞋带。可是第二天,我看到小夏在操场上体育课,她的好朋友蹲在地上帮她系鞋带。我想,为什么系鞋带这个事对她这么难呢?

我给小夏的妈妈打电话沟通,小夏的妈妈表示平时孩子上学时间比较紧张,经常都是家长替小夏系鞋带。

我提醒小夏妈妈,孩子已经三年级了,生活上的事情要多让孩子自理,家长不要代劳。要尽快教会孩子系鞋带,否则在学校里鞋带松开了会非常不方便,而且也不安全。

放学回家的路上,我发现小夏蹲在路边哭,鞋带散开着。而小夏的爸爸气呼呼地站在一旁责骂她:"教了你多少次了,怎么还不会呢,你咋这么笨!"

小夏爸爸看到我,理直气壮地说:"你看,陈老师来了,你自己系吧,别想我帮你。"

我说:"小夏今天的英语听写满分呢,她可一点也不笨,对吧小夏?"

小夏停止了哭泣,看着鞋带一脸的无助。

"小夏,你觉得系鞋带很难吗?"

小夏点点头。

小夏爸爸说:"你快点系好鞋带,我还等着回家呢!"

我说:"小夏爸爸,孩子肯定是没学会,你催她也没用啊。"

小夏爸爸说:"我是教不会她了,真是气死我了。"

我说:"那好吧,现在我来教她,我相信她能学会。"

我蹲下来开始教小夏系鞋带，一步一步地带着她做。小夏总是从第二步开始绕错，我就放慢速度让她看清楚。这样练了五六次之后，小夏终于弄明白了，成功地系上了一根鞋带。

我示意她把鞋带解开再来一次，就这样反复了好多遍。大约花费了一刻钟，小夏的动作越来越娴熟，我知道她已经彻底学会了系鞋带。我拉着小夏站起身，看到小夏爸爸满脸歉意的表情。

"哎呀，陈老师，还是你有耐心，我教几遍就上火了。"

"我的耐心也不是天生就有的，而是我发现对孩子着急一点用也没有。这种办法行不通，就换一种办法。**孩子接受知识有快有慢，也都有自己的短板，但是最后都能学会。**"

从那以后，小夏学会了系鞋带，我再也没有看到她的鞋带松开过了。

有些孩子喜欢动手，搞一些手工小制作，家长就会认为这与学习无关，加以阻止，这样是不对的。孩子在感兴趣的事情上，都会主动动脑琢磨，他们的思维能力在这个过程中会得到发展。当他们为了这些和学习无关的事情去查阅资料的同时，一定会看到其他关联的知识点。手工小制作可以提高孩子的动手操作能力，家长不仅不该阻止，还应该为他们创造学习机会。

小学阶段的端端除了学钢琴，还主动要求学了很多别的课程。

一年级暑假在游泳馆学会了游泳，并开启了一年半的街舞学习之旅。二年级暑假每天晚上学习乒乓球两小时。三年级开始跟着端爸学画素描，并且坚持了两年多。四年级跟电脑学会了下象棋和围棋，跟同学爸爸学会了下军棋。五年级参加了学校的篮球队。六年级在桌游店里学会了万智牌，在西安的鼓楼旁学了两个小时的魔术，拍戏的时候在内蒙古的草原学会了骑马。这些东西看上去都和学校的文化课没有直接关系，但是，全都对文化课的学习起着很大的促进作用。

如果条件允许，在孩子小的时候可以多让孩子学一些特长。但是过后还是要帮孩子找到他更感兴趣和更突出的一项或几项，专心地去学习。切忌什么都会，什么都不精。

小时候的端端喜欢问各种问题，我也喜欢给他一一解答。当遇到我也不确定的答案的时候，会诚恳地告诉他，这世界上的知识太多了，妈妈也有很多不知道的，但是我愿意去学习。鼓励他去寻找答案，并且嘱咐他找到答案一定要告诉我。

有一次，我的班上转来一位新同学小文，我让小文的妈妈留一下我的电话号码，告诉她电话号码也是微信号，加我微信就可以把她拉到班级微信群。

可是过了几天，小文的妈妈都没有加我为好友。放学接孩子的时候我喊住小文的妈妈问："你为什么不加我微信呢？"

小文妈妈说："老师，我不会用微信，不知道怎么加，你可不可以有事情给我打电话啊？"

我本想答应小文妈妈的要求，可转念一想，这样不合适。于是我说："小文妈妈，微信不会可以学啊，早晚都要用到啊。"

小文妈妈为难地说："哎呀，不习惯，太麻烦了。"

我摇头道："小文妈妈，你想过没有，孩子每天来学校都是来学习的，你也一定希望孩子热爱学习吧？可是你自己为什么连学一下使用微信都嫌麻烦呢？我看你比我还年轻吧，我都学会了你更没问题。"

小文妈妈觉得我说得对，连连点头。

晚上，我手机响了一下，打开一看是小文妈妈的微信好友请求。我立刻加上了她，并给她点了一个大大的赞。

想让孩子热爱学习，不一定要家长懂多少，会多少，有多高的文化水平，而要家长从点滴开始鼓励孩子，认可孩子对事物的兴趣，帮助孩子建立起想学习、要学习的思想。家长自己也同样要有一颗学无止境的心，并在家中营造出学习的氛围。

因为端端从小拍戏，我们也随剧组辗转了很多地方，每到一处地方，我们都会在拍戏间隙游览当地的名胜古迹。

杭州的西湖和雷峰塔、成都的老峨山、厦门鼓浪屿的钢琴博物馆、汕尾市的澎湃故居、上海的东方明珠电视塔、周庄的双桥、红楼梦里的大观园、天宁寺的佛教文化、银川的西部影视城……在这些地方，他增长了很多见识。

2017年夏天，端端在北京怀柔影视城参加了电视剧《暖暖的幸福》的拍摄，他在里面饰演郝前程。正值暑假来临，我跟端端提议利用拍戏的空档一起去一趟北京大学和清华大学。这两所大学是在老师和同学之间经常被提起的名校，是他心中非常敬仰的知识殿堂，于是他毫不犹豫地答应了。

我们顶着烈日，辗转两个小时来到了清华大学门口，却被告知清华大学有活动，今日不对外开放。我们只得转到对面的北京大学，得知北京大学也要邀请函或者活动门票才能进去。

看着有些疲惫的端端，我问道："怎么办，咱们还进去吗？"

端端心有不甘地说："要不咱们再想想办法吧。"

他的坚定鼓励了我，我发动"万能的朋友圈"，终于在朋友的帮助下拿到一张北大当日观影活动的邀请函。我们满怀激动的心情，走进了这所有着百年历史的名校。

这也是我第一次走进中国顶尖学府,我们骑着共享单车,绕着校园转了一大圈。看到校园里的每一个学生,都觉得那么地令人羡慕。

端端感叹:"北京大学可真大啊!"

我们一起在这所充满着爱国、进步、民主、科学思想的校园里骑行,在未名湖边拍照。他说最喜欢博雅塔和刻着"敢当"两个字的大石头,还非要在有着象棋的桌子上跟我对弈。

离开之前,我们在北京大学主教学楼的台阶上,背靠背安静地坐了很久。在这教育精粹、高深智慧的聚集地,新思潮的发源地,每一棵树木都有历史,每一条路上都有故事,多说无益,用心感受吧!

端端说

小时候妈妈带我参加了很多兴趣班,也旅游过很多地方。我对一切未知的事物都有强烈的好奇心。总喜欢问妈妈和爸爸各种问题。有时候问得他们也回答不出来了,我们就一起查阅资料寻找答案。

有一年,我们去法国的卢浮宫看世界名画《蒙娜丽莎》,爸爸讲了关于达·芬奇的故事,我才知道达·芬奇不仅仅是画家,还是发明家、医学家、生物学家、数学家、哲学家、音乐家、解剖学家、地质学家和作家等,同时还是建筑工程师和军事工程师,简直是一位全能型的天才。从此,我对达·芬奇非常崇拜。我虽然没有达·芬奇的天赋,但是也不想给自己设限,只要遇到感兴趣的知识领域,就会尽力去探索。妈妈从小就鼓励我"不要人云亦云",鼓励我带着质疑和探索的心态去学习。所以,对知识去探索和论证后我才会全盘接受,而在探索和论证的过程中,总能发现一些新的兴趣点。

现在我最感兴趣的当然是音乐,每天不是练琴、听音乐,就是研究电子音乐编曲。除此之外,我还查找了很多资料,有那么多想知道的东西,总觉得每天时间都不够用。我妈说她是斜杠青年,有老师、作家、编剧三个身份,我也希望自己将来的斜杠标签除了音乐还有更多,和我一起加油吧!

"要我学"变成"我要学"

孩子学习动力的产生要经过拉力、推力和内驱力三个阶段。这三个阶段是孩子成长的必经之路。三个阶段的过渡周期,不同的孩子也有长有短,家长要非常小心和智慧地去处理。就像一个小婴儿从母乳喂养到添加辅食,最后和大人吃同样饭菜的过程,如果操之过急,就会伤害孩子的肠胃,甚至影响孩子的生长发育。

在孩子不情愿做某事时,家长单方面费力地拖拽孩子,叫拉力。虽然也能让孩子往前走,但是结果如同逆水行舟,只要家长一松手,孩子就会顺流而下。

我认识一位父亲,对孩子的培养非常用心,让孩子从小学习钢琴、学习演讲与口才。这个孩子从幼儿园时期就有与众不同的表现,钢琴比赛、演讲比赛都获过奖,还主持过幼儿园的大型文艺演出。

在孩子刚上小学不久,这位父亲听到一个观点,说要培养孩子独立自主的能力。他认为时机已经成熟,就放开手让孩子什么事都自己做。结果,发现孩子各方面的表现都一落千丈,钢琴课也坚决不去上了。

这位父亲和孩子僵持了一段时间之后,又开始全面管理孩子,可是,孩子的表现却一直恢复不到之前的水平了。这就是家长放手太快,拉力突然消失导致的后果。

孩子找对了目标，但是这个目标对他的吸引力不够，只靠孩子自己前进的话，速度会很慢，甚至停止前进。只有家长在后面用力地推，孩子才能有所进步，这种力量叫推力。这个时候，如果家长一放手，孩子可能就会停在原地，满足现状，并且会为自己的"懒"振振有词地找一切借口。

在孩子小的时候，家长最先用拉力，然后慢慢过渡到推力，最后要巧妙及时地把推力转变成孩子的内驱力。就像是游乐场的过山车，家长把孩子推到了过山车的最顶端，这时候即便放手，孩子也会进入俯冲、旋转、360度回旋，一路兴奋地奔向成功的目标。

端端和所有的孩子一样，见到新买的玩具一定要自己来操作，不希望我们代劳。有的玩具很新奇，我和端爸开始也不知道怎么玩。比如，在哪里装电池，开关在哪里，遥控器怎么使用，等等，可端端在一旁已经迫不及待了，伸着小手要抓玩具。我就趁机把玩具的说明书递给他，告诉他要看说明书才知道正确的玩法。那时候他不认识几个字，我就指着说明书上的字给他读，慢慢地他认识的字越来越多了，也养成了看说明书的习惯。以后家里添置什么电器，他都会第一时间拿出说明书，从产品说明到故障、维修，一项一项地仔细阅读。

有一次，他翻看一台旧收音机的说明书，竟然发现收音机有个手电筒功能。他演示给我们看，让我们大吃一惊，这台收音机用了这么久，我们一直都只是把它当收音机来用，都不知道还有这个功能呢。我和端爸都大大地表扬了他，并且有意地经常使用这个手电筒，他也对这次发现充满成就感。

端端上五年级的时候，班里开始流行玩魔方，有几个同学报了魔方培训班，经常在班里展示刚学的技能。他非常羡慕，放学的时候也让我去买了一个魔方给他。端端从魔方盒子里拿出说明书冲我晃了晃说，同学已经告诉他怎么弄好三个面了，而他想自学弄好六个面。中午吃完饭，端端就开始看着说明书研究魔方，我肯定了他想要学会一项技能的愿望，但是心里在想：玩好魔方可没这么容易，岂是一张说明书能搞定的？

一中午的时间，端端一直在沙发上拿着说明书和魔方较劲，到了上学的时间，端端兴高采烈地告诉我，他看着说明书真的弄好了六个面。我当时真的惊呆了，冲着他直竖大拇指："你真棒，比妈妈厉害太多了。"

这次钻研魔方成功之后，端端更喜欢研究了，渐渐地他感兴趣的领域越来越多，从天文到地理，从物理到化学，从生活小百科到平行世界的奥秘，我意识到自己开始跟不上他求知的步伐了。

内驱力是推动孩子进步的最佳力量，这种力量一旦形成，孩子会自发地找准目标，自觉自愿地去做事。哪怕有艰难险阻，也乐此不疲地勇往直前。

互联网时代，只要你想问，就没有网上找不到的答案；只要你想学，就没有网上不教你的老师。从音频、视频到文章，应有尽有。

我教端端用电脑搜索自己想要知道的问题答案，端端尝到了自己探寻问题答案的乐趣，很快就养成了自己上网找答案的习惯。遇到我们争论一个问题的时候，他就跑去电脑上查，然后我们一起看答案，有时候是他对，有时候是我对，还有的时候是我们的判断都不准确。

在这个过程中，很多新知识都是我和端端一起学习的。他不仅养成了对知识的好奇和探究的习惯，而且敢于挑战权威，不会在没有真凭实据的情况下，轻易被动地接受一个结论。

端端学琴一年半的时候，是我们最难熬的一段时间。乐谱开始变长、变难、变复杂，端端对弹钢琴的兴趣开始减退了。这个时候，我必须要使用拉力来帮助他不松劲。

我们规定好每天练琴从四十分钟增长到一个小时，执行这个规定还是有困难的，我们为此经受过很多考验。我发过火，也生过气，甚至冲动的时候也把端端的书丢到过地上，重重合上过琴盖。但是，很快我就反省自己，意识到因为自己是老师，所以特别无法容忍自己的孩子在练琴时出的一点点错误。

音乐是让人愉悦的艺术，不能让练琴变成痛苦的事情。当然学习必定会有艰辛，我自己也经常练琴，明白练琴需要忍耐一个人长时间独处的寂寞，为克服某个技术难点而手指无数次地反复弹奏。面对窗外各种诱惑能静下心来练琴，其实已经是一种修炼了。

这时候端端表现得真的让我很佩服，他经常教育我。

"妈妈，才刚学的新曲子当然会错了，等一会儿我就能弹对了。"

"妈妈，我弹错了，你先别打断我，等我弹完再说。"

经过多次磨合，我逐渐放平心态，我们找到了比较好的学琴和练琴模式。每天，端端自己把定时器打开，开始练琴。中途以喝水、尿尿的借口休息一下的时候，我就宽容处理，多给他一些调整空间。因为我知道，端端内心是非常喜欢弹琴的。我曾经对端端说过："如果你不喜欢弹琴，咱们可以不学了，并不一定妈妈是钢琴老师你就一定要学钢琴,你很优秀,学别的也会成才的。"但是端端却表示一定要学,有时候在旅游回家的路上他都会说:"妈妈,今天练不成琴了,明天我一定补上。"

他对钢琴的感情就像一首诗:剪不断,理还乱,才下眉头,却上心头。我知道,这个时候我的推力是不能停的,同时也绞尽脑汁地思考着,如何把推力转化成端端自己的内驱力。

有一天晚上我们正在练琴,家里突然停电了,端爸为我们点上蜡烛照明。我提议在这微弱的光线下,各自即兴演奏一段钢琴曲。端端特别兴奋,灵感不断。最后,我们拿来一本端爸的油画画册,把它当成钢琴谱,一人找一幅油画,然后看着上面的画,在钢琴上演奏。

端端的创作之门从此越开越大,经常乐此不疲地弹很久,还说自己创编的曲子全弹完要弹好多天。我就笑着说:"那观众来听你的演出还要自带干粮,否则就饿死了!"我发现,端端最喜欢在练完规定曲目后,在钢琴上即兴创编钢琴曲。起初,他创编的曲子很多都是从最近的规定曲目中派生出来的。比如刚学了三连音,他就会以三连音节奏即兴发挥。学会了《献给爱丽丝》,他即兴创编的曲子里就会频繁地使用半音交替进行的乐句。有时候端端会自言自语地说哪些音一起弹好听,有时候还摇头说这样不好听。我对他即兴创编出来的每首曲子都表示肯定,还会经常陪着他一起在琴上即兴四手联弹。

我们经常创造机会在家里开演奏会,请亲戚和端端的小伙伴一起来听。有的时候观众只有我和端爸两个人,我们也会认真欣赏,为他拍照、录像,热烈地鼓掌。

熬过了最艰难的一段时间,端端学琴开始步入正轨,频频给我惊喜。比如，他总结了很多练琴的办法，有纠正手型的办法，也有改正出错段落的办法，还有练习大跳及双手交叉的技巧，常常讲给我听。只有内驱力才可以让孩子进入这么好的状态。

很多家长单方面希望孩子用尽可能少的时间去玩，用尽可能多的时间去学习，其实这是非常不现实的。只有做到了既有时间玩，又有时间学习，才能达到学习娱乐双赢。这就需要家长能够把握好两者之间的度。有的孩子每天可能需要两个小时的玩乐时间，有的孩子每天可能需要三个小时的玩乐时间，但无论是什么样的孩子，只要这个"度"把握好了，就会达到双赢的效果。

端端上五年级的时候，无意间在一个小视频里看到一款叫作打击垫的音乐设备，他很感兴趣，跟我提出想要购买。我开始对这个打击垫一无所知，于是也上网学习了一下，发现这款设备是一种较为简便和初级的音乐创编电子产品，通过编程可以把预存的节奏和旋律自由组合，实现部分作曲的功能。但是，对于已经学了这么多年钢琴的端端来讲，这种无门槛的音乐电子产品，不是最佳选择，况且，小学高年级的学业已经开始繁重了，如何平衡业余爱好和学习之间的关系呢？我决定以退为进。

我先是肯定了端端想要在音乐创作上继续发展的想法，然后跟他一起在网上研究打击垫的功能，看看买哪一款最好。端端选中了一款价格最贵、功能最多的打击垫。我告诉他实现电子音乐编曲还有一种更专业的设备，叫作MIDI。用这种设备编曲可以创作出更为丰富的节奏和音色，还可以导入自己创作的旋律。

这更加激起了端端的兴趣，他放下想要买打击垫的想法，开始在网上寻找和MIDI相关的产品，我告诉他最好能找到一款性价比很高的设备。这样一晃，五年级上学期就结束了。寒假我们去海南旅游，在酒店的沙滩派对上，他兴奋地告诉我，给舞台歌手伴奏的设备就是一款他想买的MIDI设备。派对结束之后，我带着他走上舞台，在征求了乐手的同意之后，让端端近距离地好好看了一下这个实物。端端跟我表示，这款MIDI他已经了解得很透了，虽然这并不是MIDI里面最高配的，但是，对于电子编曲的初学者来说，基本的功能全都具备，是性价比最高的，他决定就买这款了。

我非常痛快地答应他说："既然你深思熟虑了，妈妈可以给你买这款MIDI，但是，也有个条件，那就是要等到五年级下学期期末考试，你的各科都取得优秀成绩之后。"

端端一听有些不乐意，他说："啊，还要这么久才能拿到呀？"

我说："对啊，你想要的东西，都必须要去争取，轻而易举就得到的话是不会珍惜的。既然妈妈已经同意给你买了，拿到它是早晚的事。到时候，妈妈再找个老师好好地教教你。"

五年级下学期，端端有空就会去看一些关于电子音乐作曲的网页和论坛，开始喜欢听电子音乐，并且告诉我多亏当初没有买打击垫，的确是MIDI更适合自己。虽然看得出端端对MIDI的渴望，但是，我还是坚持到暑假再给他买。期末考试，端端以全部科目优秀、数学满分的成绩为自己交上了满意的答卷。

当天晚上，他就开始联系商家买MIDI了。整个交易过程，我都是让他自己在网上操作的，包括谈价格、谈运费、谈售后等。他告诉我有一个商家答应提供一套MIDI教学的视频软件，还会通过视频连线，来帮助他安装和操作。他想和这家店主交易，我觉得他的选择非常明智。

这个五年级的暑假，端端每天都会拿出大量的时间在视频上学习MIDI的操作，店家给的视频一共有100集，端端就一集一集地看，边看边操作。眼见着他每天那么认真地学习、操作，进步非常快，我是真心佩服他的学习能力。端端很快就做出了几个小节的电子音乐，我听了听还真像那么回事。

学会了操作MIDI的端端，暑假一口气写了几首还算完整的电子音乐。他说想要把音乐放到网上，让更多的人听听自己的作品。我说："好啊，你查查哪些平台可以上传音乐呢？"于是，端端在网上寻找答案。他说有个不错的音乐平台可以注册，然后上传自己的作品，但是，他不会具体操作。我鼓励他自己试试，不明白的我们一起来做功课。端端就开始研究如何把他的音乐上传到音乐网站上。

他告诉我："妈妈，平台上传作品可以签约，分为独家和非独家，我该怎么选呢？"

我说："这可能涉及音乐版权和作者收益的问题，我也不是很明白，你可以再学习一下版权法，看看独家和非独家哪个对你更合适。"于是，端端边学边琢磨，完成了注册、上传身份证、签约、上传作品等一系列的操作。

培养孩子学习内驱力的过程是渐进和反复的，家长要有耐心和恒心，不能急于求成，也不能想着一劳永逸。在教育孩子的过程中，每一个孩子都会出现不同的情况，家长要能掌握孩子的特点和习性，正确地引导和教育。让一件有内动力的事情，带动另一件不容易产生内动力的事情，才是教育孩子的好方法。

端端说

我从小就对数学特别感兴趣,我也记不清这兴趣是来源于哪里。也可能是妈妈陪我做的数学小游戏,也可能是遗传了妈妈的数学基因(我爸爸数学不太好)。反正,我遇到难题一定要解决才会罢休。如果遇到刁钻古怪的题目,更是兴奋得摩拳擦掌。解不出来就会苦思冥想,算出来了就特别开心,心里满满都是成就感。我记得上小学的时候,只要发现数学题目有漏洞,就会跑去跟老师理论,有时候把老师弄得哭笑不得。每次考试都想得满分,如果有失误扣了分,心里就特别遗憾。直到高中阶段,我的数学还是不错。

当然这个世界全才很少,我们每个人都会有擅长的某些方面,那就先在这些方面好好地发挥自己的优势,在不擅长的方面先不要强求,特别是家长不要去打击孩子,否则我们会更加没有自信。也许等一段时间或者遇到某个契机,这方面的能力才会发芽。

相比较数学和音乐,我的语文和历史有些薄弱,但是我对它们没有失去兴趣,而是在内心督促自己要尽量去弥补不足。妈妈经常跟我说她擅长写作,既然能遗传给我数学的天分,我的语文也一定不会差,让我不要担心。所以强项对我来说是兴趣,而弱项对我来说更多的是责任,这些都是我学习上不松懈的动力。

学校里的小小"战争"

孩子从上幼儿园开始就要进入群体中，开始学习处理人际关系。刚开始，孩子不知道怎样和别人相处，以为所有人都会像爸爸、妈妈、爷爷、奶奶那样让着自己，比较随性和自我。可是别的孩子也难免会这么想，谁也不让谁就容易发生矛盾。

有了矛盾就要解决，每一次处理矛盾的过程都是一堂人际交往的情商课。在这堂课上，孩子之间通过个性碰撞磨平自己的"毛刺"，学会讲道理，学会谦让，学会和不同性格脾气的人打交道，学会换位思考，从而掌握与人相处的技巧。

因为孩子年龄小，一旦发生矛盾，家长就特别紧张。一方面是怕孩子受伤，另一方面怕孩子吃亏受委屈，家长就会参与到孩子们的纷争中去。

如果家长处理孩子之间的冲突不妥当，不仅会激化矛盾，还会影响孩子人际交往这堂课的成绩。那么面对孩子之间的小小战争，家长应该怎么做呢？

一、家长要控制好自己的情绪，耐心听听冲突的来龙去脉

孩子之间发生冲突，往往双方都有一定的责任。但是都会各执一词，认为对方不对。孩子们的冲突，表面上是谁打谁了，谁骂谁了，或者谁把谁的东西弄坏了，等等，但其实背后一定另有原因。如果家长在没有弄清楚事情之前，就马上批评或者指责

对方的孩子，很可能激发对方家长的不满，让矛盾升级。如果指责自己的孩子，也很可能让自己的孩子感到非常委屈，破坏亲子关系。

星期一的早上，小星的妈妈跟我请假，说小星死活不愿意去上学，原因是隔壁班上的一个女孩乐乐扬言要揍她。好像是因为一张照片，具体的情况小星也不说。

小星妈妈很生气地说："她俩之前还是好朋友呢，乐乐经常来我们家做客，每次我都对乐乐很热情。你说乐乐这么做是不是太过分了？"

我跟小星妈妈说："一会儿我去隔壁班找乐乐问问情况，然后把两个孩子叫到一起来处理。"

等我来到隔壁班，班主任告诉我乐乐今天也请假了。我给乐乐妈妈打了电话，乐乐妈妈也正在发愁，说孩子在家装病不肯去学校。我把乐乐和小星之间发生矛盾的事情说了，告诉她下午让乐乐来，我来给她们调解。

下午，我把两个孩子叫到一起，问小星："你上午没来上学是为什么？"

小星偷偷瞥了一眼乐乐，不敢说话。

我说："乐乐，你和小星不是好朋友嘛，你知道她为什么不敢来上学吗？"

乐乐摇头。

我问小星："你看见乐乐是不是很害怕啊？"

小星点点头。

我说："我听说乐乐说要揍你，所以你才怕她，那么乐乐，你愿意你的朋友怕你吗？"

乐乐又摇摇头。

我说:"乐乐,我想知道你为什么今天上午也没来上学?"

乐乐说:"我觉得小星肯定会找你告状,我怕你会来我们班找我。"

我笑了:"你们俩这样逃避肯定不是办法,你们愿意我来帮助你们和好吗?"

两个孩子都点点头。

"那谁来告诉我你们之间到底发生了什么?"

两个孩子就你一言我一语地把事情从头到尾讲述了一遍。原来小星拍了一张乐乐的照片,觉得样子很滑稽,就把这张照片当作自己的QQ头像了。结果别的孩子看到,把照片转发到乐乐的班级同学群里,几个好事的男孩子轮流嘲讽了一番乐乐。

乐乐非常生气,让小星赶紧把头像换掉。可是因为开学了,小星的手机被妈妈管控起来,没法操作。而乐乐认为小星拒绝更换头像,于是更加恼火,才放出狠话说周一再不换掉头像,到学校见到小星就揍她。

事情弄明白后,我知道这两个孩子都有不对的地方,于是我让小星自己说说用乐乐的头像时,是怎么想的。

小星说:"我只是觉得好玩,没想到乐乐会这么生气,不就是一张照片吗?"

"小星,法律是保护肖像权的。你用别人的照片必须要经过对方的同意才行。否则,对方不开心,是可以去起诉你的。换了是你的照片被传得到处都是,你愿意吗?"

小星这才意识到自己的行为过分了。她立刻主动给乐乐道了歉。乐乐却依然僵直着身体,没有任何表示。

我问乐乐:"那你还想打小星吗?"

乐乐摇摇头。

我对小星说:"乐乐不会再打你了,你也道歉了,你还害怕吗?"

小星突然哭了。

"小星,你为什么哭呢?"

小星说:"我特别后悔,不该那么做,以后我们可能再也不会做朋友了。"

我感慨道:"乐乐要打你,你都没哭。说不打你了,你反而哭得这么伤心,看来是真的很在意这份友谊啊。"

乐乐听到这里也哭了。

"乐乐,你为什么也哭了?是因为我批评小星还不够吗?"

乐乐摇头说:"我也不想失去这位朋友。"

"既然你们都想继续做朋友,那就握个手吧,这件事情就过去了。"

最终两个女孩拥抱在一起。

两个孩子闹矛盾,如果对方家长不在场,即使是对方孩子的错,家长也不要承担批评和教训对方孩子的工作。因为第一,你是大人对方是孩子,力量不对等。第二,你作为家长,很难有公平的立场,在对方心里也缺乏公信度。所以,你弄清楚事情真相后,最好是等对方家长到来,或者由老师来批评或教育对方孩子。

二、与对方家长沟通,尽量放低姿态,切忌得理不饶人

看过一幅特别有趣的漫画,画中是两个孩子发生矛盾,双方

的家长出面解决。很快双方家长就开始互相指责、破口大骂,唾沫星子满天飞,袖子也挽起来了,跃跃欲试地要动手。可是,画面中的两个孩子已经和好了,蹲在地上一起玩起了石子。

孩子之间发生矛盾之后,双方家长一定要进行友好沟通,这样能促成问题的解决。孩子还在成长期,对周围人处理问题的方法和态度处在学习和模仿的状态,所以家长更应该为孩子做榜样。另外,家长们如需沟通的话应该在私下进行,不应该在班级群公开理论、吵闹,否则只会造成更大的不良影响,堵塞孩子们相处的后路。

双方家长在解决孩子之间矛盾的过程中,要扮演引导者的角色,而不是判官。要通过不断地问问题,来引导孩子弄清他们之间出现矛盾的原因,去分析事件的过程,以及各自所要担负的责任,鼓励孩子自己去思考解决矛盾的方法。

家长不能存在偏袒自己孩子的心理,更不应该只听自己孩子的片面之词,而是应该站在客观、公平的角度化解孩子之间的矛盾。家长还需要注意自己的言行举止,切忌引发新的矛盾。

有一天,我们班的同学小磊的爸爸非常气愤地打电话给我说:"孩子回家讲有两个二年级的同学,下课总是打咱们班的同学。我打听了这两个孩子一个叫小胜一个叫小利,他们经常欺负同学,还往女生身上吐口水,好像咱们一年级的孩子都被他俩打遍了。"

小磊爸爸义愤填膺、情绪激动,说要找他家长算账,还问我可不可以把这两个孩子开除。

我安慰他说:"小磊爸爸你先不要这么激动,咱们学校是义务教育学校,不会开除两个二年级的孩子,我会去找这两个孩子谈谈，看看有没有更好的办法化解。"

第二天，我还没找到小胜、小利，这俩孩子的班主任却先来找我了。

"你们班小磊爸爸昨晚上带着一帮人，到我们班小胜和小利的家中寻衅滋事，家长给我打电话问小磊爸爸是不是黑社会。"

我赶紧给小磊爸爸打电话问是怎么回事。

原来小磊爸爸在电话里感觉我和他的意见不一致，当天晚上就召集了班上的几个身强力壮的家长，一起找到这两个孩子的家。他们想要和小胜、小利的家长理论一番。

结果对方家长根本不讲理，双方对骂一场，鸣金收兵，小磊爸爸他们悻悻而归。电话中小磊爸爸非常不好意思，说他的办法行不通，还是让我来处理吧。

我从班主任的口中了解到，打人的小胜和小利是双胞胎，都有轻微的脑瘫。他们来自重组家庭，父母靠收废品为生，平时很少顾得上他们。他们因为自身缺陷的问题，从小就被人欺负，非常自卑也没有安全感。为了自保，兄弟俩每天形影不离，见到靠近自己的孩子就会先攻击。我想，这样的孩子，无论去批评他们，还是让他们的父母去教训或讲道理都不会太起作用。而且，他们也是非常缺爱的孩子，也许爱才可以化解他们的攻击性。

于是，我给班里的孩子讲了小胜和小利的故事，孩子们都对他们的身体情况和家庭困难表示了同情。

我说："我今天要把他俩请到班里来，跟大家认识一下，主要是想要让他们知道咱们是不会欺负他们的，这样他们就不会打咱们了。"

我把小胜和小利带到教室里，孩子们都有些紧张。我示意班长给他们搬来椅子。两个孩子坐在椅子上东张西望，浑身不自在。

我摸摸他们的头问："小胜、小利，你们认识我们班的小朋友吗？"

他俩看了一圈，摇头。

我又问同学们："你们认识他俩吗？"

同学们异口同声地回答："认识，他们经常打我们。"

我指着昨天被他俩打过的孩子问："小胜、小利，还记得他们吗？"

他俩再度茫然地摇头。

我给他俩介绍说："我姓陈，是一年级三班的班主任，我们班的孩子想和你们做朋友，你们愿意吗？"

他俩点头说："愿意。"

我拿出两个事先准备好的本子递给他们说："这是我们班送给朋友的礼物，请收下。"

他们的眼中露出惊喜的神情。

我问班上的学生："你们愿意就上来跟他们握手吧！让新朋友记住咱们呗。"

班上的孩子依次上来跟双胞胎握手，还有的孩子把自己的铅笔、橡皮作为礼物送给他们，这是我事先没有想到的。

我跟双胞胎说："从今天起，咱们都是朋友了，我可以向你们保证，我们班的学生是不会打你们、骂你们的。你们好好认认我们班学生穿的校服颜色，以后见到穿这样校服的记住是朋友，要和平相处。"

这个办法太灵验了，从这天起小胜和小利就再也没有打过我们班的孩子,甚至整个一年级的小朋友都再也没有被他欺负了,因为我们一年级的校服是统一的颜色。

有一天,小磊爸爸给我发来一条信息:陈老师,我今天去学校接孩子,正巧看到那对双胞胎跟咱们班的孩子在一起玩,我心里特别感动。你的做法是对的,孩子们也懂得了宽容和爱,再次为我上次的鲁莽行为说声抱歉!

三、给孩子自己处理冲突的机会,并要与人为善

孩子刚和小伙伴发生过冲突,情绪往往是激动的。家长要首先帮助孩子平复情绪,要对孩子此刻的激动表示理解,让孩子知道家长是他们的坚强后盾,给他们安全感和爱。然后耐心地倾听孩子讲述事情的过程。最后告诉孩子发脾气、闹情绪是解决不了任何问题的,启发孩子思考怎样解决冲突。

孩子将来步入社会也难免会和别人发生冲突,如果现在就总是依赖家长出面调解,那么长大以后独自面对利益的纷争要么妥协让步,成为委屈自己的讨好型人格;要么寸步不让,成为别人眼中的自私鬼。

家长都怕自己孩子吃亏的心情可以理解,有的家长会告诉孩子别人打你你要打回去,咱们不能吃亏。但是,打回去真的就不吃亏了吗?物理学上讲"力的作用是相互的",打对方的时候拳头也会因为反作用力感到痛,所谓的"吃亏",更多的是心理上的感觉。

这个还手的举动实际上塑造了孩子的思维方式。让孩子打回去,短时间看咱们没吃亏,但是长远来看,孩子养成了"不打回去就咽不下这口气"的心理,长大后步入社会,一个睚眦必报、

处处还手的人，一定不吃亏吗？

家长们可以想一想自己身边的同事、朋友、同学，那种得理不饶人，一点委屈也受不了，吃一点亏都要讨回来，听见一句骂自己的话就能问候对方祖宗十八代的人有朋友吗？恐怕他们在群体中吃的"亏"更多吧！

比起社会上的摩擦和冲突，在学校里小孩子之间的打打闹闹真的不算什么。家长鼓励孩子正面交锋，往往就是两败俱伤。智慧的家长不如建议孩子学会用智谋来解决矛盾，实在不行就是孙子兵法中的"三十六计走为上策"。

没必要让孩子纠缠在你打我、我打你、我吃亏了就一定要报复的恶性循环中，既牵涉很多的精力，还影响学习。这样，孩子长大了也不会轻易被卷入烂人烂事的纠缠之中。

当然，家长要明确孩子之间的矛盾是打闹还是校园霸凌。

近几年，"校园霸凌"这个词屡屡出现在大家的视野中。**校园霸凌有两种，一种是硬暴力，就是用武力欺负对方；另一种是软暴力，就是联合所有人孤立对方，或者用言语谩骂或讽刺对方。**

校园霸凌对孩子的伤害非常大，这样的矛盾已经不是孩子学习处理人际关系的范畴了，所以家长一定要重视起来。

我的一位朋友给我讲述过他在上中学时在校园遭受霸凌的故事。总有一伙人见到他就打他，谁跟他玩，这伙人就打谁。大家都吓得不敢接近他，导致很长一段时间他都不愿意跟别人说话，变得非常孤僻。他甚至想过自杀，成年后经过自己的努力调整才慢慢改善了情绪。

冲突和霸凌的区别有以下几点：

（1）冲突是双方都有过错；霸凌是一方无缘由地欺负另一方。

（2）冲突对孩子的身体和精神没有造成很大的伤害；霸凌对孩子的身体和精神都有巨大和持久的伤害。

（3）冲突经过调解，双方都能承认错误，以后也不会再发生；霸凌是一方屡次伤害另一方，而且理直气壮没有丝毫的愧疚。

家长一旦了解到孩子遭受了霸凌，就要明白这不是简单的一堂人际关系情商课了，而是上升到了法律的层面。要马上保护好自己的孩子，把情况上报给学校或者相关部门。

中华民族是爱好和平的民族，中国人民是爱好和平的人民，崇尚"和为贵""亲仁善邻""协和万邦"。

如果把世界比喻成一座学校，各国是班里的同学，那么中国是一个喜欢与同学们和谐共处、礼让谦逊、讨厌用武力来解决问题的学生。中国曾经遭受过"校园霸凌"，也更懂得霸凌人的残酷，被欺负的痛苦，也更珍惜和向往和平年代。现在的中国已经强大，不仅不再害怕"校园霸凌"，喊出了"犯我中华者，虽远必诛"，而且还帮助其他被"霸凌"的同学，一起构建人类命运共同体。

我们的孩子作为中国人的一分子，应该传承的就是这样的理念，一定可以解决好学校里的小小"战争"。

端端说

我不喜欢人与人之间的紧张关系,因此和同学、朋友之间很少发生矛盾。只要不触犯道德和法律,我觉得人与人之间的矛盾都是性格差异造成的。有些关于辩论的综艺节目,我和妈妈都很喜欢看。节目里很多论点从正反两方来看都有道理,也没有谁对谁错。

我有自己的一套避免矛盾和不愉快的办法,那就是出现矛盾时,我会衡量一下得失。如果不是原则性的事,我愿意退一步。同学之间,基本上也没什么大的分歧,毕竟都是同龄人,我不愿意把自己的观点或看法强加给他们。

比如:朋友们约着一起去玩,去哪里玩,玩什么,我都选择随大多数同学的意见。再比如:看法不同的时候,我会畅所欲言,也会倾听对方的观点。毕竟自己想得开一点,生活也开心一点,还是要尊重每一个人的想法吧,志同道合的就一起玩下去。如果对方做事的方式我很不喜欢,观点不合的,我也不会一刀切断关系,尽量去沟通,以和平的方式去解决问题。毕竟我们都在成长中,想法还会改变的。

重视每一场家长会

家长会是一次非常好的和老师沟通、交流、了解自己孩子和同班孩子的契机。家长在家长会上可以感受到班风、班级文化和氛围,对孩子将来的学习、成长有很大的帮助。

但是,你知道怎么开家长会吗?

作为一名家长,从端端幼儿园开始一直到他上高中之前,我参加过他班上的很多次家长会。作为有三十年教龄的老师和班主任,我也主持召开过很多次家长会。我既懂得家长的情感和需求,又深谙老师的心理和想法。因此,我想给家长们一些参加家长会的建议。

建议一:提前做好参会准备。

很多时候家长会时间的安排是学校定的,或者是学校给年级组老师们一个时间范围。年级组老师会把家长的一些困难考虑进去,然后一起商量一个时间,统一通知家长。所以,如果恰好和家长的时间有了冲突,也不要埋怨老师和学校,做好准备,把时间安排好。

如果家长不能去参加家长会,应该及时和老师沟通,告诉老师原因,并且也要告诉孩子;之后,还要了解家长会的内容。传递给老师和孩子你对家长会的重视,对老师的尊重。

家长的穿着虽然不用过于精心准备,但是也不要太随便,稍微正式一些,简单大方,能够体现出自己的气质就好。有的男家长穿着背心、短裤、拖鞋就来了，学校毕竟是公共场所，这很不礼貌。有的家长穿戴华丽、炫耀、夸张也不好，这样不仅不会给老师好感，还会引起其他家长的反感。

家长会不是逛菜市场、公园，更不是炫富、彰显身份的地方，一切都以孩子的表现为主。

建议二：让平时负责孩子学校事宜的家长去参加。

有的家长接到家长会的通知，夫妻之间一方觉得另一方平时也不管孩子，干脆就去参加家长会呗。还有的家长因为时间原因不能参加，就委托家里的老人去参加，甚至委托孩子的哥哥、姐姐去参加。这样的家长会，对孩子基本是没有效果的。老师根本不了解孩子的参会者，参会者也不了解孩子，双方沟通起来会感到困难。

最好让平时管孩子和最了解孩子的人去参加家长会。想要对方多参与孩子的教育，靠的是平时，而不是家长会这一件事。

建议三：不要带着孩子一起参加。

有些家长认为开家长会是孩子的事情，或者孩子刚好没人照看，于是选择带孩子一起去，这是错误的。家长会是家长与老师密切沟通的机会，有些话是不方便当着孩子说的。特别是家长会上老师会说到班里其他孩子的情况，这些话不能让孩子们听见，拿去传播，会引起老师与孩子之间不必要的误会。

建议四：会前与孩子沟通。

家长要去参加家长会了，有些家长就会或多或少地带点威胁的语气跟孩子开玩笑："看你平时在学校表现得怎么样，如果让我在家长会上丢了脸，看我回家怎么收拾你。"

这样会让孩子对家长会产生反感和恐惧，进而认为老师会跟家长说自己的坏话，使得孩子与老师之间产生矛盾。

所以，家长要和孩子沟通，问问孩子对自己去开会有什么要求，对家长的表现有什么期望，在学校有什么需要家长帮助解决的问题，在学习、师生关系上有没有什么困惑，让孩子对自己在这段时间的表现有个评价。

建议五：仔细听取老师的汇报，认真做好笔记。

老师在家长会上给家长们介绍班级的整体问题，讲到针对这些问题的举措，还会逐一地讲每个孩子的优缺点。这些话家长们应该重视，光听还不够，最好用笔记下来，以便于过后反复阅读。

我每次去参加家长会，都会带一个专门的笔记本。我会把老师说的话，特别是对端端的评价，以及别的孩子的优点，认真记录下来。

建议六：开会的时候要注意纪律。

有的家长认为家长会不必那么严肃，开会的时候会迟到、早退、接电话、看手机、扇扇子、走神，或者和别的家长交头接耳，甚至突然打断老师的话。这些表现都会给老师留下非常不好的印象。孩子在学校的表现可以映射出一个家庭的面貌，而家长在家长会上的表现，会让这个家庭的面貌更加生动。

所以，希望家长在开会的时候认真听老师讲话，还可以时不时地看着老师的眼睛，听到有共鸣的话适当地点点头。老师得到良性反馈，会更愿意对家长说些肺腑之言。就算是老师说的家长不认可，也等会后单独跟老师沟通，切忌当场顶撞老师。如果老师跟家长互动，要尽量配合老师，老师讲完之后，要给予掌声以示尊重。

建议七：会后和老师单独沟通很必要。

如果家长平时很难有机会见到孩子的班主任或者任课老师，那么开家长会就是一个和老师沟通非常好的机会。开完会不要急着离开，可以主动去跟老师单独沟通一下。

有的家长很体谅老师，觉得老师开完会很辛苦，不好意思再找老师了。首先特别感谢家长可以为老师着想，不过如果心中有疑问，有话要跟老师说，我依然鼓励家长会后去找老师。开家长会的目的就是老师和家长进行良好沟通，解决孩子的问题，帮助孩子成长和进步。作为老师能体会到家长的用心良苦，再累都不会推辞，更不会不耐烦或者反感。

另外，如果家长没有问题也不要立刻就走，散会后整理一下桌椅，打扫一下教室，关关电风扇、门窗也是举手之劳。虽然老师不会要求家长做，但是家长的这些举动，会对老师起到帮助，老师心中会存有感激。

建议八：家长会后，要跟孩子巧妙地传达会议内容。

开家长会期间，孩子内心其实是很忐忑的，他们知道父母和老师正在谈论自己。一边是最亲的父母，一边是尊敬的老师，孩子是非常想知道他们在一起是怎么评价自己的。

所以，家长会后跟孩子传达会议内容就非常重要，切忌轻描淡写地一带而过。如果家长回来对会议的内容什么也不讲，那么孩子就会很失望，觉得家长根本不重视自己。但是也不能和盘托出，特别是老师讲的关于孩子的个人问题方面。可以用提问的方式一点一点地揭开。

如果孩子的字写得不好看，那就先表扬孩子的优点，至少说六条。

比如你可以先说:"老师说你学习进步了,爱劳动,爱帮助人,遵守纪律,团结同学还很讲卫生。哦,对了,老师还提到你写的字了,你猜老师说的什么?"

"我的字写得不太好看。"孩子字写得不好,他自己其实是知道的。

"答对了,虽然你的字写得还不好看,但是老师说你的字已经开始有进步了。还说只要坚持练、认真写,一定可以写出漂亮的字。你知道吗,妈妈坐在教室里听到这话,真是为你高兴。我就说你一定可以写好吧!"

还有一些问题可以当作班级的共同问题拿出来讲,比如:孩子上课纪律不好,你就说老师说咱们班有几个同学上课爱说话、回头。宝贝,你觉得这些同学里有你吗?如果孩子说没有,你就说:"那可太好了,我这还担心呢。虽然没有你,但是老师讲的时候态度很严厉,可见这件事还是很严重的。所以,咱们要继续遵守纪律,做守纪律的孩子。"

如果孩子说自己纪律不好,那么你可以做出不相信的样子,然后问孩子是什么原因不遵守纪律,然后和孩子一起设计改掉这个缺点的方案和奖惩措施。

当你把家长会了解到的情况,以问答的方式引导孩子自己说出来,孩子就不会觉得是老师在告状,然后你们又一起找出解决方案。这样的一场家长会才算是画上句号。

那么家长会后与老师谈哪些问题呢?我给大家总结了"五要""五不要"。

一"要":要问这个学期,孩子的成绩进步了多少。

由于老师是不公布学生考试分数的,你要问孩子的分数,老师就会非常为难，所以，家长对孩子的成绩是不清楚的。但是，聪明的家长会问老师孩子学习进步的幅度，把孩子现在的成绩和之前的进行比较。老师会告诉你孩子的情况，给你合理的建议，并提出期望，有助于家长回去后和孩子一起制定下一个学期的学习目标。

二"要"：要问孩子在班级或年级的大致水平。

由于老师是不公布学生班级和年级排名的，但是对于小升初、中考的孩子来说，排名是一个让家长焦虑的话题。因此，家长可以问问自己的孩子在整个年级或者班级处于什么水平，用百分比来确定孩子的位置。这样有利于选择校区和填写报考志愿。

三"要"：要问孩子适合发展的方向。

条条大路通罗马，每个孩子都有自己的长处，不一定都只能在文化课这一条路上走。作为家长要能了解孩子的特质，而老师见的孩子多，对各个专业也接触得广，平时对孩子们也会有横向的比较，所以，可以多问问老师自己的孩子可以朝哪些方向发展。

告诉你们一个小秘密：老师们经常会在办公室聊学生，很多话题都是围绕着学生们有哪方面的特长，哪些方面出色展开，也会预测哪些孩子适合干什么，不适合干什么，就像是医生在会诊。但是，一般老师们不会把这些话告诉家长和孩子。因为，一方面孩子的潜力是很难预料的，另一方面孩子未来的选择权不在老师手上。

因此，如果你有这方面的困惑，可以诚恳地请教一下老师，老师的建议可作为参考，或许能够给你很大启发。

四"要"：要问孩子在学校的表现如何。

问问孩子在学校里学习的情况，尤其是在课堂上，任课老师会告诉你孩子听课是否认真，回答问题是否积极，回答得在不在点上，课堂练习表现如何，作业的质量如何，等等。这些可以帮助你了解孩子的学习态度。

还要问问孩子在学校跟谁一起玩，孩子和同学们的关系是否融洽，孩子对班级事务是否积极，是否愿意参加学校的各项活动，老师们对孩子思想品德方面的评价怎样。

这些可以帮助你了解孩子的为人处世，同时也传递给老师一个信号，你是关注孩子全面发展的，那么老师也会全面要求和培养你的孩子。

五"要"：要问孩子在学校里的情绪怎样。

有的孩子在家里和在学校判若两人，在学校遇到麻烦，回家也不告诉家长，自己承受一些秘密或者痛苦。等到问题严重了，有了不好的后果家长才知道。所以，要问问老师孩子在学校心情如何，孩子开心、快乐，就证明他没有什么心事，他喜欢这个环境，和同学们相处融洽，那么家长也就放心了。

一"不要"：不要对老师说"我们啥也不懂，孩子就交给你了"。

作为老师听到这句话其实是不开心的。虽然孩子是祖国的花朵，义务教育是为国家培养德、智、体、美、劳全面发展的接班人，但是，归根结底孩子会陪伴家长更长时间，他最终成为怎样的人，直接影响着家长的喜怒哀乐。就像是你装修房子，设计师再专业，也不能把房子装修成自己想住的样子，还要你觉得合适、满意才行。教育孩子也一样，是家校共同努力、协同配合的事业。

二"不要"：不要把家长会变成你的诉苦会，老师成了倾听者。

我曾经接待过一个家长，家长会结束之后跟我沟通孩子的问题。我跟他说到孩子不写作业，他就打断我说他很忙，也不知道老师布置的作业是什么，孩子就总是糊弄他。我说到孩子基础差，他就连忙解释说自己没文化，也辅导不了孩子。然后开始讲自己家有老人，老人身体不好。自己单位效益差、工资低。说孩子妈妈和自己关系不好，婆媳关系也紧张，说到伤心处还哭了。我就给他递纸巾擦眼泪，安慰他一直到下班。我发现自己已经不是老师了，成了居委会大妈兼心理医生。最后，家长倒完苦水走了，孩子的问题一点没解决。

三"不要"：不要借家长会埋怨老师。

有的家长在家长会上得知孩子的表现不好，不能接受，心生怨气，就找老师理论。有的家长说老师偏心，有的家长说老师不严厉，也有的旁敲侧击说隔壁班比咱们班好，人家老师多么能干。这样的话都非常伤老师的心。也许老师有些地方做得不够周全，但是给老师提意见也不能选在开家长会的时候。老师正在积极向家长反映情况，给家长出谋划策，你却借机埋怨老师，就如同给老师泼了一盆凉水。任何一位大度、有涵养、能虚心接受意见的老师，也很难在这个时候听进去你的话。说不好双方争执起来，关系闹僵了对孩子一点也不好。即便是你有意见，也要过几天再找老师，自己也冷静一下，那个时候可能想法就不一样了。具体怎么给老师提意见可以参见《成为老师的合作伙伴》这一章。

四"不要"：不要找老师打探和传递八卦消息。

有的家长跟老师相处时间长了，关系融洽了，就会和老师像朋友一样无话不谈，话题也就容易没有界限感。家长会一结束就开始跟老师八卦班里学生的事，家长的事，别的班孩子的事，别的班老师的事。问完自己孩子的成绩和排名情况，还要问其他孩子的。

这样都不好，即便是老师性格开朗，会听听家长讲八卦，随声附和几句，但是其实过后对讲八卦、传闲话、乱打听的家长印象都不好。而且，老师还会担心你会把她告诉你的话也到处去说，跟你说话也就会格外谨慎，导致你获得的信息量变少。

五"不要"：不要只关心孩子的成绩。

作为老师，开家长会不可能只讲学生学习成绩的，学校培养孩子的宗旨也不是只培养考试机器。但是，有的家长只会追着老师问学习成绩，对班集体的活动、社会公益活动、文体活动全都不感兴趣。老师跟他们谈，他们也总是岔开话题，三两句就又绕到考试、分数、排名、升学。这都会让老师非常无奈，从而给老师留下这些家长目光短浅，焦虑、格局窄的印象。

亲爱的家长，开家长会能去还是尽量去吧！老师、学校和你一样在培养和关注孩子。他们和你、孩子是一条战壕里的伙伴。每个学期至少要和伙伴们见个面吧。希望每一位家长开过家长会后都会有满满的收获。

端端说

因为妈妈是老师，小学期间关于我在学校里的情况，她几乎第一时间都能收到。所以开家长会对我来说，也没有特别期待和担心。印象深刻的是妈妈对家长会非常重视。每次开会之前，她会让我先评价一下自己这一阶段的表现。家长会开完回家之后，妈妈就会拿出一个记录本，上面有她记录的家长会的详细内容。里面不仅有班主任和任课老师对我的评价，还有对其他同学的评价，特别是我的好朋友的。妈妈会把这些内容一条一条地分析给我听，告诉我哪些地方表现不错，哪些地方可以向哪位同学学习和借鉴。她认为老师的要求很重要，同学和朋友之间的影响和带动也不能忽视。即便是我因为拍戏请假不在学校，她也会去参加家长会，然后在电话里告诉我老师说什么了，同学们这段时间都有什么表现和成绩。我来北京上学后，附中校长给全体新生家长开会，因为妈妈不在北京，所以是爸爸去参加的。妈妈就让爸爸在现场把会议内容录下来给她听。我觉得妈妈是向我传递一种信息，就是要重视学校，重视老师，重视身边的伙伴。

成为老师的合作伙伴

"喂,你是哪位?"

"我是陈老师,当了你孩子五年的班主任。"

这是一通电话的开场,大家先品一会儿我再评说。

台湾作家张晓风在散文《我交给你们一个孩子》里这样写道:

我不曾搬迁户口,我们不要越区就读,我们让孩子读本区内的国民小学而不是某些私立明星小学,我努力去信任自己的教育当局,而且,是以自己的儿女为赌注来信任——但是,学校啊,当我把我的孩子交给你,你保证给他怎样的教育?今天清晨,我交给你一个欢欣诚实又颖悟的小男孩,多年以后,你将还我一个怎样的青年?

张晓风的这番话说出了每个清晨把孩子送到学校门口,带着欢欣、热情、期待和不舍的家长们的心声。

在现实生活中,家长和老师的关系并不简单,不仅存在着多层关系,相处的尺度也极为微妙,两者的作用也很难衡量孰重孰轻。

有的家长认为孩子送到学校就全由老师负责,孩子教育不好全都怪学校和老师。

有的家长认为教育也是一种服务，老师拿工资就是为家长服务的，服务不好就马上投诉。

有的家长认为孩子是家长的，老师就该按家长的喜好和期望，传递家长的教育理念才对。

有的家长觉得老师是圣人，就不应该有瑕疵，不能出半点差错，为学生鞠躬尽瘁、蜡炬成灰是应该的。

有的家长认为老师是摆设，除了挑家长和孩子毛病，给家长提各种要求，跟家长过不去，还把自己分内的事推到家长身上。

老师和家长在面向学生的时候，视角是不同的，心态也是不同的，因此沟通不畅就会引发很多误会。

比如：老师的爱要面向全体学生，而家长最关心的是自己家的孩子；老师希望所有的孩子成才，而家长则希望自己的孩子鹤立鸡群；老师经验丰富阅学生无数，而家长更多的是关注和了解自己的孩子；老师的恩情再深终将成为回忆，而家长的亲情则会陪伴孩子一生。老师遵循国家统一的教学宗旨和课程标准，而每个家庭对孩子却有着各自的期望和要求。

如果家长想不明白自己和老师之间到底是什么关系，就无法正确地与老师沟通。沟通不畅自然会产生矛盾，那最大的受害者就是夹在中间的孩子了。

苏霍姆林斯基有一句话：''教育的效果取决于学校家庭的一致性，如果没有这种一致性，学校的教学、教育就会像纸做的房子一样倒塌下来。''

我觉得这个比喻非常形象，孩子的九年义务教育阶段，就像是一所毛坯房在接受装修的过程。家长把孩子送到学校上学，相当于给自己盖的"毛坯房"找了一家装修公司。学校把孩子分到班里交给班主任，班主任就相当于装修公司委派的主设计师。这个班的所有任课老师就是主设计师带领的装修团队。

家长和老师要一起合作，才能把孩子培养成功，也就是把毛坯房装修好。而一栋房子的第一次装修非常重要，孩子将来上高中、上大学的进一步装修、增添精美的装饰、摆放有档次的家具，都在第一次装修的基础之上。家长和老师要建立一种合作关系，需要以下几大要素。

建立合作关系的第一要素：信任。

家长把孩子送到学校交给老师，家长也一定要信任学校和老师。如果家长带着怀疑的心理、审视的目光、质问的语气跟老师沟通，老师是立刻能感觉到的，那么这种态度一定会给合作带来危机。

有些话说者无心，但听者有意，家长跟老师说的时候一定要特别注意。千万不要口无遮拦，然后理所当然地认为老师不会跟自己计较。

例如："老师，孩子交的作业你批吗？"

老师心想：原来我在你心中是个混日子的老师。

"老师，你是不是批评我家孩子了？我看他回来怪不高兴的。"

老师心想：看来你家孩子不能批评，以后我还是啥也别说了。

"老师，我孩子回来就哭了，问他咋回事死活不说。你能告诉我咋回事吗？"

老师心想：我可对你家孩子啥也没干，你都问不出来，我就该知道咋回事吗？

"老师，你干吗让我孩子坐最后一排啊？干吗总让我家孩子扫地啊？"

老师心想：肯定是身高需要，或者大家轮流的结果啊，我难道还专门整你的孩子不成？

建立合作关系第二要素：不要越权。

国家在把控老师的教师资格方面越来越严格了，能够站上讲台的老师，大多是师范院校毕业的。他们毕业之前要学习相关学科知识和技能，还要学习教育学和心理学，毕业时参加国家统一的教师资格证考试。毕业后，学校每年还要组织教师的继续教育及考试，还有教育教学、师德师风的相关考核。2022年国家出台了新的课程标准，学校和老师们立刻行动起来，开始学习新课标的内容，然后渗透到自己的学科中去。

俗话说，让专业的人去做专业的事。家长想要参与孩子的学校教育的心情可以理解，适当地提出自己的想法和要求是非常受老师欢迎的。但是，如果家长越权去指挥老师、干涉老师，不仅浪费老师的时间和精力，还很有可能起到帮倒忙的反作用。

例如，家长和教师在社交软件上的对话——

家长说："老师，我觉得你们该考个试了。"

老师说："嗯嗯，可以考虑！"但心想："双减"政策一、二年级没有笔头考试，其他年级也只有期中和期末考试，我们也不能违反政策啊。

家长说："老师，你给孩子布置的作业太少了吧？"

老师说："我看看。"心想：就这个量，我还怕违反"双减"政策了呢。

家长说："老师，我觉得你布置的作业太多了。"

老师说："我看看。"苦笑：真想让你看看上面这个家长发给我的话啊。

家长说:"老师,你能不能让班里学习好的孩子跟我家孩子一起玩啊?"

老师说:"好的,我来安排。"心想:孩子之间的友谊老师出面干涉好吗?就算是我强迫人家跟你孩子玩,那能是真心的吗?

家长说:"老师,为了鼓励我的孩子,你就让他当班长吧。"

老师说:"哎呀,已经选完了,下次!下次!"心想:班干部是民主选举出来的啊,如果为了鼓励我就让我当校长,这学校你还敢来吗?

有一次,一位老师收到家长的私信说:"老师,我给你提个意见,我觉得你布置的作业内容和量都不太合理。"

这位老师问我:"陈老师,你看我怎么回复这位家长啊?"

我听着也觉得又好气又好笑,家长可以觉得作业内容和量对自己的孩子来说不合适,比如:孩子已经背过课文了,那么背课文的这一项可以不做;或者孩子的生字还没掌握好,那么我们可以把背课文的时间用来写生字。只需要跟老师说明原因,老师是可以根据孩子的具体情况做出调整的。老师布置作业是面向全体学生,不可能受个别家长来干涉和摆布啊!

我说:"我猜这位家长应该不是这个意思,他只是措辞不当。你就回复:'你觉得我应该怎么布置作业才对呢?你教我怎么做吧!'家长应该能立刻醒悟,然后重新提意见。"

很快这位老师告诉我:"家长回复我了,他真的教我了。他把每天怎么给学生布置作业,从内容到量都列出来了。"

我一听也愣住了,看来这位家长非常自信,认为自己比老师更高明,想要越权指导老师。

也许这位家长希望得到老师回复:"啊,你真是懂教学啊!

要不是你指导我，我不知要犯多大的错误呢！"

可实际上老师是这么回复的："谢谢你提供的作业内容和量，以后我特批你家的孩子作业由你来布置。"

作为家长看到这一段可能心里不舒服，那么我们换一种说法。好像你去医院看病，你说开啥药，大夫就在处方上写什么药名；你跟拿着手术刀的医生说切哪里，医生就在你的指挥下动手术一样，这样肯定是不对的。那么，如果老师完全接受你的意见，你说让老师干啥老师立刻说："好好，就按你说的办。"你会觉得心里更加不安，会更加担心老师的专业性。

建立合作关系第三要素：不要随便指责。

装修过房子的家长都知道，房子的大小、承重墙的位置、天花板和地板的材质、钢筋和水泥，在装修的过程中是无法改变的。

房子的大小如同孩子的智力高低，孩子对知识的容量上限取决于智力的上限。

承重墙如同孩子的格局，往往孩子的格局和家长的格局如出一辙。装修必须要根据承重墙的位置来规划房子的布局。

天花板和地板如同孩子的身体和心理素质，装修时也要考虑他们的承重能力，也就是孩子在受教育时，面对的各种压力。

钢筋、水泥这些原材料即使在毛坯房里也是看不到的，这就好比是孩子的本性，在入学之前就已经融入血液里，虽然通过培养可以改变一部分，但更多的如同装修一样，起到的是掩饰和弥补作用，当遇到突发事件的时候就会暴露无遗。

所以，如果孩子学习成绩不理想，不要第一时间就责怪老师，认为是老师没有尽到责任、老师偏心、老师水平差。其实站在老师的角度，老师是希望每个孩子都优秀的，希望每个孩子都能成为自己的骄傲。如果你指责老师教得不好，自己的孩子考得差，那么你看看班里成绩优秀的孩子有多少，考满分的孩子有多少，他们都是同一个老师教的啊！

出现问题相互指责是合作伙伴之间的大忌，除非你要终止合作，然后清算损失，划分责任，对簿公堂，要求赔偿。那些动不动就指责老师，然后把老师告到学校，告到教育局的家长，表面上解了一时之气，但是孩子的问题解决了吗？而且你这样对待孩子的老师，以后还有老师敢教你的孩子吗？因为谁也不敢保证能让你满意啊。

只要继续合作就应该一起面对问题，一起想办法解决。造成孩子个体差异的原因很多，如智力，老师作为装修团队可以让房子看起来宽一些，但不能真的让房子变大；如格局，老师可以让房子的布局合理一些，但是承重墙老师是不能动的；如本性，老师会教孩子不断地修炼自己，就如同装修一样给墙上抹厚厚的涂料，贴上壁纸、壁布甚至是瓷砖，不遇到大事看着也挺好的，但是一遇到地震等突发事件，很多房子硬度不够、水泥松软的弊端就暴露出来了。

你可能会说，你是让我们吃哑巴亏吗？老师如果做得不对，我们当家长的都不能提意见吗？

不是的！家长首先要与老师积极沟通，如果沟通无效再逐级向上反映情况。任课老师上面有班主任，班主任上面有教务主任，教务主任上面有副校长，副校长上面还有正校长，正校长上面还有区教育局、市教育局、省教育厅。所有的这些部门和领导都会帮你主持正义。当然，这都是后话，能和老师沟通好完全没有必要把关系弄得这么僵。

我曾经中午在家接过一位家长的电话,他向我反映孩子放学后在路上被同学欺负的情况。电话里他的情绪很激动,让我给这件事定性为校园霸凌。

我听完之后说:"你先别激动,我下午一上班就去了解一下情况,孩子之间互相打闹的事情也常见,也不一定就是校园霸凌。我还要问问周围的同学,了解清楚之后再跟你联系,好吗?"

可这位家长火冒三丈地说:"你要是不给解决我就去找校长,我跟你们校长很熟,我还可以打市长热线。"

我一听这话,心里实在堵得慌,也生气地在电话里说:"我没有说不解决,作为班主任肯定不能听一面之词就下定论啊!这位家长,请你不要上来就拿校长压我,如果你想去告就去告吧!"

当然,最后我们还是都冷静了下来,把事情圆满处理了。

赞美老师的话很多,比如:"老师是灵魂的工程师""老师是蜡烛,燃烧自己照亮别人""老师是灯塔,照亮了我们前行的路"等等。但归根结底老师是人,人与人最需要的就是沟通,下面是家长与老师愉快沟通的几条注意事项:

1.不要怕老师烦,觉得老师很难接近,就不敢找老师沟通。其实老师们是非常乐意和家长聊孩子教育的,你可以多给老师提供孩子的信息,有助于老师了解孩子,更好地帮助孩子。

2.给老师打电话要注意避开老师的上课时间,老师上课是不会接电话的。一般语文、数学、英语都安排在上午前两节课,音乐、体育、美术等课程会安排在上午第三节课后和下午。只要不是特别急的事情，要看看孩子的课程表再给老师打电话。

3.下班时间可以给老师打电话，但要注意避开老师的休息时间，不要在老师午休时或者深更半夜给老师打电话、发信息。

4.给老师反映情况要具体，要有针对性。如果你笼统地说"麻烦老师多关照我家孩子"，老师其实是很迷茫的。你可以说得具体一些，比如，孩子内向，麻烦老师多引导一下；孩子上课总走神，麻烦老师多提醒一下等。

5.给老师聊孩子的问题不要一次性说好几条，这样不仅让老师应接不暇，还会给老师留下你平时不管孩子，想起来才发现一堆问题的印象。一次就说一个方面，和老师一起细致分析，听取老师给的意见。过后要给老师反馈，告诉老师按老师的办法实施之后孩子是否有改善。

6.不要吝啬对老师的赞美和表扬，老师也是需要鼓励的。对老师的付出表达诚挚的感谢，是对老师工作的肯定。如："能遇到你这样的老师真是孩子的福气！""按你说的我去做了，孩子真的改变不少，谢谢你，老师！""孩子的进步真是离不开老师的辛苦付出啊！""你对孩子说的每句话他回来都会跟我讲。""他对你的每次表扬都特别开心。"

7.和老师做朋友要注意尺度，孩子跟随老师多年，家长和老师会慢慢熟悉起来，性格脾气相投的还会成为好朋友。但是家长要记住，在老师心中，"教师"这个职务是在"朋友"这个称谓之前的。如果因为是朋友就向老师提一些有私心的请求，会让老师心中非常不安和不舒服的。

8.给老师提意见和建议千万不要在群里说，可以发私信或者当面真诚地跟老师沟通，也不要找中间人来传话，这样会造成更大的误会。只要你说得有道理，老师都会接受的。即使你说得不完全对，只要态度上给老师足够的尊重，老师也不会不高兴。

9.记住老师的姓名，老师的电话号码备注上老师的名字，便于在老师给你打电话的时候，第一时间喊出"××老师"。如果老师给你打电话，你上来就问："喂，哪位？"老师会认为你既不重视孩子的教育，也不尊重老师，这样的沟通肯定不会太愉快。

10.孩子见到老师问好，你在一旁即使不认识这位老师也要热情地跟老师打招呼，没话找话也要寒暄两句。千万不要看一眼就走了，觉得和老师又不熟，孩子问好就够了。设想一下，如果你带着孩子遇到同事或者朋友，肯定会提醒孩子说"快喊阿姨好""快喊叔叔好"，这都是为人处世最基本的礼貌。

当孩子完成义务教育，离开学校的时候，也就是"房子装修"好了的时候。房子盖在祖国的土地上，孩子也就是祖国的花朵。培养孩子，无论是家长还是老师，都应该从国家的利益出发，以大局为重。在这个大前提下，再因材施教，培养和发展每个孩子的个性和长处。祝愿在家长和老师的共同努力下，每一座小房子都能成为一座富丽堂皇的宫殿。

端端说

在我心目中，老师的形象高大、威严、充满着智慧和爱心，老师的职责是传道、授业、解惑。而家长教的是德行、做人、与人交往的技巧，家长的一言一行定会影响孩子的三观。

如果把人生比喻成大海航行，老师就是我在航行中遇到的一座座灯塔，而父母则是一直陪伴在我左右的船长。我从心底里尊敬每一位老师，从小到大我遇到的每一位老师都对我有很大的帮助。我从心底里爱我的父母,父母应该和孩子更亲密些,像朋友一样坦诚相待,耐心倾听孩子的心声。我希望父母既不要有高高在上的感觉,又不能没有权威。毕竟我现在还是一名"水手",他们是"船长"嘛!将来我长大了,人生的船舵肯定还是自己把控,自己承担责任的。

我希望家长和老师做最好的合作伙伴,就像是船长和灯塔,一起为海洋中的船只保驾护航,以便顺利到达目的地。

优秀的人相互鼓掌

孩子都会有羡慕别人的时候,这种心理其实很正常。但是**羡慕到极致会变成嫉妒**,嫉妒心理会影响人际关系,严重的时候会让孩子的心理扭曲,自卑与自负纠缠在一起无法释怀。当这种情绪积攒太多,嫉妒则会发展成恨。

"恨"是一种非常有损于自己和他人的心理活动。曾经就有发生在上海的某名校两位研究生之间的真实案例,其中一个研究生因为嫉妒另一个研究生的优秀,产生仇恨之后在饮水机里投毒,导致另一位研究生中毒身亡,投毒者也最终被判处死刑。两位本来有着大好前途的高才生,就这样被嫉妒、仇恨、报复的心理毁灭了。

家长在培养孩子的时候,都希望自己的孩子充满斗志,有好胜心,追求更好的成绩和表现。但是**如果家长激励孩子的言语和行为没有掌握好尺度,就会让孩子产生嫉妒心理**。

孩子的嫉妒心通常表现在学习和生活两方面。只要家长重视起来,观察仔细,发现及时,积极帮孩子疏导负面情绪,引导孩子把羡慕嫉妒转变成促使自己前进的动力,那么孩子长大以后心胸就不会太狭隘,即使产生了嫉妒心理,也有办法自我疏导。

孩子的嫉妒心一般会在以下几种情况下发生。

第一种情况:当和自己年纪相仿的孩子得到表扬,而自己没有得到表扬,通常会产生嫉妒心。如果老师和家长表扬的不是自己的同学，或者这个孩子生活在别的城市、国家，再或者这个孩子的年龄比自己大很多，嫉妒的感觉都不会太强烈。

有一次，我们几家人组团出去自驾游，车上有个三年级的女孩小秋和她的同学小强。车子走到半路，小强的妈妈接到一个电话，说是小强之前参加的数学竞赛获得了第一名。全车人得知这个好消息都为小强感到高兴，议论纷纷，夸赞小强真优秀。可是坐在小强身边的小秋突然大哭起来。

大家以为小秋哪里不舒服了，都关切地询问小秋。小秋却拿着自己的背包，哭着跑到最后一排去坐了。

从那以后，小秋突然开始不理小强了，吃饭的时候还会故意把小强的饮料弄洒，合影的时候也不跟小强离太近。小秋的妈妈和小强的妈妈之间似乎也有了隔阂。他们的不和谐弄得整个旅游团队都很尴尬。

我明白小秋其实就是在嫉妒小强，就去找小秋的妈妈聊天，询问她是否明白小秋的真实想法。

小秋妈妈说："两个孩子本来是很好的朋友，要不是小强妈妈接的这个电话，这次旅游应该会很开心的。小强妈妈也真是的，接个电话那么大声，生怕全车人听不见似的，弄得我女儿这么不开心。要不，陈老师你帮我去开导开导小秋吧！"

我说："我还是先开导开导你吧！"

小秋妈妈有些意外："我？"

"是的，孩子之间偶尔产生一下羡慕、嫉妒的心理其实也难免。但是小秋表现得毫无掩饰，这么多天都放不下。她的表现和你有着非常大的关系。你想要保护孩子的想法我非常理解，但是如果你把小秋的不开心归因于小强，那么小秋以后还会经常不开心,因为你们以后还会遇到更多优秀的孩子,最终受伤害的还是你女儿。"

小秋妈妈有些不好意思:"那我现在该怎么办呢?"

我说:"你只要先去和小强妈妈多聊天,缓和关系,并且一定要让小秋看到,然后我会去找小秋聊一聊。"

我找到闷闷不乐的小秋,说:"小秋,这几天旅游你觉得开心吗?"

小秋摇头:"真没意思,我想早点回去了。"

"我知道你为什么觉得没意思。"

"为什么?"

"全都怪小强,他不该获奖或者获奖不该让你知道,是他伤害了你,他想做你的好朋友就不该这么优秀。"

小秋疑惑地看着我:"陈老师,我不相信你真的这么想。"

我笑了:"小秋真是冰雪聪明,我的确在说反话。俗话说物以类聚,人以群分,在我眼中你是个非常出色的孩子,知道你和小强是好朋友,就想小强一定也不是平庸之辈。当我得知小强数学这么好,心中佩服你选朋友的眼光真不一般啊!不过看到你这几天的表现,应该是对小强获奖心里不舒服了,对吧?"

小秋点点头:"所有人都在夸小强,好像我一无是处一样。"

我拉起小秋的手说:"其实没有人伤害你,是你自己的想法在让你不舒服。你仔细想想,换了是你参加数学竞赛,想不想取得好成绩?"

小秋说:"想!"

"那小强得了第一名有错吗?"

小秋说:"没有!"

"那小强得了第一之后,有没有嘲讽你、奚落你,故意惹你生气?"

小秋摇头说:"没有。"

"小秋,听说你的作文写得特别好,你还写过几篇童话,写得特别有意思。"

小秋惊讶地问:"你是怎么知道的?"

我说:"是小强告诉我的,他说他特别喜欢你写的童话,很佩服你的才华。"

小秋的脸色一下子明朗起来。

我说:"你能像小强那样,对我也说出'佩服他'这样的话吗?"

小秋点点头:"陈老师,小强的数学的确很强,我挺佩服他的。"

"比小强数学好的人有没有?"

小秋点头:"有啊!"

"比你写作好的人有没有?"

"肯定也有啊!"

我笑着说:"但是,像你们一个数学好,一个写作水平高的好朋友组合,恐怕不多吧?而且,好朋友还可以一起旅游,这样的机会更是难得。如果你还是不能释怀,我建议你找个什么都不会的大笨蛋一起出来玩,看看会不会心里更舒服?"

小秋被我的话逗得笑出了声。

很快,小秋和小强就和好如初了,小秋妈妈和小强妈妈的关系也缓和了。最后,我们的旅行在愉快的气氛中圆满结束。

第二种情况:自己想要得到的东西没有得到,而别的孩子却拥有，孩子也会产生嫉妒心。比如：别的孩子有自己一直想买的钢笔；别人的新衣服和自己撞衫了，但却获得比自己更多的赞美。这时产生的嫉妒心还夹杂着自卑心理，如果没有人发现孩子的嫉妒心，加以疏导，有的孩子就会去偷东西或者搞破坏，以解心头之恨。

那是我刚当老师没几年遇到的一件事。有一天，上课的时候我看到米米在哭泣，就问她怎么了。米米指着同桌说："小艺把我的铅笔抢走了，不给我了。"

坐在一旁的小艺却异常愤怒，死死抓着铅笔说："这支铅笔是我爸爸买给我的。"

我拿过铅笔看了一下，这支笔的确非常好看，不像是附近文具店可以买到的。

我问米米铅笔是从哪里买的，米米说是爸爸从上海出差买回来的。问小艺，小艺也说是爸爸从上海买回来的。据我观察和对两个人的了解，小艺的神态和表情更像是在撒谎，于是把小艺叫到教室外面单独谈话，小艺坚决表示铅笔就是自己的。

我说："那我只能等放学的时候问问你们的家长了。"

小艺也很坚定地说："问就问，这支铅笔就是我爸给我买的。"

那一刻我都怀疑自己判断错误，如果真的是那样，小艺的家长也许会指责我冤枉他们的孩子。

我于是试探地问小艺："小艺，我在想有没有这么一种可能，你的爸爸和米米的爸爸都给你们买了铅笔，而且铅笔也碰巧是一样的。但是，你的铅笔在家里并没有带来，所以以为米米的铅笔是自己的，产生了误会？"

小艺托着腮帮子想了一下,作出恍然大悟的表情说:"对啊,我想起来了,我的铅笔的确没有带到学校来,是我记错了。"

看来我没有判断错误,这支铅笔就是米米的,小艺家里也绝对没有什么在上海买的铅笔。但是,既然小艺顺着我给的"台阶"下来了,我也就先给她个面子吧。

"这可太好了,那么这支铅笔就是米米的吧?"

"对,是她的。"

"那你就去还给她吧,不过她刚才哭得那么伤心,你是不是也该给她道个歉?"

"没问题!"

小艺跟着我回到教室,把铅笔还给了米米,说自己记错了,对不起米米。

放学后,我找到小艺的妈妈说了铅笔的事情,小艺妈妈说小艺一直吵着要爸爸给自己买铅笔,说同桌有一支很特别的铅笔。可是,小艺爸爸去找了好几家店都没有买到,想必是因为这个原因导致今天硬要把米米的铅笔占为己有。

我们分析小艺是因为嫉妒米米才这么做,虽然我替她找好了借口来掩饰她的错误,但是这件事不能就这么算了,小艺的嫉妒心还是要纠正。于是,我和小艺的妈妈商量了对策。

第二天,我走到小艺的桌旁看到她的文具盒里有一支新铅笔,虽然和米米的铅笔不一样,但是也挺好看的。

我故意拿起小艺的新铅笔说:"你这支铅笔真不错。你说是吧,米米?"

米米说:"是啊,我刚才也看到了。"

小艺看到我夸她的铅笔,就非常高兴地说:"这是我的新铅笔。"

"你们俩的铅笔都这么棒,就是不知道谁的铅笔写出来的字更好看?"

小艺和米米对视一眼,各自拿起铅笔在作业本上写了起来,然后把写好的字交给我。

我看了看说:"嗯,都写得不错,非常认真。字写得这么好,是铅笔的功劳还是你们自己的功劳呢?"

小艺和米米都抢着说:"是我们自己的。"

我装作不相信的样子说:"你们换一支普通的铅笔再写一行字我看看。"

两个人就从文具盒里又拿了普通的铅笔,在本子上写了起来。

我看了她们写的字,竖起大拇指说:"看来用什么铅笔都一样,主要还是你们写字的能力强啊。你们写得比陈老师都好,陈老师可羡慕了。但我不羡慕你们的铅笔,因为我用你们的铅笔也写不出你们这么好看的字呢!"

两个女孩开心地笑了起来。

二十多年过去了,现在的小艺也三十出头了,是一名高中老师。看到她也在讲台上兢兢业业地教着学生,我由衷地为她感到高兴,想必一年级的这段小插曲她已经忘记了。

第三种情况:如果别人获得东西、成绩比自己更轻松,或者无论自己怎么努力也无法追上他人时,孩子也很容易产生嫉妒心理。如果没人帮孩子消除嫉妒,嫉妒会让孩子要么用一些不光彩的手段去竞争,要么干脆自暴自弃。遇到这种情况,家长可以给孩子讲一些关于嫉妒的小故事,让孩子明白嫉妒的危害性。

有一部电影《莫扎特传》，讲述了音乐天才莫扎特的一生。莫扎特的天赋是普通人奋斗一生也很难追上的，四岁就能蒙着眼睛进行精彩的钢琴演奏，五岁就会作曲并开始欧洲巡演，他的才华引来一个叫作萨列里的人的嫉妒和仇恨。

萨列里是奥地利国王的御用音乐师，还是音乐学院的院长。可是莫扎特信手拈来的作品都比他冥思苦想的作品好很多，这让萨列里感觉自己是那么的平庸，以致他对上帝的偏爱感到愤恨，一心想除掉上帝最偏爱的孩子——莫扎特。

萨列里想方设法给莫扎特出难题，他运用自己手中的权力限制莫扎特的演出场次，致使莫扎特陷入经济窘境。莫扎特的健康也每况愈下，他的妻子都拿着手稿去求萨列里放过莫扎特。

为了能从身体和心灵上对莫扎特进行伤害，萨列里委托别人找莫扎特作一首《安魂曲》，给莫扎特"命不久矣"的暗示。缺钱的莫扎特夜以继日地工作，最后累倒在指挥台上。

可是当萨列里得知他一直嫉妒的天才莫扎特死了的时候，也为自己的卑鄙无耻感到非常痛苦，最终也走向了疯狂和毁灭。

音乐界也有一段关于李斯特和肖邦的友谊的美好故事。肖邦结识了鼎鼎大名的匈牙利钢琴家李斯特，两人相见恨晚，互相欣赏。但是，李斯特当时已经是众人皆知的大音乐家了，而肖邦却还是名不见经传的无名小卒。李斯特决定要当肖邦的伯乐，让更多的人认识肖邦。

李斯特于是在自己的音乐会上，设计了一幕特殊的情节，他走上台之后示意会场把灯熄灭。黑暗之中，传来美妙的琴声，这风格与李斯特以往的都不一样，琴声时而如大海波涛汹涌，时而如小溪激流勇进，时而如雨滴敲打屋檐，时而如战场上的炮火，让人热血沸腾。观众们完全被美妙的音乐征服了，觉得李斯特的新风格更让人喜欢。

可等到舞台上的灯亮起来的时候，观众看到钢琴前坐着的是一个消瘦、白皙的年轻人，并不是李斯特。大家这才知道刚才演奏的人不是李斯特，而是肖邦。从此以后，一位伟大的钢琴诗人走入了众人的目光之中，并获得了成功。

李斯特帮助肖邦的故事一直流传到现在，两个人的友谊也被传为佳话，这些小故事都告诉孩子们，嫉妒心不会让我们进步，要做一个心胸宽阔的人，要向优秀的人学习，学会欣赏他们！

第四种情况：如果孩子觉得自己遭受到不公平的对待，感受到来自老师或者家长的偏见时，就很容易产生嫉妒心。特别是家有二孩的家庭，老大往往会嫉妒老二；重男轻女的家庭，女孩会嫉妒男孩。如果大人不及时纠正自己的行为，就会造成家庭成员之间矛盾频出，兄弟姐妹相互伤害。

曾经热播的电视剧《都挺好》，里面姚晨饰演的苏明玉，从小就饱受母亲重男轻女思想的伤害。母亲太过重男轻女，几十年来一直差别对待三个孩子，而且是从精神到物质全部都差别对待，导致苏明玉与两个哥哥关系紧张，最后干脆和家里断绝关系。直到母亲去世，苏明玉才和父亲、哥哥们为处理后事开始联系。但其间，苏明玉也因为小时候的怨气未了和二哥产生矛盾，弄得两败俱伤。

第五种情况：过分要强的父母也会促使孩子产生嫉妒心。有的孩子有嫉妒心源自父母就是爱嫉妒的性格。在日常生活中，很多家长喜欢聚在一起拉家常，议论同事、朋友、亲戚的成绩，言语间表现出来对别人成绩的不开心、不认可、讽刺甚至诅咒。如

187

果不懂得回避孩子，就会给孩子的心中埋下嫉妒的种子。家长想要一个豁达、善良的孩子，就要从自身做起。

没有比较就没有伤害，有些要强的家长为了激励孩子的好胜心，常常在孩子面前故意说一些比较的话。例如："你看人家×××，比你成绩好太多了。""我看你就是不如×××，哪方面你也比不过他。"这些行为都非常不可取。

在对待"嫉妒"这个心理状态上，我一直也是非常注意的。端端从小受到的表扬和关注比较多，我一边帮他避免形成骄傲、自负的性格，一边也非常关注他在遇到同样优秀的孩子时的表现。

端端从小参加钢琴比赛，成绩一直都非常突出，在学校里也是众人皆知。有一次，他参加钢琴比赛，遇到了同一所学校的年级文化课第一的小泽。我们是第一次听小泽弹钢琴，没想到人家不仅学习好，钢琴竟然也弹得那么好，最后比赛分数比端端还高。

回家的路上，我们都很感慨，小泽的钢琴弹得这么好我们却都不知道，他这么低调、谦虚的性格首先就值得我们学习。然后，我们一起分析小泽演奏的优点，端端演奏上存在的瑕疵，被扣分的原因。最后，我们一起由衷地赞美小泽：学习好，弹钢琴也弹得好，除了证明他的智商是非常高的，也证明他非常努力。

从那次比赛之后，端端更加谦虚、低调了，不敢怠慢每一次比赛和每一位选手。我告诉端端比赛的结果并不重要，重要的是在比赛的过程中看到其他选手的努力，取长补短。不仅自己要成为优秀的人，还要和优秀的人在一起，将来步入社会都离不开团队协作，大家各自发挥优势才能成事的。

端端回到学校很快和小泽成为朋友，他们一起参加学校的活动，一起交流钢琴弹奏技巧，一起为对方的成绩鼓掌。

来自父母的认可和鼓励也是消除嫉妒心的法宝。我们在平时一定要多鼓励我们的孩子，经过我们的鼓励之后孩子就能够更加从容地面对生活中出现的各种困难，在看到比他们优秀的孩子时他们也有勇气追赶对方，这样自然也就不会嫉妒其他孩子了。

端端五岁的时候去一个剧组参加面试，遇到了一个和他年龄相仿的小演员。小演员的爸爸在跟导演介绍的时候，说自己的孩子从十一个月就开始参演各种电视剧，和很多明星都合作过，然后让孩子做了自我介绍，并背了古诗、唱了歌。当然，这个角色最后选了这位小演员，端端没有被选上。

回家的路上，端端自己也有些失落，我们就跟他说面试不上没有关系，剧组选了那个孩子也是可以理解的，他有那么多的演戏经验，换了你是导演是不是也会更青睐他呢？你也看到了当演员不是一件容易的事情，要会很多才艺，还要有拍摄经验。你现在还没有什么拍摄经验，以后咱们慢慢积累多了，有一天也会让导演一眼就看中的。

后来，这部电视剧上映了，我们还特意找来看，让端端看这个小演员的表演，学习他面对镜头的表情，说话的咬字吐字。端端看得饶有兴趣，更加喜欢影视表演这件事了，希望有一天也能有这样的作品。没过多久，端端被选中参加电视剧《下一站婚姻》的拍摄，实现了自己的愿望。

"为别人欢呼"是孩子成长的必修课。能真诚地为他人的优秀和成功鼓掌、欢呼，欣赏得了别人的光彩，不炫耀自己的光芒，是一种极其珍贵的品质。人的一生起起伏伏，成绩、分数、名次也不能决定命运的走向，但是拥有一颗豁达、包容、善良的心，能给人的一生带来轻松和快乐。

端端说

从小到大我身边都不乏优秀的同学，他们有的学习好，有的文笔好，有的朋友多，有的是运动健将。特别是到了中央音乐学院附中，优秀的同学更多了，有的同学去过国家大剧院演出，有的同学声乐比赛获过国际大奖，就连附小的学生钢琴也弹得出神入化。

我没有嫉妒过他们，只是在心底非常羡慕，由衷地佩服他们。世界上没有完美的人，他们在这方面突出，但别的方面就不一定这么好呀！我可以成为会弹钢琴的人里影视作品最多的，也可以做演员里会作曲的人。某一方面比我强的人肯定非常多，但是每个方面都比我强的一定很少。我只要朝着更好的目标去努力就好了。

我很满意自己拥有的一切，也对自己非常有信心。非常高兴有这么多优秀的人在身边，我可以从他们身上学到很多东西，获得很多启发。我们可以共享信息和资源，说不定将来还可以组成一个团队，共同发展和进步！

第四辑 打败成才路上的小怪兽

每一件好与不好的事情
都是一则寓言，我们可以
从中得到启示。

与爱哭的孩子较量不容易

婴儿都是带着啼哭声降临到这个世界上的。哭，也是贯穿于婴幼儿时期的重要的情绪之一。但是有的孩子爱哭，一点小事就崩溃，家长怎么哄也不行；有的孩子不爱哭，能控制自己的情绪，而且在家长安抚后，很快就好了。

"哭"是孩子正常的情绪表达，**婴幼儿的身心还没有发育成熟，他们遇到生理和心理的不适，所能想到的最自然的宣泄方法就是大哭**。

但是没有家长喜欢自己的孩子总是哭哭啼啼的，都希望自己的孩子开心、快乐。那么，当孩子哭的时候，家长怎么做才对呢？

首先要识别孩子的各种哭法，总结下来有这么几种。

第一种：由于身体不适或心里不爽导致的哭。

孩子身体不舒服，或者发生了什么不愉快的事情，导致心情不好就会用哭泣向家长发出信号。这种哭家长一定不要忽视或者简单地制止，要及时帮孩子寻找到身体不舒服的原因，送医诊疗。如果排除身体原因，那就有可能是遇到什么事情了。如果孩子情绪激动不想说，就先不要问，让孩子先哭一会儿，把郁闷发泄出来，等委屈也随着眼泪释放之后，再和孩子耐心交流，帮孩子解开心结。作为家长，能够及时与孩子共情是非常重要的，那些让孩子伤心、难过的事情在家长看来也许微不足道，但是对孩子来说则是大事。

男孩子的家长都希望自己的儿子坚强一些，看不惯儿子动不动就哭的样子。如果遇到儿子哭泣，不仅不安慰，还会轻描淡写地说："这有啥好哭的？"或者说："就知道哭，真没出息！"

孩子一般见到最亲的人才会哭，没有得到亲人的安慰反而遭到批评和讽刺，无疑是雪上加霜。这样不仅非常影响孩子对家长的亲近感，而且容易让孩子变得内心冷酷。

培养孩子的坚强性格是在他掉眼泪之前，已经哭了就先安抚和倾听。等孩子情绪平和了再给他讲男孩子不要太软弱的道理，给他讲讲英雄故事。当他遇事可以挺住不哭的时候，一定要及时表扬他，逐步培养他坚强的性格。

第二种：为了达到目的，让哭成为自己的利器。

孩子从出生到学会说话阶段，提任何要求都是用哭来表达的，几乎每个孩子都懂得哭是自己最好的武器。因此，当孩子提要求得不到满足的时候，或者逃避困难和责任的时候，就会用哭来要挟家长。

闺蜜的女儿小珠跟我学钢琴，因为我们关系太熟，所以孩子上起课来有些随便，不仅禁不起一点批评，遇到点困难还爱哭。小珠一哭闺蜜赶忙过来哄，我也不好意思再继续说啥，一节课就草草收场了。小珠看出了其中的玄机，更是动不动就红眼圈。

有一次上钢琴课，我纠正她的指法，可她不以为意，还跟我辩论说只要能出声，用什么手指头不都一样吗？于是我给她讲指法的重要性，举了好多例子来论证我的观点，让她按正确的指法再弹几遍。小珠突然就放声大哭起来，把我都哭蒙了。我一句批评的话都没讲啊，她干吗又哭呢？这时，琴房外面传来闺蜜和她老公的脚步声。

我大声地说："你想哭今天就让你哭个够,谁也不许进来哄!"

闺蜜和她老公听见我的声音,立刻停住脚步。小珠发现没人进来"救驾",哭声立刻高了八度,还拖起了长音。我更加明白她就是要用哭声打败我,用哭声结束今天的钢琴课。我心中下定决心,这次一定要把她这个问题解决掉。

"既然我是你的钢琴老师,你就要听我的,弹钢琴有弹钢琴的规矩,不按正确的指法弹就是不行。你想哭就先哭着,等你不想哭了咱们还要按正确的指法弹。"

小珠继续张着嘴大哭着,眼泪哗哗地淌,我看着也挺心痛的,如果小珠铁了心一直哭下去,我该怎么办呢?突然我灵机一动掏出手机。

"来,老师给你录个视频,一会儿你自己看看你的样子,实在是太难看了,一点也不像咱们平时漂亮、可爱的小珠。"

没想到小珠立刻止住了哭声,还把手放在琴上乖巧地问:"老师,是这样的指法吗?"

刚才她还一副油盐不进的样子,一秒钟就换了一个态度。她的反应弄得我还挺措手不及的,心中一阵窃喜。

"对,小珠弹对了,其实没有多难,对吧?"

小珠点点头,脸上眼泪还没干,小手就开始在钢琴上弹了起来。我拿出纸巾给她擦干眼泪,钢琴课继续上下去了。

从那次之后,钢琴课开始顺利了起来。不论我怎么给她指错、纠正错误、提出反复练习的要求,小珠都全盘接受,不提一点异议。甚至有时候我说每天练三十分钟,她还会表示要再加几分钟。

我知道小珠还是喜欢弹钢琴的,她心里也明白哭在我这已经没用了,而且随着配合我上课,进步也越来越明显,这一切让她彻底折服了。

如果孩子在公共场合哭闹,以此要挟家长实现自己不合理的愿望,家长该怎么办呢?

我们之前讲过,和孩子的"第一次较量"非常重要,孩子的哭声已经拉开了眼泪大战的序幕,那么就让自己和孩子的第一次较量获胜吧!

首先,**家长千万不要赌气把孩子丢下**,这样既不安全,又不负责任。可以尝试带孩子离开公共场所。其次,如果孩子拒绝离开,**家长就蹲下来,让孩子看着你的眼睛**,语气坚定地告诉他:"你这样哭闹是没有用的。如果不哭闹,咱们可以谈谈,那么你的要求就有机会得到满足。如果继续哭闹,你的要求绝对没有可能实现。"

还可以用打岔的方式,把孩子的注意力迅速转移。

例如:在超市里孩子非要买饮料,你可以拿起饮料瓶子看里面的成分。"哎呀,这里面有碳酸,有色素,还有食品添加剂。不知道这些东西小孩子喝多了对身体好不好呢?要不咱们一起上网查一下答案吧!"

然后你可以打开手机查找"碳酸饮料喝多了对孩子有益吗",孩子一般就会被答案吸引过去。如果你们查完答案之后,孩子依然要喝,你可以提议:"不如咱们去找找更适合小孩子喝的饮料吧,说不定更好喝。"

只要孩子离开了刚才哭闹的环境,他的情绪就会慢慢缓和

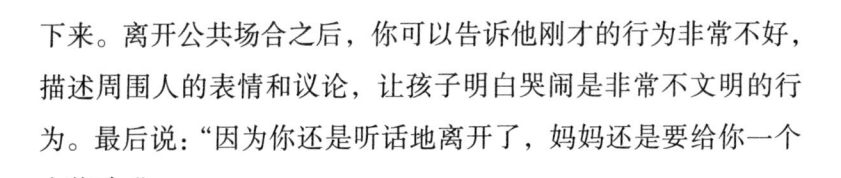

下来。离开公共场合之后，你可以告诉他刚才的行为非常不好，描述周围人的表情和议论，让孩子明白哭闹是非常不文明的行为。最后说："因为你还是听话地离开了，妈妈还是要给你一个小奖励。"

第三种：天生爱哭，没事也要哭三场。

有的孩子天生就泪点低，有的孩子情绪就很稳定。像《红楼梦》里的林黛玉就是泪点低、爱哭，见到花瓣掉落被碾成泥土，也会触景生情地联想到自己的身世，伤心落泪。

端端就是个天生不爱哭的孩子。出生时在产房就没有哇哇大哭，只在护士处理脐带的时候哭了几声，放在小床上之后就不哭了。月子里只要喂饱了，听着音乐就非常安静，每天早上醒来都冲着我笑。遇到不开心的事情，只要我们安抚一下，很快就能过去。除了演戏遇到哭戏需要哭以外，端端从小到大哭得最凶的就是打预防针，但也是针头一拔就很快止住眼泪。

如果你家的宝宝就是个爱哭的孩子，情绪不稳定，容易悲观哭泣怎么办呢？

有下面几个办法可以帮助孩子稳定情绪。

（1）给孩子准备一些糖果或者含糖的小糕点，孩子情绪不好的时候，甜味可以让孩子情绪好转。作为老师，在学校经常会遇到孩子情绪崩溃大哭的情况，糖果和小零食是班主任抽屉里的常备食品，孩子不开心的时候，拿出来安慰孩子，几乎百试百灵。

（2）指导孩子深呼吸，启发孩子去想一些让人开心的事物。尽可能地帮孩子回忆事物的细节，比如孩子喜欢小狗，家长可以讲讲小狗的毛发是什么颜色、小狗圆圆的鼻头、亮闪闪的眼睛，以及脖子上清脆的小铃铛，孩子就能从郁闷中走出来。

一次，班上的一个女孩因为很小的事情哭泣，哭得哽咽不止，我问她为什么哭，她很想告诉我，但是哽咽让她没法说一句完整的话。于是，我让她慢慢地呼气、吐气，同时给她说起今天早上发现班里有盆花需要浇水了，叶子都枯黄了，希望她能帮我想着这件事，一会儿我要去给花浇水。这个女孩点着头，很快就平静下来了。

（3）孩子沉浸在自己悲伤的世界中，有时候你越是关心他，安慰他，他的眼泪越是如决堤的江水，止不住地流。播放孩子喜欢的歌曲，拉着孩子的手跟着音乐律动，孩子就可以很快把自己从悲伤的情境中抽离出来，阻断心中那股多愁善感的情绪。

那么天生泪点低、多愁善感的孩子怎么才能转变成乐观、性格开朗的孩子呢？

我给大家推荐一部皮克斯动画工厂出品的动画片《头脑特工队》，非常适合家长和孩子一起观看。

这部电影讲述了发生在女孩莱拉青春蜕变期的一段故事。整部影片有两条故事线，外部故事讲述莱拉因为搬家、转学后和父母产生隔阂，导致情绪崩溃想要离家出走，最终得到化解的过程。

内部故事讲的是莱拉之所以情绪失控，是因为在她的脑子里有五个控制情绪的小人儿在工作。乐乐负责开心的情绪，忧忧是伤心的情绪，还有负责胆怯的怕怕、负责愤怒的怒怒、制造反感情绪的厌厌。

乐乐因为忧忧在工作中失误，而和忧忧发生争执，导致他们被迫离开主控室，在小主人的大脑中迷了路，小主人莱拉的情绪也因此失控。乐乐和忧忧相互协作，历尽千辛万苦，想要回到主控室去。乐乐一心希望小主人开心快乐，却发现最终让莱拉恢复正常的不是自己而是忧忧。莱拉在被忧忧控制了情绪，放声哭泣之后，内心反而释然了，于是决定接受生活的改变，用积极的态度来面对困境。

开心和伤心都是非常重要的情绪，缺一不可。不论孩子是乐天派还是爱哭体质，家长都应该欣然接纳，同时帮助孩子学习平衡情绪。

爱哭体质的孩子其实优点也不少，比如：心思细腻，多愁善感，善于观察，内心世界丰富，也更善解人意。家长可以一方面发掘孩子的特质，引导孩子利用自己的优势，把泪水变成能量，另一方面帮助孩子尽量避免爱哭带来的身心伤害。具体做法可以参考以下几点：

（1）做爱哭体质孩子的父母，要**外粗内细**。平时遇到不如意的事情，如果有孩子在场，要尽可能显得洒脱一些，给孩子传递没啥大不了的心态。切忌事无巨细地把家里的难处都给孩子讲，甚至让孩子分担自己工作上的困扰，这样会给孩子造成更大的忧虑。

（2）做爱哭体质孩子的父母，**不要吝啬对孩子的表扬和赞美**。孩子受到表扬和鼓励，就会更有信心，内心强大了，不争气的眼泪就少了。当然，你一定要确定孩子是爱哭体质，如果本身就是张扬、外向还爱炫耀的孩子，就不能夸得太多。

（3）做爱哭体质孩子的父母，可以**尽早培养孩子一项运动特长和艺术特长**。长期运动能引起人性格、自我观念的积极改变，经常运动的人会变得更外向、乐观、热情、有活力，且在社会交往中也会更得心应手。学习音乐、美术可以起到治愈情绪的作用。

端端说

爱不爱哭我觉得得分年龄段,也分性别。小学的时候身边还是有不少爱哭的小伙伴,特别是女同学,她们一遇到事情就哭。虽然哭是人的正常情绪表达,但并不能解决问题。如果因为一点点挫折或者玩游戏、比赛输了就哭的话,那只是想拿眼泪做武器,比较容易让人反感。我自己也不喜欢哭,有时候遇到特别伤心或者委屈的事情,鼻子也酸,眼圈也红,我就努力地忍住不让眼泪流下来,觉得一旦哭出来就显得很没出息。后来去拍影视剧,几乎每一部都有哭戏,很多导演也会把哭戏作为试戏的片段,我慢慢对哭这种情绪有了进一步的认识。《头脑特工队》是我特别喜欢看的动画片之一,它对我的启发也挺大的,对哭和笑有了深层的理解。我现在遇到有人哭泣更多的是安慰和帮助,没有小时候那么排斥了。有时候看小品、看电影自己被感动得热泪盈眶,也不那么压抑和掩饰自己的情绪了。哭有的时候比笑还更有治愈作用。

谎言里藏着孩子的未来

记得在师范大学第一次上心理学课，老师开场第一句话就是问："同学们有没有撒过谎？撒过谎的同学请举手。"大家互相看看都觉得不好意思，没有几个举手的。老师笑了笑说："如果说你长这么大从来都没撒过谎，这句话就是在撒谎。"

心理学家早有研究，撒谎是人类的天性之一。据加拿大多伦多大学儿童研究所测试：两岁时20%的儿童会说谎，三岁时这一数字达到50%，四岁时接近90%。撒谎是一种普遍存在的心理现象，许多父母在看到孩子说谎时，都很着急，认为是孩子的品德出了问题。其实，撒谎的孩子不一定就是坏孩子，但是撒谎的行为肯定是要纠正的。

家长如何判断孩子在撒谎呢？

判断年龄小的孩子撒谎比较容易，有时候多问几句孩子就招了。对于年龄大一些的孩子，在一些常见的事情上，有时候很难判断是否在撒谎。一方面担心孩子说谎，耽误了事情；一方面又怕冤枉了孩子，破坏了亲子关系。

以我做教师三十年的经验，在这里，我给大家介绍几个识破孩子谎言的办法，建议本章节不要跟孩子分享，以免孩子掌握"反侦察"的能力。

就以我带过的一个五年级班，曾经发生过一件大事为例来说吧，那件事情，几乎牵扯到班上所有的同学。

有一天中午放学，队伍一解散我就发现女生小雯带着五六个同学跑进了小卖部，我很奇怪就悄悄地跟过去，看到小雯手里拿着一叠百元大钞在买东西。学生们看到我都很紧张。

孩子大多喜形于色，大人通过孩子的表情，可以判断应该有不寻常且违规的事情发生。

我问小雯手里的钱是哪里来的，小雯说是妈妈给她买早餐的。她的眼睛不敢直视我，眼神一直躲躲闪闪。

眼睛是心灵的窗户，有时候为了判断孩子说话的真假，我会要求孩子看着我的眼睛说话。一般来说，眼神飘忽不敢看人，多半是撒谎后心虚的表现。当然，有些孩子知道了这个办法，就会故意盯着你的眼睛看，但眼神依然会闪烁，以此证明撒谎的概率更高。

我说："我现在打电话问问你妈，为什么买个早餐要给你这么多钱？"

小雯马上恳求我说："不要打电话给我妈。"

"为什么？"

"这些钱是我偷偷从爸爸抽屉里拿的，我妈不知道。"

"你为什么拿钱，拿了多少？"

"就这五百元，因为同学们总是找我要零食和东西。"小雯为了开脱自己，慌不择路地把责任往同学们身上推，没注意到自己的话同学们都听到了。

我故意责备周围的同学："你们干吗要小雯给你们买零食吃？"

学生们立刻七嘴八舌地说："不是，是小雯主动给我们买的，不光我们吃了，还有很多同学都吃过小雯买的零食。"

小雯说:"副班长小哲也找我要了五十块钱。"

我有些意外问大家:"小哲真的也要钱了?"

同学们表示不确定,但是小雯很肯定自己的说法。随着学生们你一言我一语的爆料,我听到了很多孩子的名字,有的孩子直接要钱,有的孩子要小雯帮自己买铅笔、橡皮、玩具。

小雯的事情几乎牵扯到了全班同学,这事情必须要好好处理才行。

我跟小雯说:"我必须要跟你妈打电话,其他同学也不要走,留下来一起面对小雯的妈妈。"

小雯的妈妈很快赶了过来,她看到小雯手里竟然有好几百元钱,非常震惊。

经过多方了解才弄清楚,小雯这次从爸爸的抽屉里拿走了一千元钱,而且她不是第一次拿家里的钱了。她不敢把钱带进学校,就全都寄存在门口的小卖部,然后每天从小卖部消费,已经花掉了五百多元。

小雯家并不富裕,我很奇怪她在没有人强迫的情况下,为什么要拿家里的钱给全班同学花。

小雯面对我们的询问,始终一言不发。我告诉小雯妈妈先带孩子回家,不要打骂她,下午我来处理。并嘱咐小雯妈妈让小雯回忆一下,都给谁买过东西,有谁找她要过钱。下午给我一份名单,我尽量把钱给小雯妈妈追回来。

小雯妈妈不好意思地说:"老师,给同学们买了就买了,我们不要了。"

我说:"现在不是钱的事,小雯偷拿家里的钱,导致其他的孩子也因此犯了错误,大家也需要引导教育,纠正错误。"

小雯妈妈怒气冲冲地带着小雯离开后，我心里惦记着班长的事情。小哲是我一直培养的班干部，我没想到他不仅知情不报，而且还"同流合污"。

我给副班长小哲的妈妈打电话，询问他是否找小雯要了五十元钱买东西，电话那头小哲矢口否认。

"陈老师，我看同学们都找她要东西要钱，我就随口说了一句，要不你也给我五十块？但是并没有真的拿。"

我说："你下午敢不敢跟小雯对质？"

小哲非常肯定地说："我敢跟她对质。"

从小哲坚定的语气中，我判断他的话是真话。

我问小哲："你早就知道小雯手里有一笔钱的事情，为什么不告诉老师呢？如果你第一时间告诉我，咱们班也不可能牵扯进去这么多同学。作为副班长你要反省一下，下午开班会我要处理这件事情。"

下午小雯交给我一张清单，上面写了十几个孩子的名字，后面列出的物品和钱是不足五百元钱的。

小雯说："有些我也记不清了。"

我说："没关系，我这里还有别人给我提供的名单。"

小雯说："老师，您是要批评他们吗？"

我说："是啊，他们这样对待你，给你家里造成了经济损失，我要帮你把钱追回来啊！"

小雯："我给他们花钱都是自愿的，您能别批评他们吗？"

我问："你为什么要拿家里这么多钱给同学们花呢？你告诉我，我可以考虑不批评他们。"

小雯说："我用钱给他们买东西，他们一下子就开始围着我，我的朋友变多了。"

我明白了！小雯是用钱来拉拢同学们，沉浸在众星捧月的感觉中，所以一次次铤而走险拿家里的钱。

开班会的时候，我讲了中午发生的事情，然后说："花了小雯的钱或者找她要过钱的同学主动站起来吧。"

孩子们都互相看着，没有一个站起来的，我迅速扫过出现在名单上的那十几个人。他们的手都无法淡定地放在桌子上，有的揉搓着橡皮擦，有的拿着笔装作在写字，有的在搓弄衣服，还有的在抓耳挠腮。

当孩子因为撒谎而紧张恐惧时，小动作会变多，会暴露自己内心的焦虑和纠结。为了释放压力，他们会下意识地触碰自己。

我转换个话题问小雯："你爸爸、妈妈是干什么工作的？"

小雯回答："爸爸是拉货的司机，经常在外面跑车。妈妈在市场上帮别人卖猪肉。"

"哦，他们真够辛苦的。难怪我有时候给他们打电话，他们接得很慢。估计不是在开车，就是在给顾客切肉。他们挣钱可真不容易啊。"

小雯听到这里眼睛开始湿润了。

"你没有经过爸爸妈妈的同意，就把钱拿来给同学们买东西，给家里造成这么大的经济损失，我想同学们知道了一定于心不忍吧。"

听到我和小雯的对话，班里陆陆续续站起来了七八个同学，他们的确开始良心不安了。

我看看名单说："我这里有一份详细的名单，上面有花钱和要钱的所有同学的名字。现在主动站起来的，只要不是逼迫小雯买东西,或者强行找小雯要钱的,我就以批评教育为主。不主动站起来,等我一会儿点到名字,那处理起来可就严重了。"

这下陆陆续续地站起来二十多名学生,比名单上多出来不少。我又反复问了几遍,小雯也确定了就是这些同学。

我先表扬了没有参与小雯事件的同学们,然后,让站起来的学生一一报上来自己花小雯的钱买的什么,然后一一记录下来,再和清单上的明细对照,算下来大概有四百多元钱了。

我让小哲和小雯对质,小雯也承认小哲的确只是说了一句想要钱而已,没有真的拿自己的钱。

"小哲你身为副班长,发现小雯的事情,应该第一时间告诉我,而你却选择隐瞒,你本来可以做好我的助手,却差点被卷进这件事中,作为班主任我实在太伤心了。"

小哲拿出一张纸说:"陈老师,对不起,我中午写了一份检讨书。我妈让我在班会上做个检讨。"

小哲读了自己写的检讨书,他说之所以没有告诉老师,也是想找机会占点小便宜,看到很多同学吃了小雯买的零食,觉得很羡慕。现在知道错了,让我把他这个副班长撤掉,还给全班同学鞠躬道歉了。

我问同学们:"小雯是自愿给你们花钱的,你们到底错在哪里呢?"

同学们纷纷表示:"校规和班规都不允许带钱来学校,而且,小雯的钱是从家里偷偷拿的。"

"你们知道小雯为什么要拿这么多钱来给你们花吗?"

同学们互相看看,摇摇头。

"小雯非常想和你们做朋友,她认为只要给你们买东西,你们就愿意和她做朋友。所以，她把爸爸妈妈辛辛苦苦挣来的钱，拿出来给你们买零食、买文具和玩具。我想知道你们交朋友的原则是这样的吗？"

同学们纷纷回答："不是的。"

我说："小雯，你拿了这么多钱出来给大家买东西，这段时间你成了班里的大红人，好像朋友一下子多了。但是，你能永远给他们买下去吗？为了你的钱才和你做朋友，没有钱了就不理你的人，这样的友谊你真的想要吗？"

小雯摇头。

我问同学们："你们有没有不是冲着小雯的钱跟她做朋友的？"

男生小城举手说："小雯，你给我买东西我是挺高兴的，但是，你就算不给我买我也愿意跟你玩。"

小雯感动得开始哭泣。

其他的同学也纷纷表示，不需要小雯用这种方式来讨好自己，要把钱还给小雯。

事情解决了，小雯花掉的钱也基本上追了回来，小雯的妈妈非常感动。

我告诉大家这件事情就过去了，以后我也不会再提。大家都要吸取教训，不要占别人便宜，不该吃的，不该拿的，早晚要还回去的。

我又观察了一段时间，发现小城真的在和小雯一起玩，放学的时候一起回家，可见小城那天的话的确是真心的。

那么，家长发现孩子撒谎该怎么办呢？

不要着急，先弄清楚原因，再正确引导。孩子撒谎有如下一些原因：

（1）分不清事实和幻想的表述。

端端三岁的时候非常喜欢拿着玩具电话装作在和别人聊天。

"喂，你好，我是端端，啊，嗯，好嘞……再见！"

挂断电话端端跑过来告诉我："妈妈，我的朋友一会儿要来看我，他开着一辆红色的小汽车，从北京来的。"

我们听他说得一本正经，就也装着点头问他："你的朋友是男的还是女的？"

"当然是男的了。"

"他是干什么的啊？"

"他是个大公司的老板，一会儿你们就见到他了，他来请我去吃饭的。"

这些话听着像是端端在撒谎，其实都是他想象的，**四岁之前的孩子分不清想象和现实**，容易把自己听到的故事、读过的绘本和现实中的事情混淆在一起。有的孩子还会想象出一个虚拟朋友和他对话，一起玩玩具、过家家。

遇到这种情况家长不要批评孩子，也不必揭穿他的想象。孩子想象出来的往往是他特别喜欢的人和事，或者生活里特别欠缺的东西。家长可以迎合他或者用弥补的方式来陪孩子度过这个时期。

（2）夸大其词的吹嘘。

有一次，刚放完暑假回到学校，我让班里的孩子们说说自己暑假干了什么。小博同学站起来说："我的爸爸在国外工作，我和妈妈暑假去爸爸工作的国家了。"

同学们都扭头看着小博，露出羡慕的神情。

我也很吃惊地问他："你暑假和妈妈出国了啊？那你的爸爸在哪个国家工作啊？"

"我也不清楚，反正是外国。"

我这时开始有些怀疑小博的话，问他："你和妈妈是怎么去的呢？开车、坐火车、乘汽车？"

小博有些迟疑，想了一下说："我们坐火车去的。"

"好吧！"

我没有在课堂上立刻揭穿他，下课之后给小博的妈妈打了电话。小博妈妈告诉我，他们暑假哪里也没去。

放学的时候，我和小博并排走，问他："我知道你暑假没有出国，你为什么要说你出国了呢？"

小博一脸懵懂却还在坚持："我真的出国了！"

于是，小博给我留下了会撒谎的印象。后来我发现，他上课的时候举手非常积极，可是叫到他却常常回答不出问题。

传统文化课老师来找我，说小博上课的时候说自己会背整本书上的唐诗宋词，传统文化课老师非常欣赏他，大大地表扬了他。可是，让他到前面来给大家背一首，他却在讲台上站着一声不吭，耽误了大家很多时间。

我找小博来聊天，得知小博的家里有个刚出生不久的弟弟，妈妈和爸爸把注意力全都放到了小弟弟身上。他很希望能引起父母的关注，而父母却总是问他在学校的表现怎样，表现不好就更加冷落他。小博在学校的朋友也不多，他不知道怎么可以吸引同学们，非常苦恼。我明白了，他撒谎其实就想引起老师和同学的关注。

我告诉小博："老师理解你希望自己与众不同、希望自己优秀的心情，但你还是要脚踏实地靠努力去争取。自己没做到的事却说做到了，属于吹牛，太容易被揭穿了。当老师和同学们发现真相的时候，就容易不信任你。"

喜欢吹牛、夸大其词的孩子大多源于父母对结果、成绩的强求。在孩子眼里父母对自己的爱是建立在自己优秀的基础上，所以想方设法让自己变得优秀，包括撒谎。面对孩子喜欢吹嘘撒谎的情况，家长不要对孩子的吹嘘嗤之以鼻，而是要反思自己在教育过程中是不是太强调结果，没有做到无条件地爱孩子。

我找小博的妈妈讲了他的情况，提示她多关注小博，给小博更多的安全感。小博爱吹牛的毛病也渐渐消失了。

（3）逃避惩罚的隐瞒和推诿。

家长越是严厉，孩子反而越容易出现撒谎的现象。这是因为家长容不得孩子有半点失误、犯错和不完美，一旦孩子做得不对，就会训斥甚至打骂。这给孩子很大的压力，导致孩子在达不到家长的要求时，因为内心恐惧，宁愿选择撒谎来逃避指责和训斥，甚至会把自己的错误推到别人身上。例如：改考试的分数，模仿家长的签字，给自己的错误找各种借口和托词。

没有天生就会撒谎的孩子，家长遇到这种情况，要反思是不是自己对待孩子过于严苛？为什么孩子不敢承担后果？为什么孩子不愿意面对自己的过错？有没有做好亲子互动？有没有倾听孩子的心声？能不能接受孩子犯错、孩子的不完美？

只有孩子感受到父母是爱自己的，会无条件接纳自己，才不会害怕告诉父母自己所犯的错误，暴露自己的缺点。孩子也就不会有说谎的行为。

家长的不正确行为如果没有及时修正，随着孩子的长大可能会引发连锁的恶性反应，国内外不乏一些极端的案例。

例如：在加拿大有一位高才生，从小学习成绩非常好，是父母的骄傲。考上了大学之后沉迷游戏，成绩一落千丈。他知道自己如果毕不了业，一定会让父母非常失望，乃至家族蒙羞。于是他开始撒谎，并伪造自己的学习成绩，甚至欺骗父母他拿到了高额奖学金。父母对儿子的成绩非常自豪，逢人便夸。这给他更大的压力，终有一天，这个谎言再也撒不下去了，他不想看到父母因为自己而蒙羞，竟然挥刀把家里的四位至亲都杀害了。

（4）模仿大人撒谎，认为没什么大不了的。

家长特别要注意在孩子面前的言谈举止，首先要做到自己不能撒谎。如果家长本身就不具备诚实的品质，就很难要求孩子不撒谎。

家长在与人交往的过程中，由于各种冲突和利益的权衡，有时不得不需要说一些谎言，这样才能既不伤害对方，又能很好地保护自己，维系人际关系的平衡。但是，如果家长撒谎的情景让孩子看到，孩子无法理解大人处境的复杂性，他会误以为撒谎没什么大不了的，甚至为欺骗别人而沾沾自喜。

如果家长不小心让孩子撞到自己撒谎的场景，一定要给孩子做好解释工作，让孩子理解自己的行为并不是恶意的。同时要向孩子表示撒谎是不对的，保证自己不再撒谎。

当然，生活中还有一种谎话是善意的谎话，家长要让孩子学会区分。

小时候，有一次我和母亲去公共澡堂洗澡，澡堂的管理员是一位腿有残疾的阿姨。我在更衣室一边擦头发一边看着管理员一瘸一拐地扫水。年幼无知的我冲着母亲脱口问出："妈妈，她是瘸子吗？"

母亲赶忙大声地掩饰说："你要穿裙子吗？妈妈没给你带啊！"

我正想更正母亲的话，却看到母亲冲着我挤眉弄眼，似乎在暗示什么，立刻闭了嘴不说话。

从澡堂出来，母亲很严肃地说："不要议论别人的缺陷，这是非常不礼貌的。"这句话在我心中留下了非常深刻的印象。

电影《奇迹男孩》里有一个桥段，讲的是从小面容有缺陷，做了很多次手术依然面容怪异的小男孩第一天去上学，同学们对他的长相产生了议论。其中一个学生直言不讳地说小男孩的面部很奇怪。他的话遭到了大家的抵制，而这个学生却理直气壮地说："我没撒谎啊，他的确长得很奇怪。"

老师没有发表意见，只是在黑板上写了一句话："如果一定要在正确和善良之间做出选择，我选择善良！"

《狼来了》的故事是几代人的经典故事，撒谎的孩子最终被狼吃了。《木偶奇遇记》里的匹诺曹，一说谎话鼻子就会变长。希望每个孩子和家长之间都不必猜疑，可以相互信任地在一起。

端端说

人类有了语言后，世界开始出现了谎言。说谎是一个孩子学会说话之后的必经弯路，我也尝到过谎话带来的不良后果，知道说谎是不对的。

有一次，我跟妈妈说谎了，被妈妈发现。之后很长一段时间，妈妈对我都不信任，我说的话她总会反复确认。那一段时间我心情很不好，妈妈也很累，我们甚至会因此发生争吵。有一天，我们都冷静下来，诚恳地交流了一下，最终达成共识：我们互相保证，谁也不说谎话，然后对对方的话也不许再怀疑。不过随着我的年龄越来越大，也有自己的小秘密和隐私，妈妈如果问的问题涉及这方面，我可以说："你别问了。"但是不能用谎话来敷衍。妈妈也尽量不问我这些事。总之，要做一个值得信任的人。从那以后，我和妈妈的信任危机再也没有发生过。

我旁观身边的同学、朋友，也有喜欢夸大事实，或者说话不负责任的人，他们多多少少都会给人留下不好的印象。

音乐也是一种语言，但是音乐不会撒谎，你永远无法用音乐演奏出谎言。我热爱音乐，希望能在音乐的陪伴下一直做个诚实的人。

小小少年郎的压力不寻常

有一天,我在网上看到一名小学生因为很小的一件事想不开跳楼自杀的新闻,感到非常难过和遗憾。开班级安全会的时候,就跟学生讲了一下这则新闻,让学生发表自己的观点,学生纷纷表示自杀是不对的。

我问他们:"曾经想过自杀的请举手。"

出乎我的意料,班里竟然有十个孩子举起了手。

虽然我们是第一次聊关于自杀的话题,但是我已经教了这班孩子五年,自认为非常了解他们。而且,关于"珍爱生命"的话题也无数次在班会上讲过,一年级时还因为班里养的小鸟死了,集体为小鸟举行过葬礼。没想到班里竟然还有这么多曾经想过自杀的孩子。

我一一询问了他们曾经想过自杀的原因,答案依然让我震惊。

"我每次考完试,妈妈就会问我的成绩,无论我考多少分她都不满意。我就想如果我死了,就没人问我分数了。"

"我爸妈有一段时间闹离婚,爸爸每天都不回家,妈妈就一直哭。我那时候就想活着真没意思。"

"我写作业很慢,晚上总是睡得很晚。早上被喊醒的时候总是特别困,我曾经想过是不是死了就可以好好睡一觉了。"

"我的好朋友跟我吵架了,我那段时间很难过,想过死。"

……

这些事情在大人看来实在是太小了，绝对够不上"自杀"的理由。可是，在孩子的眼中，这些事情就很严重，成为他们心中巨大的压力。如果孩子找不到地方释放压力，就可能萌生"死"的念头。但是，很少有孩子会把想死的想法告诉家长，也很少有家长把孩子的烦恼当回事。

即使听到孩子讲述心中的苦恼，家长常常会轻描淡写地说："这有啥？"等到孩子压力积累过量，发生悲剧，后悔也就来不及了。

就像新闻里的那个小学生，家长之前一定毫无觉察，绝对不会想到自己的孩子有一天会从楼上跳下去。

我认识的一位朋友的孩子，在小学期间非常正常，各方面也很优秀，在我印象中只是有些内向。孩子上初中之后，我们很少联系了。有一年突然听说孩子精神出现了问题，被诊断为躁郁症，为了治病学业也中断了。还好经过治疗，几年后孩子的病情得以缓解，基本上也可以正常跟人交流了。

有一天，朋友带着孩子来我家玩，孩子见到我家的钢琴特别开心，一进门就开始弹奏起《牧童短笛》来，还跟我说自己考过钢琴六级，考级的曲子现在还都记得。

在孩子的琴声中，朋友跟我讲述起孩子生病的原委：孩子自身素质非常好，只是性格有些内向，朋友和老公包括孩子的爷爷、奶奶都对他报以非常高的期望，要求孩子各个方面都出类拔萃。有时候孩子考得不好回到家里，爸爸、妈妈批评一顿，回到爷爷、奶奶家又是一通教育。上了初中之后，学习压力更大了，孩子逐渐出现了失眠的症状，精神亢奋，说话口无遮拦。这时候，朋友一家也意识到不对劲了，开始给孩子减压。可是孩子自己跟自己过不去，不停地给自己施加压力，最后发展成了躁郁症。

听了朋友的故事，我的心里特别难过。孩子小时候天真、可爱、乖巧的形象一直还在我的记忆中。如果时间可以倒流，多么希望我们能早点意识到问题，感受到孩子内心的压力，听见孩子呼救的信号，帮助他释放压力，有意识地培养抗压能力，让他健康顺利地长大成人该多好啊。

孩子在成长中避免不了要面对压力，就像是种子要埋进土里才能发芽，不能埋得太深，也不能埋得太浅。适当的压力是成长中必备的锻炼，也是营养。每个孩子所能承受压力的程度不同，家长通过哪些方面判断孩子的压力过大呢？

情绪极端变化。如果孩子感觉到压力大，最常见的表现就是喜怒无常，情绪往两个极端走，要么无理取闹，要么反常地沉默。可以再观察一下孩子的睡眠，压力过大的时候，孩子睡眠质量会很差。如果长期失眠，早晨起床时会很困难，而且整天无精打采，那非常有可能是有什么事情在困扰着他。

端端有一次在拍摄电视剧《下一站婚姻》的时候，就因为第二天有一场坐过山车的戏而压力过大，他从来没有坐过过山车，一晚上都因为在担心而入睡困难。

身体语言发出信号。如果孩子感觉到压力大，可能变得暴饮暴食，或突然喜欢舔手指、啃指甲、搓手、口吃，甚至出现面部抽动，这些都是孩子转移和消减紧张情绪的方式。还有的孩子会用打人，破坏玩具、书籍，说脏话，甚至是自残的方式来发泄情绪。

我曾经教过一个孩子，因为父母离异导致情绪非常不稳定。他除了动不动就号啕大哭以外，还有个习惯就是用拳头打自己的鼻梁，高兴的时候打，着急的时候也打。

免疫力下降。 如果孩子感觉到压力大、精神紧绷，会影响到免疫力，出现一些器质性疾病。比如：突然皮肤过敏、感冒发烧、头痛、肚子痛。出现这些情况即使是去医院检查正常，家长也不要轻易放松警惕。

我认识的一个学生，对上学很紧张，所以每到周日晚上就会突然腹泻，周一就不能去上学了。还有一个学生每次考试公布成绩以后，就会心慌气短到坚持不住。还有个朋友的孩子因为没有考好，家长生气发火训斥时，一抬手不小心打到孩子眼睛，之后孩子就开始眼角流血。他们带着孩子前后去各大医院检查，都没有发现任何伤口，可是动不动就有鲜血从眼角流出，这种情况持续了将近半年才缓解。

兴趣骤减。 如果孩子感觉到压力大，会对很多事情感觉麻木，喜欢的事情也不做了。例如，在特长班表现差了很多，甚至提出不学了；在学校的兴趣小组也不爱去了，表示想要退出。

我的一位朋友就曾经给我讲过，他的孩子在小学五年级的时候突然提出要退出合唱团。这个孩子是合唱团的主力，常常担任领唱。朋友非常纳闷孩子为什么要退出，可是孩子什么也不说。朋友在劝了孩子几次后，发现孩子态度很坚决，也只好顺从了孩子。直到孩子上了大学才告诉他，当时在合唱团被老师骂了一句很难听的话，每次合唱团活动孩子就会想起这句话，觉得所有的同学都在嘲笑自己，心理压力非常大。现在想来，朋友当时没有硬逼着孩子继续参加合唱团是对的。

说谎和欺骗。孩子撒谎的原因很多,其中有一种就是压力过大。例如父母对自己要求很高,一方面做不到,另一方面又不想让父母失望,就会演变成谎言。

当家长发现孩子有压力,一定要重视起来,可以从以下几方面帮孩子减轻压力。

首先,要理解孩子、鼓励孩子。

孩子情绪极端的时候,家长不要马上批评或者说教,不妨给他们一个宽松的环境,也可以带孩子离开让他感到有压力的地方,让孩子冷静一下。语言上要柔和,鼓励孩子把心里话说出来。也可以先抚摸孩子的后背,或者抱抱孩子,让他情绪缓和。

当孩子说出压力大的原因后,家长不要站在成人的角度去评判,说:"这算多大点事啊?""你也太没出息了。""有啥难过的,来给我笑一个。""就你矫情,别的孩子咋没事啊?"一定先和孩子共情,真诚地告诉孩子:"你有情绪我非常理解。""你的表现我们不介意。""宝贝,设想一下,明年这个时候回忆起今天,还会这么难过吗?"来自父母的安抚和宽慰,会让孩子逐渐从压力中解脱出来。

其次,要多引导孩子运动,接触大自然。

大脑在运动后会产生内啡肽,大脑内分泌出来的内啡肽的多少,可以直接影响人的心情的好坏。内啡肽分泌到一定的量,人的身心就会处于轻松愉悦的状态。

当孩子压力太大的时候,可以带着孩子适当进行户外运动。像慢跑、爬山、游泳、打篮球等户外运动,不仅能提高免疫力,促进血液循环,还能让孩子在大自然中找到能量,在流汗的过程中排解压力,感觉轻松。

鲜艳的颜色也可以缓解压力，带着孩子去花园观赏一下绿色的植物、五颜六色的花朵，也可以稳定心情和缓解紧张。

陪孩子看看蓝天、白云、日落和夕阳，观察月亮的阴晴圆缺和群星璀璨，引导孩子把眼界放宽，都可以起到降压的作用。

再次，要陪孩子做喜欢的事。

孩子的压力大多数都是父母过于"内卷"造成的。孩子天性爱玩，那么陪孩子玩就是解压的好办法之一。不过不要长时间陪孩子玩手机游戏或者电脑游戏，而是一起玩亲子互动的游戏。

孩子喜欢看书，家长就带孩子去书店，陪孩子一起挑选书籍，一起讨论孩子喜欢的作者和图书内容。

孩子喜欢唱歌、弹琴，就陪孩子一起唱唱歌，孩子弹琴就在一旁安静地聆听，给孩子鼓掌，也可以和孩子一起来一首四手联弹。

孩子喜欢烹饪，就陪孩子一起去超市选购食材，一起研究做美食的办法，让孩子多动手或者独立完成烹饪的过程，然后和孩子一起美美地享用劳动成果。

最后，要增加孩子的睡眠时间。

每天至少保证孩子有 8 小时的睡眠时间，这样才可以缓解白天的压力，就如同电脑内存不够了就会死机重启的过程。入睡之前半小时，不要让孩子太兴奋，可以播放一些摇篮曲、轻音乐、语速缓慢的睡前小故事。

如果孩子压力大入睡困难，可以让孩子用热水泡泡脚，家长给孩子做一下身体按摩，保持环境安静，调暗室内光线，或者给孩子准备一个眼罩。别催促孩子入睡，可以跟他说睡不着也没关系，躺躺也好。让孩子闭上眼睛听故事或者音乐，避免因为睡不着而产生新的压力。

端端睡不着觉的时候，我就跟会他说："没关系，咱们做个游戏，你躺着闭上眼睛，然后慢慢地数到100，数完咱们就起来。"他每次都会数着数着就睡着了。

可惜很多家长不重视孩子的睡眠，只关心孩子飞得高不高，不关心孩子飞得累不累。有一次上音乐课，我给孩子们欣赏勃拉姆斯的《摇篮曲》，我让孩子们趴在桌子上，闭上眼睛来听。听的过程中有个孩子睡着了，还打起了呼噜，非常可爱。音乐播放完毕他也没有醒，我就暗示周围的孩子不要打扰他，让他继续睡。

下课后，我跟孩子的妈妈说了这个情况，一方面描述了孩子打呼噜的可爱样子，另一方面提醒家长孩子可能睡眠不足。可是家长却非常焦虑，无心分享我的感悟。她一直在电话里重复一句话："老师，他怎么能上课睡觉呢，你应该喊醒他，这多耽误学习啊。"

我反复提示家长这是一节音乐课，我播放的是《摇篮曲》，他睡着了很正常，证明作曲家的作品很成功，孩子的乐感也非常好。

可是家长还沉浸在自己的念头中，反复说："上什么课也不能睡觉啊，回来我批评他。"

孩子的成长不可避免各种压力，要让孩子学会"兵来将挡，水来土掩"的本事。家长在帮孩子疏解压力的同时，培养孩子的抗压能力也非常必要。

不过说实在的，现在的家长们本身抗压能力就不够，一年级到五年级的家长大多是"九零后"和"八零后"，很明显地感觉到他们心理压力大，内心脆弱，情绪化。我在和这个年龄段的家长们聊孩子的教育时，除了提醒家长给孩子减轻压力的同时，也会顾及家长自身的承受力，想办法帮他们疏解压力，平复他们的心情。

造成年轻的家长和他们的孩子抗压能力差的原因有很多，**我们要做的第一件事就是不要过度表扬孩子。**

有一段时间教育界流行"赏识教育"，孩子有一点点进步就马上夸大表扬，重复表扬，扩散性地逢人便说，然后一家人群起吹捧。

他们认为这样就能帮助孩子树立自信心。殊不知这种没有原则的夸赞，会让孩子失去对自己正确的判断，失去对他人正确的认识，产生虚荣、任性和高傲的个性，并在脑海里幻想出一个完美世界及完美的自己。

被"夸大"的这类孩子抗压能力非常差，一点点不如意对他们来说就是挫折，一点点挫折就是无法逾越的鸿沟。如果给孩子"放大镜"去照优点，"缩小镜"去照缺点，那么面对这个世界，你给他什么镜子呢？所以，家长不要过度表扬孩子，而是要给孩子一面"平镜"，帮他照清楚自己。

如果一个孩子不依赖他人的表扬或者批评去了解自己，那才是真正的自信和自醒，才会宠辱不惊，气定神闲地应对未来的不确定性。

作为家长也要时刻提醒自己，要正确对待孩子的优缺点，带着一颗平常心去培养孩子，要能接受孩子和自己的普通，甚至不完美的一切。

端端因为从小参演过影视剧，因此非常容易被误解为"小童星""真厉害""有天赋"。但是,我们非常清楚他没有什么特别的,不厉害,也没有天赋,每次都是靠努力和机遇得到的参演机会。也从不夸大他的成绩,更多的是分析每一次拍戏带给我们一家人的感悟和启发。因此,端端一直有一颗平常心,从来不会主动跟别人聊起自己演戏的经历,即便是有人在夸他,他都会采取回避的态度。

培养抗压能力要做的第二件事是要告诉孩子没有"常胜将军"。

人生不如意十有八九,失败是非常正常的,让孩子多去经历,即便是遭遇挫折也不要害怕,时刻做好发生不如意事情的准备。家长也要学会处理生活中各种失望、失败的情况。每一件好与不好的事情都是一则寓言,我们可以从中得到启示。

端端从小到大接受过很多挫折教育,例如:钢琴比赛的失利,面试影视剧角色的失败,考试的失常发挥等。经历得越多端端越淡定,很少看到他成功了就欢呼雀跃,失败了就痛哭流涕的场景。

在拍戏中,端端遇到的最大的一次挫折,是参加一位台湾导演的电视剧拍摄。这位台湾导演是拍苦情戏出名的,那年端端刚六岁,对哭戏还不能得心应手。进组第一场戏导演就不满意,当天晚上就决定要换掉端端。

端爸告诉端端这件事,端端心里很难过。端爸却说换掉就换掉,没关系,你要认识到自己演戏方面的不足,另外咱们也知道了即便是进组签了合同,导演不满意也会随时被换掉,你的每一次表现都要尽力。

离开剧组之后,端爸为了安慰端端,就带着他到附近的海边去玩，还参观了当地的名校，端端很快就释然了。没想到剧组又给端爸打来电话，说导演后悔了，想让端端再回剧组。可是，电影《云之锦》的导演也打电话让端端进组，父子俩已经买了第二天的火车票，要赶去横店影视城，于是婉拒了台湾导演的邀约。

在火车上，端爸又给端端复盘这件事，分析台湾导演肯定有对端端不满意的地方，否则也不会心血来潮地要换人。但是，后来他又后悔了，请咱们回去，就证明这个角色别的孩子也很难让他满意。每个人都有自己的想法，也有各自想法背后的原因。所以，不必为过去的事情自责，徒增压力，着手把眼前的事情做好才对。

有了被换掉的经历，端端在《云之锦》的表演就更努力了，电影杀青的时候，他的表现得到了张瑜导演（电影《庐山恋》的女主角）的肯定。

端端在上高中之前的那个暑假，我们在家开了一个家庭会议，主要就是针对他高中三年的学习和三年后的高考。

我们告诉端端：高中三年你可以选择努力学习，承受学习压力，也可以选择得过且过，逃避学习压力。努力学习参加高考也会有两种可能，一种是考上理想的大学，一种是努力了也并不如意。但是，不努力的结果只有一个，就是高考落榜。我们还给他举了身边有人高考成功有人高考失利的例子，告诉他无论什么结果，生活都会继续向前走。让他自己选择学习态度，然后坦然接受现实。无论什么结果，爸爸、妈妈都和他一起面对。

培养抗压能力要做的第三件事是和孩子一起学会乐观和幽默。

给大家推荐一部美国系列剧《成长的烦恼》，里面的爸爸杰森和妈妈麦琪非常乐观,也擅长用幽默在家庭中营造轻松、愉快的氛围。这部剧我百看不厌,从中品到了很多经营家庭和对待孩子的正确理念。

父母不必总是拉着脸,或者一板一眼地做事、说话,任何事情都可以用幽默的方式来解决。

培养幽默感要具备敏捷的思维能力,幽默的人有丰富的内涵,观察事物有独特的角度,观点往往非常新颖,联想能力和想象能力很强。

大家在一起的时候讲个笑话,来段脱口秀,每个人都可以调个皮,逗个乐,让家庭气氛时常处于放松和欢乐之中。家长和孩子都要学会自嘲和不怕嘲笑,用积极、向上、乐观的心态去解决问题。那么孩子也就更容易养成坚强的性格,压力来了也会运用"四两拨千斤"的办法。

培养抗压能力要做的第四件事是帮助孩子获得良好的人际关系。

家长要教会孩子如何与他人做朋友,学会换位思考,多去理解和宽容别人。不要苛责孩子的朋友和同学,主动邀请孩子的朋友和同学来家里做客。

家长不可能永远陪在孩子身边,孩子也不可能什么事情都只跟家长倾诉。孩子如果具备获取良好人际关系的能力,那么在面对压力的时候,就会得到来自朋友、同学的支持和帮助。

家长要告诉孩子"人人为我,我为人人"的理念。遇到困难可以向他人寻求帮助,这并不丢人;也要学会帮助别人,在互相帮助中获得快乐并从中受益。

端端说

我化解压力的办法就是听歌、运动、跟朋友聊天。我感觉人多少得有点压力,有压力才能有前进的动力,不然容易消极。我认为最好的压力是自己给自己的,知道自己能承受多少,也知道压力该往哪个方向施加。如果总被外力强加,容易让做事情的目的不纯。比如:家长就是要孩子考满分争第一,孩子自己并不在乎,那么为了得满分,为了名次,为了让家长满意,他就会选择去作弊,因为孩子并不知道得满分和第一名的实质意义是什么。

每次参加钢琴比赛我都会有压力,但是我觉得这很正常,我喜欢比赛之前努力练习的过程,也喜欢上场之前心跳微微加速的感觉,更喜欢坐到琴凳上开始我的表演,一气呵成完成演奏后台下热烈的掌声。所以,能参加比赛我就去参加,多参加就习惯了。就像学生从小到大参加考试,紧张是正常的,但也没法避免。那就去接受,去习惯,去化解吧。

从胆怯退缩到大方开朗

很多妈妈问到我最多的问题之一是：陈老师，你的儿子拍过这么多戏，性格开朗大方，是不是他天生就喜欢表演，不怯场呢？

每个孩子的优点都不是与生俱来的，都是需要家长有目标、有策略地去培养的。

其实，端端小时候是个非常胆小的孩子，很认生、不喜欢热闹，两岁多的时候带出去玩，被喜欢他的阿姨、奶奶摸摸手都会吓得马上缩回去。三岁的时候，只要周围人一多就表示要回家，更别说在外人面前表演唱歌、背古诗了。

我知道他这个特点，并没有逼迫他，而是经常给他机会去与人沟通，比如去超市买东西，我会让他去问价格、付钱；去饭店点菜也让他去跟服务员姐姐说……做得好就及时表扬他、鼓励他，从不在他面前用腼腆、胆小、内向这样的话来评价他。我用实际行动告诉他："孩子别怕，有我在！"

但是让他改变最大的一次，还是端端四岁第一次登台表演。那次的经历，奠定了他日后接拍影视剧的基础。

那是全国的一个少儿模特大赛分赛区的选拔赛，海选地点是孩子们经常去的少年宫。我偶然得到了这个比赛的海选宣传单，立刻就动心了——这也许是个让他锻炼的更好机会。

我知道从没登台表演过的他，肯定会拒绝这种抛头露面的活动，因此，我并没有告诉他报名比赛的事情，而是开始有意地教他唱一个京剧片段。

在他的海选选曲上我还是动了脑筋的。适合三四岁孩子唱的歌曲并不多，端端在演唱上并不突出，他的声音小，气息也不够。海选都是无门槛报名，到时候人肯定会很多，每个人的时间都不长，展示才艺的时候都是清唱。于是，我选了京剧《甘洒热血写春秋》这段大家耳熟能详的唱段，明快的节奏和有个性的唱腔，也激发了端端的学习兴趣。我经常在从幼儿园回家的路上教唱，他学得很快。

家长是孩子的智囊团、经纪人、军师、策划团队，善于发现孩子的优缺点。准确定位孩子的特点，选择扬长避短的运作方式，才可以真正起到助孩子一臂之力的作用。这就需要家长平时多积累、多思考，自己站得高、看得远，才可以给孩子指引一条明路。

海选那天我们来到少年宫，海选过程很简单，只要能告诉主持人自己的名字、年龄就可以了。选手们一个一个上台表演了。由于端端不知道我给他报名了，一直把自己当成"吃瓜群众"在一旁看热闹，一点压力也没有。

我问他："端端，如果主持人问你叫什么名字，几岁了，你会回答吗？"

他自信地说："那当然了！"

我问："舞台上的小朋友都在表演才艺，那你会表演什么才艺啊？"

他说："我会唱妈妈教的儿歌呀。"

这时候，主持人念到下一位选手的名字——杨宸鉴。端端听见主持人喊自己的名字，还没等明白过来怎么一回事，就被我推到了舞台上。主持人也笑容可掬地迎上来,拉起他的手走到舞台中央。

从"吃瓜群众"突然变成舞台上的主角,猝不及防的端端显得有些紧张,但还是在主持人的引导下,顺利地报上自己的名字、年龄。

主持人说:"杨宸鉴小朋友,你为大家带来什么才艺啊?"

端端紧张得一直看台下的我,我真担心他会不干了,跑下台来找我。

幸好有前面参赛选手的榜样作用,加上之前用心的教唱,端端回答说他会唱京剧。当端端唱完赢得台下的掌声之后,他明显就轻松了很多。在主持人的引导下,在舞台上来回走了两步就下台了。

一下台他就扑到我怀里,埋怨我没告诉他报名的事,我赶紧表扬他表现得真好,给他看我录的视频。他看到自己的表现也觉得还可以,心情平静了下来。当主持人宣布晋级的名单中有他的时候,他也高兴得跳了起来,这是他第一次品尝到展示自己的成就感。

接下来我们就正式开始为复赛、决赛做准备了。端端也觉得既然自己海选上了,就要珍惜这次机会,开始对比赛、晋级有了初步的概念。

人生回避不了一次次的比赛和筛选。这是端端接受的第一次挑战,我告诉他结果不重要,只要认真地准备,把自己的特长展示出来,体验过程,并能有收获就可以了。

为了参加复赛,我又教端端唱了一首《三字经》儿歌,并且报名了一个模特培训班,每周去上一节课,比起海选可算是准备得充分多了。

这个时候我也有些偷懒，觉得反正有老师教了，就没海选的时候那么上心了。结果复赛的时候，端端明显心理负担就重了，整个状态比海选紧张了很多。在台下候场的时候就已经没了笑容，走秀时也完全忘记了老师教的动作。在台上所有的造型全都一个样，眼睛还总是在找台下的我们，没有走三十秒就主动下台了。

才艺表演也发挥得不好，声音小、表情僵，所有之前老师帮他设计好的动作一个也没有加上。唱完了就严肃地径直走下场，连鞠躬都没有。

下台之后，端端也意识到自己表现并不好，虽然最后主持人宣布他进入了决赛，可他却并不是很高兴。

我和端爸在回家的路上没有评价端端的表现，而是说了一些轻松愉快的话题，回顾刚才哪些选手表现得好，我们有哪些没有考虑周到的地方。

看到端端一直闷闷不乐我倒有些高兴，我告诉他，今天的小选手们都很棒，每一次聚到一起较量，就可以看到别的选手的进步，你在努力别人也在努力。

端端很喜欢吃豆芽，我们就从市场买来黄豆，和端端一起在家里学着发豆芽。我们把黄豆泡在水里，等它膨胀了，多换几次水，再把黄豆放在一个可以滤水的小塑料盆里，然后用一块湿的纱布盖在上面，没几天它们就会发芽。

我们发现盖上纱布的黄豆因为有纱布的保湿和压力，发出的小豆芽长得又直又快；没有盖纱布的豆子，发的芽又短又弯曲。我告诉端端，压力就像豆子身上的纱布，有了它豆芽才能长得更茁壮。人也一样，我们不可能逃避所有的压力，不如迎难而上。

备战决赛阶段，端端好像一下子长大了。我们设计了一个数来宝形式的自我介绍：我的名字叫杨宸鉴，从小喜欢刀枪棍剑……长大了我要当警察，坏人再也不敢出现，希望大家喜欢我，我对大家说谢谢！

才艺方面又给他换了一首歌《中国功夫》，还制定了每天的练习计划：什么时候唱歌，什么时候练习模特步，还对着镜子练表情。我找了一个假话筒让端端找舞台感觉，规定每一个造型动作和走秀路线。

由于端端每次做造型的时间太短，我就让他心里默念"端端最棒，端端最棒"，然后再撤动作。他唱歌还是习惯小声唱，特别是念白"棍扫一大片，枪挑一条线"，没有唱出歌曲的气势。为了让他能够找到放开声音的感觉，我就让端爸去楼下听他唱歌，然后启发他说：你的声音这么小，爸爸怎么能听见呢？

我们还会在散步的时候到开阔的草地上练，让声音传得更远。还专门到KTV去包房练了一个小时的歌，让他找到拿着话筒的感觉。

有一天，端端喜欢看的动画片开演了，可他却一直没有来看电视。我心里好生奇怪，于是悄悄地去他的房间看。我看见端端把音响打开，音乐放好，正对着镜子一遍一遍地练习模特步，然后再拿起假话筒开始唱歌。端端有责任心了，他还不到四岁半，自己的练习计划没完成，便心里惦记着，连动画片也不看了。

决赛那天，所有的选手都到了会场集合，端端的年龄是最小的，在选手队伍里显得那么瘦小。我对端端说得第几名不重要，你只要把咱俩平时练习的全都表现出来就胜利了。端爸给端端分析摆在舞台三个不同地方的摄像机，怎么对着镜头表演。我负责监督放音乐，爸爸负责在台下提示端端走位。端端信心十足地上了台，从自我介绍、走秀、才艺表演，从头到尾都表现得非常好，每个动作都按我们预先设计的完成了，他的表现赢得台下一片掌声，许多选手的妈妈都在说"真棒"。最终，端端获得了这次比赛的季军，得到了有生以来的第一个红皮证书和一套卡通餐具。这次比赛，让端端第一次品尝到参与活动的乐趣、努力带来的收获、成功后的自信。

如果说参加了这次比赛，端端从此就在演艺路上一帆风顺了，那一定是夸大其词。每个人都喜欢待在自己的舒适圈，不愿意承受压力。可是，没有压力，人是不会成长和坚强的。

端端自从开始参演电影和电视剧，最不喜欢演的就是哭戏。我曾经跟他沟通过，知道他认为男孩子在外人面前哭是很丢脸的。可是，一部有好几场哭戏的院线电影选上了他。那是一部反映留守儿童的电影《夏天的谎言》，端端饰演小男一号夏天。

有一场哭戏是夏天被老师误解，老师生气地要求他脱下学校发的校服。导演要求他先是委屈，然后忍着眼泪脱下校服，最后跑出教室泪流满面。

这场戏的难度还是挺大的，我们提前在房间里分析剧本，给他讲夏天在这场戏里的境遇。告诉他演员哭是剧情角色需要，并不代表演员本人不坚强。观众也都明白，不会笑话演员的。

端端说："可是我心情都很好，怎么哭得出来呢？"

于是我们就一起找泪点，想想平时什么事情容易难过。端端回忆起他曾经养过的一只小兔子，后来小兔子死了，当时他哭了。还有一个是电视上关于"家"的公益广告。里面有个孩子在外打拼，想着父母养育自己的不容易，非常想念家的情景。端端说每次看到这个广告,他都会感动得想哭。

我们一起回忆小兔子的可爱,死去的时候那种可怜和孤独;讲述公益广告里那个曾经顶撞过父母,后来懂事后学会感恩的孩子,代入他们的感受。还没等我们讲完,端端已经抱着我泣不成声。

我告诉端端:"你拍戏的时候就想这些片段,如果有了感觉,想哭就哭出来,不要忍。"

第二天端端拍这场戏非常顺利,演完后导演特地把他叫到身边表扬他。

还有一场哭戏,是从小失去母亲的夏天在学校受了欺负,一路跑回家对着爸爸大声哭喊着"要妈妈"的戏,导演要求他对着镜头号啕大哭。

开拍之前端端跟导演说:"导演叔叔,你喊开机之后先等我一下,我会哭出来的。"

于是导演跟现场几十位工作人员嘱咐,要给小演员一点时间,大家保持安静。

"开始!"

当导演喊出这句话之后,现场一片寂静,端端低着头沉思着,酝酿着,突然抬起头来,对着镜头大声哭了起来,眼泪哗哗地淌,还一边喊着"妈妈,我要妈妈!"

监视器前的导演和工作人员都被端端的情绪带动,跟着流出了眼泪。拍完这场戏我把端端紧紧地搂在怀里,抚摸他的后背,让他缓解情绪。有了这次的成功经历,端端不再对演哭戏抵触了。

孩子成长道路上会面对一次一次新的挑战和不断升级的压力,作为家长应该始终和孩子并肩作战,**不仅要分析压力、讲清**

楚必须要面对的理由，还要一起想办法解决挑战中的技术难题。这就需要家长平时对孩子充分观察、了解，做到在关键的时刻点石成金。

作为小演员，拍戏的时候所要面对的挑战不仅仅是哭戏。

端端在游乐场都不敢玩惊险刺激的项目，每次去游乐场，端端看到过山车里的人从这头甩到那头，头冲下惨叫的时候，都摇头说："打死我也不玩这个！"通过观察，我判断除了胆子有点小，他这样更多是因为做事情很谨慎、不莽撞。这也是他的优点，所以也不再强求他。

端端八岁那年，他全程九十四天跟组拍摄电视剧《下一站婚姻》，饰演小男一号小轩，戏份非常重。这次他面对的压力也不小，最让我难忘的当数端端拍摄坐过山车的那场戏。

有一天，剧组通告发下来，我看到有过山车这场戏就开始替他担心，万一到了现场端端坚决不肯上去咋办呢？果然，端端看完通告又看了几遍剧本后，夜深了都还辗转难眠，一直在问我们："明天真的要坐过山车吗？"

我只好安慰他说："别担心，导演有办法的，你知道电影有个术语叫'蒙太奇'吧！明天你只要在过山车上坐坐，然后下来，导演拍开动的过山车，然后接一个你从过山车上下来的镜头就可以了！"

端端在半信半疑中睡着了。

第二天到了现场，导演告诉端端不仅要坐在第一排，还要在过山车开动的过程中睁着眼睛对着镜头大笑。端端明白导演的拍摄意图以后，就开始泪眼婆娑，迟迟不肯行动。

我们不好意思地告诉导演，他从来没坐过过山车，大家也都表示理解。但是，剧本不会因为端端的情况而变动，端端要面临一次新的考验了。

制片人、导演、道具哥哥等人，都来给端端打气，鼓励他要勇敢、要坚强、要像个男子汉。为了让端端对这项游乐设施放心，第一次实拍，剧组的工作人员，包括导演和执行导演都坐到过山车上面了，就等端端了。

我没有再跟他多说什么，给他几秒钟鼓励自己的时间。这不是他第一次演戏，他是明白作为演员的责任的，这时候多说无益，就像第一次参加模特大赛，把他推到舞台上那一刻，他可以克服自己的胆怯，我相信他这次还是可以。

突然，端端把眼泪一抹，在众人期待的目光中，走上了过山车。旁边的剧中妈妈刘涛也安慰端端说"很安全的，放心吧"，并且紧紧地攥住了端端的手。端端眼睛还红红的，哭得像小金鱼的眼睛一样，就随着过山车到达了高高的顶端，然后风驰电掣般冲下去，翻转、俯冲、左拧右拧地把端端一行人带了回来。

导演看完这一遍的视频，不太满意，因为端端自始至终都闭着眼睛，于是跟他商量要不要再拍一条。

端端看完这条视频也对自己不太满意，他一拍大腿站起来，很爷们儿地说了句："好！"就径直走向过山车。

看到儿子这么勇敢，我们当时心头都是一热。第二遍录制的效果就很好了，端端一直睁着眼睛，台词说得很自然，还对着镜头做兴奋状，顺利地完成了拍摄任务。

端端又一次克服了胆怯和退缩的心理，我那一刻真的非常佩服他。在养育孩子的路上，我以为自己是施教者，教给孩子很多东西，可是到头来常常发现，孩子也教给我很多东西。

端端说

　　印象中我小时候的确挺胆小的。两岁多时姥爷给我买了一个航空母舰的玩具，我见到后吓得不敢靠近。去公园也不敢在蹦床上玩，总害怕摔下去，就一直贴边坐着，看别人玩。有一次妈妈为了鼓励我在蹦床上跳，专门选没人的时候跟我一起上蹦床，拉着我的手教我怎么跳。那一次我玩得特别开心，之后就再也不害怕蹦床了。

　　妈妈鼓励我的事可多了，印象最深的一次是拍摄《下一站婚姻》。我当时内心特别纠结，到底去还是不去呢？我一方面怕自己演不好小轩这个重要的角色，另一方面又怕耽误学习。妈妈就陪着我在小区的广场散步，她鼓励我勇敢地接受挑战，告诉我人的一生学习的事情多着呢，学习的日子也多着呢，但是能在影视剧中扮演一个八岁的孩子，可能只有这一次机会，而且，在拍戏的过程中，也可以学到校园里学不到的知识啊。于是，我就同意去了。现在回想起来当时的困难真的都不算啥。

　　妈妈对我最重要的一次鼓励是我考音乐学院附中，我当时也是担心万一考不上，备考过程又耽误了文化课学习怎么办。另外，还犹豫选这条专业路对不对。

　　妈妈就说："以你的能力肯定可以考上，咱们先全力以赴去考试，考上之后你可以选择去还是不去。在考试的过程中，你也可以好好观察和感受一下嘛。"

　　当我参加完三试体检，妈妈又问我："你现在可以考虑一下，如果考上了去还是不去？"

　　我毫不犹豫地说："当然要去啊！"

"消延药"治好顽固拖延症

这样的场景很多家长都熟悉吧:

早上,孩子睁开眼睛先发呆,催上几遍才会开始穿衣服。刷牙、洗脸、吃饭也是慢吞吞的,总是家里最后一个吃完饭的。临到出门了,书包还没收拾好,作业本、文具盒散落各处,你着急得跳脚,他依然不紧不慢地钻到桌子底下,摸着滚落的橡皮擦。

你按好电梯门一个劲地催促,可他还是没有出现在门口,邻居已经进电梯了,你不好意思地让人家先下去。电梯门刚刚关上,孩子拖着书包、衣冠不整、松散着鞋带从家门出来。经常在电梯里穿外套、扣扣子、系鞋带。

放学的时候,队伍里经常不见他的身影,通常原因都是他还在教室里。写作业也是盯着一道题想很久,别人半个小时写完的作业,他能写两个小时。考试的时候最后一个交卷子,交上卷子才想起来名字还没写。

现在的小孩子做事拖延、磨蹭几乎是通病,而且,每个有"拖延症"的孩子身边都有个急赤白脸、暴跳如雷、如热锅上的蚂蚁一样的家长。

于是,经常会有家长跟我抱怨:"陈老师,我家孩子干啥都磨蹭,我看着都要急死了,怎么办啊?"

其实,端端也是个"拖延大师"。他小时候我也因为这件事情苦恼过,为了改掉他这个毛病,我专门查阅资料,研究他做事拖拉的原因，制作"消延药"，颇有一些心得体会。现在我把这瓶"消延药"送给大家，不过请家长朋友先弄清楚孩子的拖延症类型，再对症下药。

第一类是天生慢性子。这类孩子从外表气质上可以看出来，他们性格沉稳、性情温和、心思缜密、沉得住气、耐得住性子，有自己做事的节奏和速度，不会因为旁人的干扰而轻易改变。如果家长恰好是个急性子，非要简单粗暴地强迫孩子加快节奏，孩子有可能因为强制被改变节奏和速度而生病。

端端天生就是慢性子，三四岁就展现出做事不紧不慢、先思后行的性格。小朋友们在一起玩，有位妈妈掏出几颗糖让孩子们来拿，别的小朋友上来抓一颗就跑了，他会歪着头问："阿姨，这糖是什么口味的？硬的还是软的？"等他问完，阿姨手里的糖已经被小朋友们全抢光了。

过后我和端爸就教他，下次遇到同样的情况，你就先拿一颗糖再问问题。如果不合口味再跟别的孩子交换也不迟。然而，下次他依然抢不上糖吃。

随着年龄的增长，端端慢性子的特点越来越明显，上学几乎都是踩着上课铃声进教室，但是课堂听讲非常专注。作业也写得慢，但是都能写完，正确率也越来越高。从来不抢话说，但是也从不会出口伤人。脾气比较平和，很少会跟人发生争执。我是个急脾气，做事情快，动作也麻利，喜欢把事情提前做好，然后就没心事了。所以，总是催他快点，那时候因为他的慢和拖延，没少跟他发火，有一次险些酿成大错。

端端刚上一年级的时候，有一次中午我在学校门口接他放学，班里的同学全都出来了，他还没从教室出来。班主任告诉我，端端的课堂作业写得很慢，别的学生都写完了，他却到下课都还没写完，这会儿应该还在教室写着呢。于是我就在学校门口耐心地等，等了好一会儿，他才从教室跑出来。

我问他："作业写完了吗？"

他摇头说："没写完，但是剩下不多了。"

我耐着性子说："那中午我做饭的时候你赶紧写完吧。"

到了家，我忙着去做饭，他回到房间去写作业。我不放心，就偷偷去他房间看，看到他坐在书桌旁，桌上的作业本和书并没有打开，而他却低着头拿着一根铅笔跟一个廉价的转笔刀较劲。转几下铅笔，笔尖就断了，他就再重新转，然后笔尖又断了。而桌子上，一个半自动手摇转笔刀就摆在他面前。

我看到这里就非常着急地问他："你怎么还没开始写啊？"

端端不紧不慢地说："铅笔不尖了，我在削铅笔。"

我生气地说："你难道没有别的铅笔了吗？"

"这根最好用啊。"

我已经压不住火了："那你干吗用这个转笔刀，你面前不是有一个手摇转笔刀吗？铅笔放进去一转就好了，你却拿着这个简易的转笔刀耽误了这么久。既然你不用这个好转笔刀就把它扔了算了。"

我一肚子的怒火没处发泄，就准备拿无辜的转笔刀撒气。我气急败坏地拿起桌子上的手摇转笔刀想扔。

端端就阻拦我："妈妈，别扔啊，我要用这个转笔刀。"

我在气头上："你用什么用！"

我生气地把转笔刀狠狠地摔在地上，转笔刀被摔成了两半，其中一半被地板弹飞出去，砸到门口的一面穿衣镜，镜子的玻璃立刻被砸碎了，碎片也散落一地。端端被我的行为吓坏了，在一旁大哭起来。我这时也冷静了下来，赶忙蹲下来查看端端的脸和手，还好他没有被飞溅的碎片划伤，要是端端被伤到，我可是要后悔莫及啊！

我开始跟端端道歉，说妈妈冲动了，这个行为非常不好，妈妈要惩罚自己。于是那天中午端端吃了午饭，而我没有吃，下午饿着肚子去上班。这件事让我内疚和后悔至今，每次和端端说起来都满怀歉意和自责。

这件事情之后，我想端端也该受触动了吧，做事情应该快了吧。可是事实证明，他并没有因此变成急性子，课堂作业依然不紧不慢地写，顶多是其他同学都写完他也正好写完了。无论别人多着急，他还是按自己的节奏做事。

我也明白了一个道理：**着急和发火除了破坏亲子关系，对孩子一点帮助都没有。**

于是，我就换了一种思维方式想：慢节奏一定是错的吗？快节奏就一定是好的吗？答案是：**准时才是最好的节奏**。就像音乐，有行板有慢板还有急板，没有哪个速度对，哪个速度错。不同的速度标记都是为了乐曲的表达而设置，只要每一拍卡在点上就好。

端端虽然没有按我想要的速度做事，但是他并没有耽误什么事情，只是我看着着急而已。端端做事情慢，但是慢工出细活，从他作曲就可以看出来，追求完美，还可以不厌其烦地修改。更可贵的一点是他能够沉住气，不会有一点成绩就展示给别人，也就避免了外界对他的干扰。

想通这些事，我就不再催他了。当然，慢性子的孩子也容易做事情拖拉，影响做事的效率，这也是需要家长帮助孩子改善的。只是不要强求他提前完成,只要不耽误事情,时间刚刚好就行。

现在,越来越少有孩子能够静下心、花时间专注在某件事情上。很多孩子急于完成作业后去玩,错题一大堆;有的孩子急于画完一幅画就给别人展示;刚写完的文章没检查就发给别人……所以,如果你的孩子是天生慢性子,家长不要担心,而要学会欣赏"慢"。**慢性子的孩子会在有限的时间范围内把事情打磨细致,能够专注某个领域,喜欢钻研,追求完美**。从短期来看,因"慢"而缺乏优势;从长远来看,也许通过培养,慢性子的孩子将来就是某领域的专家。

第二类是后天养成的拖延习惯。这类孩子没有慢性子孩子的那些气质,他们拖延的情况有以下几种类型。

(1)三心二意的小猫。大家都听过小猫钓鱼的故事,小猫钓鱼的时候一会儿去追蝴蝶,一会儿去扑蜻蜓,别人钓上了鱼,而它一无所获。有些孩子做事慢,是因为必须要做的事情不够吸引他,而不重要的事情又充满着诱惑,使他一心多用,时间长了专注力没有培养起来。

当孩子做事的时候,尽可能把周围环境弄得简单一些。比如:写作业的地方不要摆放与学习无关的装饰品、玩具、电子产品等,文具盒越简单越好,别放可以玩的铅笔和橡皮。

(2)张嘴等吃的雏鸟。家长习惯于包办孩子的一切,孩子吃饭慢就喂孩子吃,书包收拾得慢就替孩子收拾,衣服穿得慢就帮孩子系扣子,渐渐地孩子就觉得这些事情本来就是家长做的,他干吗要着急。动作磨蹭一点没关系,到时候妈妈会来帮他的,反正上学是迟到不了的,就算迟到了也是因妈妈的速度太慢。

这种习惯是从孩子很小开始养成的，所以要慢慢改，并且先从家长改起。告诉孩子这是他的事，耽误了受影响的不是家长。如果孩子依然磨磨蹭蹭的，不妨就任由他磨蹭，让他吃到饭凉了，上学迟到了，作业写不完交不上，到学校老师也会批评他。他吃到了苦头才会重视，几次之后就会调整做事的节奏了。

要想让孩子不再磨蹭，父母就必须剔除对孩子多余的关爱，控制住自己想要包办代替的行为，让孩子减少对父母的依赖。

（3）时间概念模糊。有的孩子做事拖拉是因为没有时间观念，他们不像成人，能感受到时间流逝的速度。孩子的时间概念是模糊的，他们会说"马上""等会儿""很快就好"，但是这些词语对他们来说都一样。端端小时候经常跟我说"马上"，然后我们等半天也等不到他，我就开玩笑说：你的"马"呢？

为了给端端建立时间观念，我们专门给他准备了一个小闹钟，教他怎么定时，还有练琴用的计时器、趣味性的小沙漏，让他看到时间如沙一般在流逝。让他把所有说"马上""等会儿"的话变成具体的时间，而且要说话算话。如果因为自己拖延耽误了事情，要承担后果。几次之后，他就不敢磨蹭了。家长让孩子等自己时，也不要说一些抽象的时间概念，要具体化，比如指着钟表说长针指到几短针指到几。

（4）官兵点灯百姓放火。有些家长自己做啥都磨蹭，那么孩子怎么可能学会管理时间？有的家长自己做事就三心二意，比如：一边吃饭一边看手机、看电视。自己上班也经常迟到，或者顾不上吃早餐，手忙脚乱的。家庭本身就是没有时间观念的一团糟，怎么去培养一个做事干净利落的孩子呢？

我曾经教过一个学生小茹，她的性格就是干啥都不着急，放学总是最后一个走出教室，上学也是最后一个到教室。考试经常要被安排到第一排，监考老师提醒她快点写。我也经常提醒小茹要有时间观念，可是收效甚微。

一天早上我发现她没来上学，也没有收到家长请假的信息，就给小茹的妈妈打电话，可她妈妈的手机关机了。我又给小茹的爸爸打电话，爸爸说在外地出差，不知道家里什么情况。我们就开始担心了，小茹和妈妈在家不会出什么事吧？正当我准备去小茹家里看看的时候，小茹背着书包出现在学校门口了，一问才知道是她和妈妈都睡过了时间，妈妈手机也关机了。

还有一次学校举办运动会，所有的家长都来接孩子，只有小茹没人接，我打电话也联系不上小茹的家长。我们只好在学校门口等，直到天都黑了小茹的爸爸才来接她。如果家长在时间管理上没有改进，帮小茹改变磨蹭的习惯，就不是我一个人的力量可以做到的了。

（5）拉着不走打着倒退。有的孩子做事磨蹭，家长越催孩子反而越慢。**从心理学的角度来说，"越催越慢"是孩子觉得家长在侵犯自己的空间，而作出的自我保护**。孩子小时候，会对家长唯命是从，但随着孩子年龄的增长，自我边界感增强，就会出现"越催越慢"的逆反行为，这时候家长要立刻停下来，换别的方式来提醒孩子。

以下是我为家长们开出的"消延药"处方。

"消延药"处方一：合理制定时间计划表。

孩子对时间有了概念之后，家长可以和孩子一起制作一个时间计划表，坚持按时间计划表做事形成习惯，再配合对时间的认识，孩子自然就能学会管理自己的时间了。家长可以根据孩子能够集中注意力的时长，按照年龄特点给孩子制定合适的做事时间表。家长如果想要孩子做超过注意力时长的事情，就要把时间分成几小块，中间休息一下再继续。注意，休息的时间不要太长，3—5分钟即可。

"消延药"处方二：及时鼓励和奖赏。

当孩子按时或者提前完成任务，家长要给出真诚的鼓励，比如："今天你的动作可真麻利""妈妈要向你学习""不用催促你的感觉真好"。孩子受到鼓励和表扬，下次做事就会有意识地提醒自己快点儿。

当孩子把时间管理得很合理的时候，家长还可以给予一些奖励，并且告诉孩子这是因为节约时间得来的。千万不要因为孩子提前完成任务，又给他另外布置任务。比如：有些家长看孩子把老师布置的作业做完了，又拿出一张试卷让孩子做，孩子心里很不情愿，就会用磨洋工的方法来对付家长。

"消延药"处方三：运用比赛法消除磨蹭。

我曾经给端端设计过一张时间表，让他每天填上写作业用的时长，如果超过前一天，就画一颗五角星。攒够五颗五角星就可以得到一次奖励。我们还经常邀请端端的同学来家里，让他们一起写作业，比一比谁写得又快又准确，并且启发端端观察同学写得快的原因是什么。有一阵端端吃饭特别慢，我和端爸就跟他规定，我们比赛看谁吃得快，最后吃完饭的要负责收拾和洗碗。如果一起吃完就各自收拾自己的碗筷。

"消延药"处方四：时间四限象法则。

教会孩子把每天的事情按紧急和重要的程度划分：先做紧急且重要的事情；再做不紧急但重要的事情；然后是紧急但不重要

243

的事情；最后如果有时间再去做不紧急也不重要的事情。

现在的家长急性子越来越多，不论什么情况下对待孩子的态度，都是心急火燎的，催促着孩子："快点！快啊！"常有家长苦恼地对我说："愁死我了，这孩子啥时候能长大啊？""赶紧考大学吧，我好清静两天。""天天缠着我啥也干不了，烦死了！"我听到这些话，都会笑着对家长说："孩子长大就会离开你了，到那天你会后悔现在说的话。"

自从端端十三岁去北京上学，我们就聚少离多，我也再不用催他写作业，催他出门上学了，家里的确清静了许多，我也有更多的时间做些自己的事情。可我时常想念端端，想念他小时候天天围着我、缠着我的日子。有时间我就会翻端端小时候的照片端详，从网上找出他从小到大拍的影视剧一集一集地看，感慨着孩子怎么突然就长大了，时间过得太快了！每到这个时候，我就在后悔当初在急什么啊，如果能好好地感受和孩子在一起的日子该多好。

如果曾经的这些美好的日子可以变成一块一块的软糖，我愿意把它们拉长，放到嘴里慢慢地含着，细细地品味其中甜蜜的味道。也许它们本就是一块块软糖，孩子们悄悄帮我们拉长了，而急躁的我们当时却没有发觉。

端端说

我小时候妈妈说我做事拖拉、磨叽，其实我自己并不觉得。因为我那个时候都有自己的事情在做，而且还没做完，当然没办法做妈妈安排我的事情了。我觉得别的孩子也应该和我一样。

可能大人会说我看孩子什么也没做啊,就是在那里发呆,所以我才着急。其实,我们脑子里都在想事情,这个世界对我们来说太新奇了,每天有太多没见过的事物出现,我们总要先想一想吧。我们小孩子脑子里时常充满幻想,有时候是坦克大战,有时候是发明创造,有时候是异想天开,可是大人总是打断我们的思路,然后催我们去干这个、干那个。在我看来小孩子脑子里的活动也很重要,如果不给他们时间,这个孩子就会缺乏创造力。后来妈妈知道了我的想法就不再那么着急了,她跟我说她小时候也喜欢幻想,也常常上课走神,总是被老师提醒"注意力要集中"。那时候,妈妈就在盼着什么时候可以没人打扰,专心来走神就好了。

我觉得小孩子之所以在大人眼中做事拖拉,就是时间被安排得太满了,要做的事情太多了。做不完的事情堆成山,自然就成了拖拉作风。妈妈常说每个孩子脑子里都有一个小宇宙,里面充满着无限的能量。如果不让孩子静下来寻找到自己的宇宙能量,那么他就一直过着忙忙碌碌、平平无奇的生活。

有才的孩子也叛逆

一般女孩在十岁前后、男孩在十二岁前后，就会进入青春期，也就是我们常说的"叛逆期"。家长觉得这时候的孩子怎么突然开始不听话了，你让他往东，他偏偏要往西，好像故意和自己作对。有些家长感到自己的权威被挑战了，于是加大惩罚孩子的力度，与孩子发生严重的矛盾。**孩子离家出走、自杀的悲剧很多都发生在这个阶段，导致家长觉得与叛逆期的孩子相处非常痛苦。**

其实，只要你明白了为什么青春期的孩子会叛逆，就会像我一样觉得他们其实很可爱！

端端小时候很喜欢和我玩一个影子游戏。在太阳下面，我们拿着粉笔或者小木棍把对方在地上的影子沿着边缘描下来，再给影子加上眼睛、嘴巴、鼻子，有时候还会互相追逐着踩影子玩。一次，端端躲不过被我踩影子，突然扑到我的怀里说："妈妈你看不到我的影子了，你就没法踩了。"果然，地上端端的影子重叠到我的影子里，找不到了。但随着端端运动能力越来越强，他不再需要躲在我的影子里，反而是我的影子被踩的次数越来越多。

所谓叛逆期的孩子，其实就像孩子在和家长玩踩影子的游戏。孩子年幼时各方面都需要家长的庇护、指导、安排，但随着孩子渐渐长大，个子变高了，能力变强了，也有自己的见解了，很自然地开始寻找存在感。他们通过语言、选择、行动来表达自我。他们不甘心躲在另一个人的影子里，他们想要在这个世界发出自己的声音，做出属于自己的行动，拥有属于自己的选择。

咱们养育孩子不就是想要孩子长大、独立、有担当、负责任，可以过自己想要的生活，找到人生的价值吗？这比一个永远乖乖听话、不想走出父母影子的提线木偶不是可爱多了吗？作为父母，只要你能回忆起自己青春期那段时光，换位思考一下孩子心中的想法，就会理解他们，就会和我一样禁不住地想要去拥抱他们。

理解了青春期的孩子，不代表对他们做的所有事情都认可、支持。这个时期的孩子自尊心极强，行为极易冲动，考虑问题也不够成熟，他们就像是刚刚拿到了金箍棒的孙悟空，想要试试兵器的威力。所以，他们挥舞起"年轻气盛"这件利器时，会不小心伤害别人，也伤害自己。

处于信息爆炸年代的孩子，他们更容易成为"思想上的跛脚巨人"。他们每天会在网上接触到各种各样的信息，但分辨能力不够，非常容易形成错误的观念。当这些观念与父母和老师的观念出现偏差时，他们会下意识地选择对抗。

作家麦家曾说：陪伴青春期的孩子，说得难听一点，就是陪伴一头老虎，你得小心翼翼。

但是毕竟陪伴老虎的经历大家很难想象，而且，对自己的孩子不能像对老虎一样躲着走。我给你出个主意，你可以把青春期的孩子想象成自己的好朋友，而且他们刚刚升职，当上你的顶头上司。如果你能拥有这样的心态，就能找到与青春期的孩子的相处之道。

一、真诚的爱是亲子关系的基础

要告诉孩子,你是爱他的。就像诚恳地祝贺好朋友的升职之喜,不能让孩子对你有一丝一毫的误解和怀疑。

有一天,佳佳的妈妈来找我聊孩子的问题。她说,佳佳上了初中之后开始叛逆了,不和自己交流不说,当自己和老公发生意见分歧的时候,还总是不分青红皂白地站在自己的对立面。越不让她干什么越要干什么,感觉她故意在气自己。自己为孩子付出这么多,现在却得到这样的对待,感到非常委屈。

我问佳佳妈妈:"你和女儿现在聊什么话题?"

佳佳妈妈说:"就问她在学校的表现,督促她学习。"

"你是怎么让孩子觉得你是爱她的?"

佳佳妈妈说:"我每天给她做饭,接送她上下学,给她买衣服,给她报各种辅导班,难道她还不知道我是爱她的吗?"

我说:"你做的这些,厨师、出租车司机、网购平台、老师都可以替代。佳佳上初中以后课程紧了,你一直在督促她,在女儿眼里妈妈就变成了监工。如果女儿感受不到妈妈的爱,那么她就会想在父亲身上寻找爱,这时候就会把妈妈当成和自己争夺父爱的对手,所以当你和佳佳爸爸发生争执的时候,佳佳就一定会站在爸爸一边。"

佳佳妈妈说:"你这么说好像很有道理,有时候他们父女俩凑在一起聊得很开心,我一过去他们就不聊了,佳佳好像是在故意孤立我。那我该怎么办啊?"

我说:"你就把佳佳当自己的闺蜜对待,跟她说话要尊重。你可以对她有要求,但不是命令,而是像跟闺蜜说话一样,带着商量的口气。你可以给她一些小礼物,就像给闺蜜准备的小惊喜。你要像夸奖闺蜜美丽一样去赞美女儿,主动跟她说说你工作中、生活上的小烦恼,撒撒娇、吐吐苦水,让女儿给你出出主意。这样你们之间的关系会改善很多。"

佳佳妈妈表示要回去试一下我的办法。果然,没过多久,佳佳妈妈见到我开心地说,她和女儿的关系改善了很多,每天放学接女儿的时候,都会拉拉手或者拥抱一下,女儿也开始跟她分享学校里的事情了。

每个孩子都有一套独特的"爱的语言",父母可以通过观察、询问、倾听等方式来找到答案。**"爱的语言"一般分为身体接触、肯定的语言、高质量的陪伴、礼物、照顾五种。**

拥抱一直是我和端端之间表达爱的方式之一。小时候,每天早上端端起床,我都会先抱抱他;晚上临睡前也会抱抱他;去幼儿园接他的时候,他也会张开双臂跑过来和我拥抱在一起。就这个简单的拥抱,在我和青春期的端端相处时起到了很大的作用。

端端刚去北京上学时,要面对新城市、新学校、新的教育模式。我自然很担心,每天都会给他打电话,可他却突然变得话少了。电话里问他学校里的事情,他就三个字:挺好的。问多了,他就表示很烦,还埋怨我爱打听。

第一学期的寒假,我好不容易把他盼回家,可是,我发现他和我不像以前那么亲热了。每天喜欢自己待在房间里听音乐,跟我说不了几句话,却总听见他跟同学网络聊天的欢笑声。我的心里还是很酸楚的,就找各种借口去他房间,有时候是送水果,有时候是端杯水,有时候是去拖地,送洗干净的衣服。端端都会马上停住聊天看着我,我也很尴尬,就放下手里的东西马上出去。

有一次，我看他房间里没动静，就走进去跟他开起了玩笑："宝贝，一会儿跟妈妈去理发吧，你看你这头发快成鸟窝了，正好理完发回来洗个澡，再不洗身上该长毛了吧？"

没想到端端听见有些不高兴，一句话也不说，站起来直接把我推出门去，还把门给关上了。

我当时也生气了，觉得端端也太过分了。我回到房间没一会儿，端端来找我了："妈妈，你不是要带我去理发吗？走吧！"

我没好气地说："你自己去吧。"

端端问："你咋了？生气了？"

"你刚才干吗把我推出来，你也太不尊重妈妈了吧！"

我突然觉得很委屈，这一段时间以来受到的冷落全都涌上了心头，眼眶一下子湿润了。

端端看出我情绪有些激动，他说："妈妈，我刚才正在跟同学们群聊，你进来就喊我宝贝，然后说我头发像鸟窝，又说我没洗澡，同学们都听见了。你出去后他们还笑话我了呢。"

我一下子明白了端端急切地把我往外推的原因，心里立刻不那么难受了。

"我怎么知道你在聊天啊，你每天聊这么久，我都不知道该什么时间跟你说话了。再说，喊你宝贝咋了，我不是经常这么喊你吗？"

端端说："我在班里是学习委员，他们都挺尊重我的，有几个同学还喊我端哥呢，你这样跟我说话不是有损我在同学眼中的形象吗？"

我道歉道："是妈妈莽撞了，没有想这么多，我知道了，以后说话一定注意，一定维护好你的形象。"

端端也不好意思了："我刚才不该把你推出去，所以，我就赶紧跟同学们结束聊天来找你了。"

我笑了，冲着端端伸开双臂。端端也马上伸开双臂，我们拥抱在一起，不愉快立刻烟消云散。

有一次，我和端端一起看林清玄的访谈节目。林清玄说自己的儿子已经四十多岁了，他还是每天在儿子上班出门前拥抱一下儿子，送他出门，迎接儿子下班时再拥抱一次。

我问端端："妈妈可以拥抱到你多少岁呢？"

端端说："永远。"

当孩子坚信父母是爱自己的时候，青春期才会减少对父母的误解。拥有父母的爱，能带给他们安全感和希望。只有得到足够多爱的孩子，才愿意全力以赴地努力，并且更好地约束自己的行为，充满自信，成为有责任感的人。

二、坚持原则的同时要给足孩子面子

青春期的孩子会犯错，父母指出错误的方法要巧妙，可不能再像他小时候那样，直言不讳地说出来。就像你的好友上司决策有误，你告诉他的同时，要顾全他身为领导的颜面。

很多青春期的孩子会提出一些不合理的、过分的要求，其实真正的目的不是要实现要求，而是要看父母的反应，是不是真的在意他、尊重他。明白了这一点，孩子提要求的时候就不要马上反对，可以先肯定孩子的想法，然后问问他对这个想法下一步的安排是什么，如果这个想法有不好的结果，他是否提前想到应对办法。

端端刚去北京上学的时候，我和端爸为了联系他方便，便商量着给他买一部手机。我们觉得最合适的是老人机,只能打电话、发短信,别的都干不了,这样不会影响他的学习。可端端却提出想要一部最新款的智能手机,大概需要五六千块钱,这对于一个十三岁的孩子来说可不是个小数目。

我们问他是怎么想的,他给的理由很充分:"除了电话联系你们以外,我需要用手机听音乐,好的手机音质好,不损坏听力。"

端爸说:"那你看看这部智能手机现在买价格合适吗?万一过一段时间降价了呢?"

端端说:"电子产品肯定过段时间要降价啊,要是按你这个逻辑,永远没有合适的价格啦。"

我说:"学校不让带智能手机,你也就是放学的路上和周末在家用,反而不方便咱们联系了。"

端端说:"那就再买一部老人机,两个一起用。我可以出一部分压岁钱来买手机。"

我和端爸都觉得很难打消他买智能手机的想法。

我说:"你买一部好的手机我和爸爸都不反对,只是要不要等一段时间呢?"

端端说:"为什么要等呢?我现在就想要一部自己的智能手机。"

我说:"可以啊,我只是在想你第一次离家在外地上学,经常要坐公交车,手机还拿不习惯,很容易把手机摔了或者丢了。购买手机的费用里面有你的压岁钱,万一发生这种情况你会不会很心疼啊?"

端端不说话了,开始思考。

端爸说:"智能手机肯定是要给你买,也肯定要给你买质量好的,我们现在是要想想什么时间买性价比高、利用率大,还能避免不必要的损失。"

我说:"你可以开学后先观望一下同学们的手机使用情况,咱们再定,今天先去买部老人机用着。买东西还不快得很嘛,关键别买后悔了!"

端端没再跟我们争辩,之后,他开始深入了解他想买的这款手机,见到手机店他会进去逛逛。开学之后,他告诉我们当时没有着急买智能手机是对的,他看上的那个手机品牌,再有几个月新款就上线了。不过他注意到手机论坛对这个新款褒贬不一,所以,他想等新款上线后,看看使用者对它的评价再决定买不买。到时候他也上初二了,目前手里这部老人机如果没有丢,也就能向我们证明他的新手机也不会轻易丢的。

青春期的孩子犯错是防不胜防的,家长也要适当地批评和惩罚。但是这个批评和惩罚的目的是让孩子在这件事情上认识到自己错了,被批评得心服口服,愿意接受惩罚并引以为戒,而不是单方面宣泄家长心中的怒气。

有些家长习惯在孩子犯了一个错误的时候,就开始翻旧账,教训孩子时连同他的人格一起做出批判,不就事论事地批评孩子。孩子会觉得家长对自己不公平,明明只是一件事做错了,可在家长眼里自己好像就从来没有做对过一样,心里的委屈自然也要发泄发泄。这样的批评还不如不批评,不仅起不到作用,还有损家长的威信。

有些家长当着外人的面批评孩子,孩子会觉得家长一点面子都不给自己留,心中的怒气和愤恨自然就会溢于言表,本来可以认错，也会选择抗拒。

批评青春期的孩子时，一定要注意方式方法，要考虑到孩子的情绪，要选择在孩子心情比较好的时候委婉地指出来。比如：你今天这事做得不够漂亮，我挺为你感到遗憾的。不过你前几天做的那件事非常好，这还没来得及表扬你呢。你是不是也觉得有些后悔啊？咱们一起想想有什么补救措施吧，以后咱再也不犯同样的错误了好吗？

我和很多已过而立之年的学生聊天，他们告诉我高中的时候都有偷偷去网吧打游戏、翻墙出学校玩、聚餐的时候喝啤酒的经历。我问他们，现在回想起来会不会为当时家长阻止自己而遗憾，这些淘气行为是否影响了自己现在的成功。

他们全都一致地表示，如果当年家长管得很严，会觉得非常压抑和反感，其实淘气过后他们也会内疚、会反省。青春期的时候，他们更希望自己的父母睁一只眼闭一只眼。

关于青春期孩子犯错，我和端端曾经深入探讨过，端端的话对我启发很大。

端端说："妈妈，我们知道什么该做什么不该做，比方说该认真学习、不要玩太多游戏、不要熬夜、多读文学书有好处等。这些大道理，你们和老师也讲了不少了，而且在网上都能找到各种心灵鸡汤。对我们来说，最难的是道理全明白，可就是做不到。如何学习的时候不分神？如何可以忍住不打开游戏玩？如何不拖延时间按时上床睡觉？如何能够对一本名著提起阅读的兴趣？我们需要父母能有具体的办法。如果父母也不知道有什么办法，那就为了孩子去学习吧。"

三、要学会在孩子面前示弱

如果你的好朋友升职，现在是你的领导，而你不服气，总要在领导面前显得自己更高明，揭好朋友的短，最后的结果是与好朋友反目成仇。

孩子长大了，对待他们就要像对待一位升职比你快的朋友。青出于蓝而胜于蓝，长江后浪推前浪。做父母的不能一味地牵着孩子按自己设计的路线走，炫耀自己吃的盐比孩子吃的饭还多，总是看孩子不顺眼，挑孩子毛病。这自然就会引起孩子不满，有意跟家长对着干。

要让孩子学会承担责任。孩子和父母的意见发生分歧时，让孩子明白：父母只是提一些建议，可以采纳也可以不采纳。不论这件事成功还是失败，你所要承受的都比父母要多。但是，父母永远和你在一起。

有时候，孩子该走的弯路还得走，该吃的亏还得吃，很多认知就是在犯错后收获的。作为过来人，父母虽然总想要提前帮孩子避开陷阱，但是，人生的路没有平坦的。我们有时候会抱着孩子笑，有时候会抱着孩子哭，但不能把孩子推开。

处在青春期的孩子有了对事物的辨别能力。还真的不能小瞧孩子的能力，2022年端端参加北京市学生歌曲创作大赛，整个过程给了我很大的启发。

为了参加这个比赛，端端一个暑假都在房间里写他的歌曲。他先用MIDI制作出伴奏音乐，然后开始填词。我上学的时候也学过作曲，所以总想给参加比赛的端端一些指导，就告诉他应该先把歌词写出来再配音乐。他不以为意，继续按自己的方式创作。我不放心，让他把旋律和歌词拿给我看，又提了各种问题。端端对我说："你最后听成品就好。"我抱着半信半疑的态度想，反正他是第一次参加歌曲创作比赛，写得不好也没关系。

当他把录好的小样发给我听的时候，我当时别提多震撼了。这和我想象的完全不一样，端端写的歌曲不仅非常好听，而且还很不落俗套，最后他的这首歌获得比赛"新声代二十强"。

所以，作为青春期孩子的家长，真的不要以为自己比孩子强，不如多跟孩子说些这样的话：

"你知道得真多，妈妈都不懂呢。"

"你查到答案告诉我啊，我也想知道。"

"你考虑得真周到，在这方面我们还是很放心你的。"

"你有什么更好的办法？我们很想听听你的意见。"

四、要给孩子选择的权利

还记得我和端端小时候玩的影子游戏吗？如果家长不给青春期的孩子选择的权利，而是处处指点、安排他的所作所为，孩子就无法剥离自己和家长重合在一起的影子。这时候，孩子只有处处与家长背道而驰，才可以重现阳光下的自己。哪怕这背道而驰的方向是错误的，孩子也要去做。

例如：他想要选一支红色的钢笔时，父母抢先说："你去拿那支红色钢笔吧。"孩子那一瞬间觉得如果选了红色钢笔，自己就是父母的一只提线木偶，"我"在哪里？到底谁才是"我"？于是，孩子会去选那支黑色钢笔，即便黑色的钢笔是一支破旧的残品。只有当父母大声地喊着"黑色的不好，你怎么选黑色的呢"时，孩子才会看到自己，因为这个"我"在父母的对立面。

因此，家长不要对孩子管得过多过紧，不要对孩子做事的每个细节都指手画脚。只要把握好核心问题和大方向，让孩子在不违反原则、不超越界限的基础上自由安排自己的活动，自己决定自己的事情，给孩子选择的权利。

我从端端很小的时候就开始给他选择的权利。他有一段时间免疫力低，扁桃体经常化脓，医生建议他不要吃冷的东西，即使到了夏天也最好不吃或者少吃。可是端端看到别的孩子放学后买雪糕就很馋。

他有一次跟我说要买雪糕吃，我说："你忘了，医生说你不能吃冷的东西啊。"

端端就说："我的嗓子都很久没化脓了，现在肯定可以吃了。"

我说："如果你一定要吃也可以，但是如果因此嗓子发炎、发烧要打针，耽误学习、耽误你玩，这个后果你可要自己承担。当然如果你病了，妈妈还是会带你去看病，好好照顾你的。"

然后我把钱掏出来递给他说："你可以拿着这个钱去买雪糕，也可以选择把这个钱存到你的存钱罐里，你自己决定吧。"

端端接过钱想了想说："我决定不吃了，把钱存起来。"

青春期的孩子学业通常都很紧张，学习压力大，除了学习还会有交友方面的情感困惑。有时候孩子在外面受了委屈可能根本不会告诉你，也许会情绪低落到什么也不想干。家长要对孩子体贴入微，不要打听，更不要干涉，只要孩子的所作所为没有什么原则性问题，对他健康成长没有大碍，就先由他去好了。

比如：孩子偶尔熬夜，只要他上学不迟到就可以；孩子喜欢打篮球而不想去跑步，只要他运动量够了就可以。你对他的宽容和爱他都知道，过了这段时间的消沉期，他会用更多的爱来回报你。

在青春期孩子寻求自主性的过程中，你就算是再开明大度，和孩子之间的冲突，也几乎是不可避免的。因此和青春期的孩子相处，父母要不断地学习好办法，拿出高度的**警惕性、敏感性和智慧**来面对。每个家庭的情况不同，家长和孩子的个性也不一样，希望每一位家长都能够解决好这些分歧，在维持亲子间积极情感的同时，不断调整与孩子的关系，尽可能使之变得更平等。

端端说

　　我青春期最叛逆的事情就是：不想什么事情都告诉父母。那是刚上附中后不久，因为在学校住校，妈妈和我约定每天晚上十点要通电话。电话里妈妈常常会问我："今天过得怎么样啊？""吃得好不好？""有没有发生什么事情？""过得开不开心啊？"

　　可我觉得自己已经不是小孩了，生活和学习的事情自己完全可以处理好，如果什么事情都告诉父母，就是没有长大的表现，是个"妈宝男"。所以接电话的时候就常常轻描淡写地说三个字"挺好的"。但这三个字显然满足不了妈妈对我的关心，所以妈妈在电话里总会追问，有时候问得我很烦就找个借口把电话挂掉了。终于，有一天妈妈忍不了了，说要跟我好好地谈一下。那天我和妈妈在电话里聊了一个多小时，我说了我的想法，妈妈也说了她的感受。妈妈说我接电话太敷衍，导致她对我住校的情况不了解，特别担心。而我说我在学校每天早上六点起来练琴，各方面都非常努力，妈妈对我担心就是对我不信任。妈妈说你既然做得这么好，妈妈很高兴啊，为什么不说呢？我说做这些事情是我自愿的，如果告诉妈妈就好像是为了表扬而做的，事情就变质了。说到激动之处我们俩都哭了，在泪水中我也理解了妈妈对我的担心，妈妈也理解了我想要自立的想法。之后我们改变了交流方式，妈妈表示要对我信任，只要我不说就不追问，而且也相信我能处理好事情。我遇到不开心的事情，第一时间也会跟妈妈倾诉，寻求帮助和宽慰。我了解过青春期叛逆的表现，也经常看相关的文章，一直提醒自己，所以，青春期也就较为平稳地度过了。

第五辑 雏鹰飞翔计划

世间所有的爱都是
指向团聚，唯有父母对孩子的
爱是指向别离。

独立从关掉聚光灯开始

在我三十年的教育生涯中，经常会遇到一类家长，他们**过分关注**自己的孩子，孩子无论干什么他们都会跟在孩子身边。孩子的一举一动尽在掌握，有一点偏差都会及时纠正。往往这类孩子与家长的亲子关系都非常紧张，甚至走向**崩溃**的边缘。

过分关注孩子会影响亲子关系。我认识一位妈妈，孩子上钢琴课的时候，她就拿着一个小本本坐在一边，老师说什么她都会赶忙写下来。老师嘱咐孩子一些注意事项，这位妈妈就鹦鹉学舌一样对着孩子语重心长地重复一遍，还不忘记对着孩子加上一句："你听见老师说的没有？你可自己记住了啊！"

有一次，这位妈妈找到我，一直吐槽孩子在家的种种表现。常见的有：孩子对她的话充耳不闻，不仅不听话还会故意气她；在家练琴很被动，每次要自己喊很多遍才会去练，练的时候也敷衍了事，娘俩为此经常发生冲突，而且这类情况也不仅限于弹钢琴。

这位妈妈很焦虑，一个劲地问我："陈老师，你说这孩子咋回事？我该怎么办啊？"

我说："你的孩子喜欢钢琴吗？"

她说："应该挺喜欢的，但是没有对围棋那么热爱。"

我说："他的围棋学得怎么样？"

她说："一般吧，参加比赛得过一个第一，一个第二。"

我说:"这成绩很不错啊,你可以支持他专心学习围棋啊。"

她说:"好啥啊,别人家孩子更厉害。还有,他已经三年级了,钢琴也该考级了,真是急死我了。"

我问:"老师建议他考几级呢?"

她说:"老师说今年可以考五级,可我想让他考七级,小学阶段如果能考完十级,初中就不那么累了。"

我说:"你的孩子其实什么问题也没有,问题在你身上。你在孩子面前就像一个聚光灯,每天照着孩子,烤着孩子,孩子当然受不了。试想一下,你买了一粒花种子,把它埋到花盆里,每天浇水、施肥,可是却不见种子从土里发芽。于是,你开始着急地把花种子从花盆里挖出来,看看它到底发芽了没有。每天都这样折腾花种子,这粒种子还能发芽吗?"

这位家长就问:"那我该做些什么呢?"

我回答:"你今后少管他一些,少指导他一些。实在忍不住,孩子练琴的时候你就出去散步。他哪里练得不到位,上课的时候老师会跟他说的。如果他真的不想弹钢琴,就停一段时间,等到他再次提出要学钢琴,你再开始让他上课。哪怕钢琴不学了也没什么大不了的,条条大路通罗马,他喜欢围棋就让他学围棋,他也一样会从中受益。"

如果父母跟不上孩子成长的脚步,不了解孩子各个阶段的成长规律,就会产生困惑和焦虑,而这些负面的情绪又反馈到与孩子的交流过程中,容易跟孩子产生摩擦和不和谐。

过分的关注会影响孩子的注意力。有一位家长问我,他的儿子为什么注意力总是不集中,学习的时候有一点动静就马上扭头去看,对外界的关注度永远高于自己的事情。

我问他家里是否只有这么一个孩子，是否有老人一同生活或亲戚经常走动，是否经常很多人在一起聚会，家长的回答是肯定的。

我说："你孩子注意力不集中，不是现在才开始的，是从他婴儿时期就开始了。家里新添一个宝贝，是不是经常你抱一下，我抱一下？孩子吃饭、喝水的时候，也有人在一旁看着，要么评论孩子吃得真香，要么就是嘱咐孩子慢点喝水，别呛着。婴儿的注意力就总被外界转移着，时间从小就被切割得很碎，导致专注能力差。到了上学的年龄就会出现课堂上走神，做事情不专心的情况。"

家长听了我的讲述连连点头说："你说的情况的确是事实，那我们该怎么办呢？"

我说："首先给孩子提供一个属于自己的空间，读书、做事情的时候家长不要打扰他。有时候是做的事情本身有意义，而有时候是做事情的态度有意义。当孩子对某件事情感兴趣的时候，不管这件事情是否无聊都不要干涉。哪怕是孩子蹲在地上看小蚂蚁爬行，看鱼缸里的小鱼，或者解开一个绳结，都不要随便打断他。你观察孩子注意力大概可以维持几分钟，如果是二十分钟，那么就给孩子设一个二十五分钟的定时器。他专心的时间超过二十五分钟，就给他相应的奖励，慢慢地再把时间延长，逐步训练孩子的专注力。"

类似的办法还有很多，每个家庭的情况不一样，家长可以根据自己的实际条件来制定。最忌讳的是冲着孩子一通埋怨："你咋这么不专心啊？"或者痛心疾首地告诉孩子说："你这么不专心，以后学习肯定跟不上。"

当孩子一旦对父母有了抗拒的情绪,就会出现孩子主动屏蔽来自父母一切信息的现象,这就是所谓孩子对父母的话"油盐不进"的原因之一。其实,这正是**孩子潜意识里自我保护**的一种表现。

　　过分关注会给孩子造成极大的心理压力。以前家里的孩子多,兄弟姐妹们在一起就好像是舞台上的群舞者,犯的错误也不会被家长揪住不放,更不会被刻意放大。而现在的独生子女,每天爸爸、妈妈、爷爷、奶奶、姥姥、姥爷,一家六口人围着他转。不论孩子的表现好还是不好,六个人都齐上阵,要么夸张地表扬,要么过分地失望。

　　孩子就像是明星,是舞台上的独舞者。聚光灯、探照灯、追光灯全集中在他一个人的身上。为了撑起这片舞台他要跑满全场。

　　明星为了躲避粉丝的追逐可以戴上墨镜、帽子,伪装自己出行,可你的孩子往哪里躲呢?

　　这不像经受过逐级训练的舞蹈家、器乐独奏演员,他们独自面对舞台的能力是从小慢慢训练出来的。而你的孩子是一出生就被亲人的爱和期待推到了"舞台"上,他的心理压力非常大,脑子里每天都要紧绷着一根弦。

　　家长如果没有意识到这个问题,反而像个导演一样,希望孩子按自己的舞台剧本来表现。一旦达不到要求,就责备孩子、批评孩子不争气。那么,有一天这根弦绷断了,孩子就会出现严重的心理问题。所以,请关掉"聚光灯",给孩子一个自由的空间吧!

　　在关掉"聚光灯"的问题上,我也走过弯路。

端端五岁的时候生过一次病，淋巴结肿大发高烧住进了医院。经过检查，医生告诉我们他是病毒感染。经过一周的治疗，慢慢地退烧了，淋巴结也小了。

出院的时候，医生嘱咐我说："孩子的病已经好了，现在虽然还能看到淋巴结，但是会随着年龄增长慢慢缩小，平时可以观察着点，不必过分担心。"

可我却因此开始焦虑，成天担心他的淋巴结问题。每天用餐时吃一口饭就抬头看一眼端端的脖子，看着看着就觉得淋巴结怎么好像比昨天又大了，还忍不住伸手摸摸他的额头。甚至睡到半夜醒来，都会有想去看看熟睡中的端端是不是发烧了，淋巴结是不是又大了。

如果端端真的不舒服，我就会赶忙带着他去医院检查，即便是磕碰导致的皮外伤，也要医生检查一下端端的淋巴。端爸几次提醒我说不要这样，否则会给孩子造成压力和阴影。我心里明白，却又控制不住自己。

幸好当时有个天津的广告找端端去拍，我当时完全没有心思去。端爸却劝我接下这个活动，他说有个事情忙一下，打破我现在这个焦虑状态会好一些。

于是，我们就开车带着端端去天津了。三天拍摄下来，我看到端端的精神状态很好，跟广告里面的一只金毛大狗玩得很开心。我的紧张有所缓解，慢慢就忘记了他淋巴结的事情，也彻底不再疑神疑鬼了。

有句话叫"关心则乱"，经过那次的事情，我遇到过分关注自己孩子的妈妈，其实特别地理解她们。初为人母，对孩子的爱如泉涌，容易不理智，做一些把控不好尺度的事情。这需要有人及时提醒，或者自己找到开解的办法。

平时可以多看一些教育方面的书籍，多和别的家长、老师交流，多思考，家人之间更要互相提醒，不断修正自己的行为。让关注孩子的天平，尽量保持一个相对平衡的状态。

如何判断自己对孩子是否过度关注呢？

第一，看孩子在你面前和在别人面前的表现是否一样。

我认识一个叫小楚的孩子，他天资聪颖，很懂礼貌，学东西非常快。据了解，在课堂上他很听老师的话，老师指导他练琴的时候，让弹几遍就弹几遍，从无怨言。参加考级的时候他得到了良好的评价，看得出他是很喜欢钢琴的。可是，他的妈妈来学校接他的时候，小楚突然和之前判若两人，对着妈妈恶作剧，说一些脏话，还把钢琴书一丢就跑出去，妈妈怎么喊也喊不住。

我从小楚妈妈的描述中得知，这个孩子在家里脾气大、倔强、不喜欢练琴，屡次表示不学了，妈妈也非常苦恼。我提醒小楚妈妈可能是她过度关注孩子了：孩子明明喜欢的事情，但由于在妈妈要求之下，所以一定要用相反的行为表示反抗。如果继续下去，这个孩子肯定会放弃学钢琴。后来，我听说小楚有一次在家练琴的时候，故意把牛奶洒到钢琴里，母子俩大吵一架，最终他还是放弃了学钢琴。

被过度关注的表现还有可能是相反的，就是孩子在你面前特别老实，特别乖，但是在学校里或者跟小朋友们玩的时候，会很调皮，有可能会打小朋友。当老师或者其他家长找你告状的时候，你往往不相信，觉得是别人在诬陷自己的孩子，还给老师和其他家长留下袒护孩子的印象。如果你遇到这样的情况，应该重视起来，审视一下自己是不是关注孩子过度了。

第二，看离开你的指导，孩子是否还知道该怎么做。

"妈妈，我想尿尿。"

"想尿你就去啊，喊我干啥？"

"妈妈，我写完语文作业再写什么作业啊？"

"还有啥作业没写，就写啥呗！"

"妈妈，卫生间的水管一直在流水呢。"

"哎呀，我刚才忘了关了，你关上不就完了吗？"

家长关注孩子过多，就会帮孩子做很多事情，甚至每一个步骤都不放过。孩子就对家长产生了极强的依赖性，哪怕是很简单的事情，他也不敢擅自做主，需要家长发话才行。

遇到这样的情况，家长就一定要控制自己，一些对孩子没有危险性和伤害性的小事不要去指导，放放手。比如，买衣服、买文具、买玩具，穿什么鞋子。哪怕孩子选错了、做错了，不那么完美也没关系。

不要对孩子的每件事情都去发表意见，可以装作视而不见，如果孩子跑来问你的意见，也尽量以尊重孩子自己的选择和判断为原则来表达意见，启发孩子自己总结，如果下次再做的话，怎样做可以做得更好。

第三，看孩子是否知道关注别人。

被家长过度关注的孩子，容易变得以自我为中心，在群体中很强势，大家必须都要听他的，如果不听就会很不高兴。吃东西的时候只顾着自己吃，不知道让让长辈和小伙伴。对家里的事情漠不关心，就算家长生病了，也不知道过来关心、照顾一下。如果孩子有这样的表现，也是被家长过度关注导致的。

这时候，就要引导孩子学会换位思考，学着听取别人的意见。好吃的东西要和大家一起分享,哪怕家长真的不想吃,也要吃一份,不让孩子养成自私的习惯。家里有什么事情或者遇到什么困难,也适当让孩子知道。

当孩子跟你讲写作业写得脖子痛的时候,你除了送上关心以外,也可以讲讲昨天自己炒菜,也闪着腰了。孩子说功课特别多,你在表示理解之外,也可以说说自己繁重的工作量。适当地在孩子面前示弱,哪怕是要求孩子给你倒杯水,洗个水果。让他知道虽然我们爱他,但是我们也需要他的爱和关注。

没有个人空间的孩子,在被动、束缚、控制下长大,只能做机械的事。他们思考问题不灵活,也容易变得有疯狂的控制欲,伤害家庭,伤害下一代。在较为宽松的家庭,孩子则喜欢冒险、做事主动,性格随和,更容易获取成就与幸福。

端端说

曾经有一个时期,我的确受到过度的关注。一方面是我和妈妈在同一所学校,她又给我们班上课,所以我总是能在教室里遇到她,也总看到她在跟我的班主任老师交谈。参加学校艺术活动也总是看到妈妈在下面给我拍照,我心里很不舒服,也有些压力。后来我就跟妈妈交流,说了自己的感受。妈妈就跟我商量好,在学校也喊她陈老师。妈妈还告诉我她和班主任交流是正常的教学沟通,要我不要多想,她也开始尽量回避和我在校园里的接触。

另一方面是我从小就拍戏,难免会被周围的亲戚、朋友、老师、同学关注,旅行途中也常常会被观众认出。我明白作为小演员这样的事情在所难免,就调整自己的心态,以一颗平常心去对待影视拍摄这件事,从不以小明星自居。每次去拍摄影视剧，就是参加一次活动而已。

父母总体来说没有过度关注我，所以我的心情比较放松，遇事比较有自主权，对待问题也有主见。和同学们相处时愿意充当组织者和协调者，能够站在大家的立场上去考虑问题。父母对我也很放心，他们也都有自己的事情在忙。这都是没有被过度关注带给我的益处。

不可或缺的安全教育课

每个孩子都是爸妈心中的稀世珍宝！家长在关注孩子的健康、教育、品德等问题时，有一个**更重要的前提，那就是安全**。

近年来，关于孩子发生意外的新闻屡见不鲜，加上拐卖儿童的事件时有发生，这让每一个做家长的都心生焦虑。我在学校大门口常常会看到接送孩子的家长在徘徊，他们把孩子送进了校园，却仍然在门口目送，生怕孩子在进教室之前还会出什么意外。

我特别理解家长们的心情，刚做母亲的时候我也一样，三岁左右的端端十分好动，好奇心满满，可我每天对他说得最多的话就是："这个不能动、那个有危险！"孩子跟着谁我都不放心，即使端爸要带孩子出门，我也要跟着一起去，只有陪在孩子身边才安心。我尽心尽力地看护着端端，不敢让他离开自己半步。

即便这样，端端两岁半的时候，我带着他去琴行买书，一个没留神，他自己进了电梯。我想要阻拦，但还没来得及电梯门就关闭上行了。还好琴行只有一楼的一个出口，琴行老板提出他去楼上找，让我在一楼守着。

我马上从楼梯冲到一楼去，看到电梯很快下行。可电梯门再开的时候，里面并没有端端。我心里一紧，各种可怕的想法全都涌上心头。拿出手机哆哆嗦嗦地给琴行老板打电话，拨了三次才拨对号码。当时我方寸大乱，幸好琴行老板在电话那头说找到端端了。过了一会儿电梯门再次打开了，琴行老板抱着端端走出来。我见到端端，心里悬着的石头才放了下来。琴行老板告诉我说，他在七楼找到的端端，当时端端正在走廊里喊着妈妈，幸好没出什么意外。

这件事情之后，我抓紧给端端补了一堂关于乘坐电梯的安全课。后来很长一段时间，只要和端端乘电梯，我都会想起这段经历。我更加小心翼翼，这种焦虑的状态在端端开始学轮滑的时候得到了缓解。

端爸把轮滑鞋和所有护具买回来之后，我们从网上下载了一套教孩子学习轮滑的视频教材，打算自己先教教他。本以为学习轮滑最重要的是掌握平衡，然后就是怎么滑得快，可是教材告诉我们：第一步是教孩子如何正确地摔倒。比如，孩子穿上轮滑鞋在向前、向后、向侧几个方向摔倒时，如何做动作才能使身体与地面的着力点都落在护具上，从而不会摔伤。这一点给我的启发非常大：既然选择轮滑这个项目，那么就不可能不摔倒，即使已经滑得很熟练了，在运动中摔倒也是正常的。如果严防死守地不让孩子摔倒，那孩子也就无法体验到轮滑的乐趣。

随着孩子年龄的增长，家长不可能随时陪伴着孩子，孩子也不可能永远在爸妈的视野范围内。与其牢牢抓着孩子的手，喊着"这个不能动、那个有危险"，不如**早一点教孩子学会"防"，学会"摔"，学会应变，教孩子做自己的保护神，从根本上降低自己受伤害的概率**。

端端是五岁开始接拍广告和电影、电视剧的。拍摄片场的环境相对家里和幼儿园复杂多了，除了摄制组各部门的人员多、流动性强，还随处可见摆放着的摄影器材、地上铺设的轨道、各种各样的道具器械。拍摄场地有山区村落、都市街道、小溪河滩、树顶屋檐,甚至有一次是在北京的一座摩天大厦的楼顶停机坪。情节也很复杂,有时候还会有武打动作和吊威亚的需要。

有时候端端去拍戏,我们是没法跟着的,现场具体什么样,有哪些潜在的危险我们根本无法预料。虽然剧组都会有专门的老师负责安全,但这些不常去的场所和表演动作对小孩子还是有一定风险的。所以,每次端端出门拍摄之前,我都会嘱咐他牢记几项重要的事情:安全、健康、拍戏、学习。让他反复念叨,顺序还不能变。我告诉他,出门在外安全是第一位的;其次要冷暖自知、注意饮食卫生,不要生病;然后是完成拍摄任务;最后才是在拍戏的间隙学习。

让孩子建立安全意识、养成防范习惯、学会处理危险的办法,才是我们做家长的保护孩子的终极目标。以下是我的一些实操心得。

第一,学会"防"——防患于未然。

家长要告诫孩子不要去危险的地方,不要做能力范围之外的事情,不做不必要的牺牲。还要给孩子建立一套**自我保护的思维习惯**。

小朋友们在一起,一兴奋起来往往会突发奇想,有人提议去什么地方,玩什么游戏,那么这个突发奇想有时就会置他们于危险的境地。如果让孩子建立一种思维习惯,例如:大人知道了会不会同意?这个地方是否安全?这个地方是不是非去不可?如果有突发事件我该怎么办?就可以帮助孩子自我判断这地方该不该去,这事情能不能干。

就拿儿童溺水事件来说,家长其实都知道要让孩子尽早学会游泳，但是溺水的孩子中也不乏会游泳的。他们之所以溺水往往是个别孩子提议去小河、池塘等野外水域游泳。其他孩子认为反正自己会游泳，纷纷响应，却忽略了小河、池塘存在的危险和不确定性。还有的孩子是看到同伴有危险，奋不顾身地下水去营救，不清楚游泳和在水中救人是两回事，从而造成溺水事件的发生。

想帮助同伴的品质是好的，但是做超出自己能力范围的事情，就是错误的处理方式。

家长要告诉孩子如果事情超出自己能力时，一定要及时寻求大人的帮助。这些在野外溺水的孩子中间，但凡有人能用"家长会不会同意我们去河里游泳""野游是否安全""去河边游泳是否非去不可""如果有人溺水我该怎么办？"这样的思维方式去想一下，危险就应该能避免。

"防"，不是简单严厉地跟孩子说"不"，而是要把"不"的原因说清楚。

即使在家里，潜在的危险依然很多。小到被抽屉夹到手指、跌倒碰到桌角、喝水呛到气管，大到被利器划伤、被开水烫、触电、煤气中毒、高空坠下，甚至之前还有小孩玩捉迷藏窒息的新闻。

这些事故的发生，大多不是家长不负责任，也不是家长没有对孩子说"不"，而是孩子好奇、好动，但对身体操控性差导致的。即使家长就在一旁，眼睁睁着都来不及出手相救。

每个孩子几乎都知道开水、炉火不能碰，因为他们大多都有被烫了一下的体验，只需要一次吃亏，便终生记忆深刻。因此，用演示危险后果的方式来进行"防"的教育，效果特别好。

如果担心孩子关抽屉被夹伤手指，那么家长可以带着孩子演示一下手指被夹在抽屉缝处的过程。先让孩子把手放在抽屉缝隙处，然后轻轻地关抽屉，随着压力一点一点加强，手指开始有些痛。这时告诉孩子开关门、开关抽屉、搬箱子都有可能忽视手指被夹的问题，一旦被夹住手指会比现在痛很多倍，以后做这些事情一定要小心。

给孩子解释"用电安全"是比较难的，电流看不见，更让孩子好奇，然而触电的危害大，又不容易演示。于是，端爸想了一个办法，拿来电笔，在端端的电动玩具里的电池上演示，让他通过电笔指针明白电池是有电的。然后，让端端感受被静电电一下的刺痛，告诉他插座内的电压比静电强多了，如果触碰会造成致命的伤害。我们还给端端看了一些触电相关的视频。当孩子明白电的存在和危险之后，嘱咐孩子平时不要靠近脱落的电线、总电源等，还有哪些材质是导电的，哪些是绝缘的。再告诉他只要正确使用电器是没有危险的，不致于让孩子对电产生过度的恐惧。

鞋带松开了容易绊倒，那我们就试试把鞋带松开，小心观察鞋带是怎么把我们绊倒的。溺水很危险，那么我们可以在脸盆里把嘴和鼻子浸进去，体验不能呼吸的难受。高空坠下危险，一般孩子都是本能就了解的，但是他们常常认为脚站在地上，把头探出去不要紧。那么就可以在高一点的柜子上，拿一个玩具或者枕头给孩子解释重心偏移，也会导致身体失去控制。

总之，安全教育一定要常抓不懈，随时随地都是安全课堂，**不要简单粗暴地禁止或批评，一定要把原理分析透彻，满足孩子对危险事物的好奇心，同时又不会让孩子对其产生阴影。**

第二，学会"摔"——掌握自我保护技能。

轮滑、滑雪、骑自行车、游泳、攀岩、武术、蹦床、各种球类……现在的孩子可以玩的东西太多了，运动不仅可以帮助孩子训练感统能力，也可以增强体质，训练身体的灵活性。

只要是运动就有可能受伤，甚至是体育课上一些运动技巧的学习，做不好也可能会受伤。但是不能因为害怕受伤就不运动，因为出门有风险就待在家里哪里也不去。在一些必须要去的地方和必须要做的事情中，家长就要教孩子学会"摔"，做好防护措施，练习动作失败时如何避重就轻，减少伤害。就像端端学轮滑之前，先练习正确地摔。

第三，学会应变——在突发事件中，为了自保要敢于打破常规。

家长可以和孩子经常**排练一下发生危险时的场景**，如遇到陌生人要带你走怎么办？有陌生人敲门怎么办？拨打110、120、119报警电话时，应该怎么描述危险，说清楚所在的位置。看似是一些好玩的情景游戏，但在关键时刻真的能帮大忙。

中国的家庭教育和学校教育非常强调孩子要懂礼貌，要听话，守纪律，要替他人着想，要给别人留下好印象等。孩子的想法特别善良和单纯，**越是守规矩的乖孩子，越容易给坏人可乘之机**。因此，训练孩子遇到危险的应变能力也非常重要。

例如：发生意外需要紧急躲避，就不能傻等老师的口令了；遇到陌生人提出不合理的要求，就要果断拒绝，即使对方是慈祥的老人、像警察或保安的工作人员、温柔的阿姨。

有一次开班会，我跟孩子们讲最近的一起儿童被拐事件，告诉孩子们要保持警惕。遇到陌生人提出一些不合理的要求，例如：带上车、带回家、单独在一个房间等，都要学会拒绝并及时找父母求证。

一个小女孩告诉我，前几天在广场玩的时候，一个老爷爷邀请她去家里吃冰糕。她并不认识这个老爷爷，于是就拒绝了。

我肯定了她的做法，告诉她这位老爷爷也不一定就是坏人。但是这件事存在潜在危险，就一定要果断拒绝，不要怕得罪人。没有家长授权的情况下，哪怕提要求的对方是慈眉善目的老年人、经常打招呼的邻居也要拒绝，就算是学校的老师也不行。

端端两岁的时候，有一次我带他去银行的ATM机取钱，取完钱他要拿着银行卡看看，我就把银行卡递给他。银行门口的保安看他好玩，就伸出手逗他说：给我。端端就乖乖地把银行卡给了银行保安。我问端端咱们家的银行卡你为什么给别人呢？端端说因为他穿着警察的衣服。我就告诉他，首先，银行卡是不能随便给别人的；其次，不能根据穿着来区分好人和坏人。

端端就说："那坏人都是男的吧，女的都是好人？"

我纠正他说："也不能以性别来判断。刚才的事情有妈妈在，你不用担心，银行的保安也只是跟你开个玩笑。等你慢慢长大，多接触人、观察人，就会有判断力了。"

另外，在如今网络、通信发达的时代，家长们对孩子的安全教育，也一定要包括**网络安全和通信安全**。

端端六年级的时候注册了自己的网络社交账号，在注册之前我就跟他认真讲了网络安全的相关知识。他也授权我可以随时登录他的社交账号，帮他把关一段时间。

一次我发现他跟一个陌生人在网络聊天，对方问了端端很多个人信息，包括姓名、住址、学校等。

我旁观他们的对话，想看看端端在网络上会不会上当。端端表现得很有警惕意识，没有跟对方说实话。但显然他对网络骗子有好奇心，于是以恶作剧的方式跟这个陌生人周旋。结果对方让端端给他拍身体的照片，端端就拍了一张自己穿拖鞋的脚部照片。对方不满意，提出让端端拍其他身体部位的照片，端端就找了一张网络上一个穿泳衣的人体图片发给了他。

我觉得这时候该出来干预一下了，于是迅速撤掉了端端发的图片，然后把这个人拉黑了。我的操作让端端不是很高兴，跟我解释说人在家里，爸妈都在身边，况且隔着网络能有什么危险啊。我给他讲了网络中隐藏的深层危险："即使隔着网络、电话线，你仍然可能受到伤害。很多大人在明知道对方是骗子的情况下，仍然会上当。你认为自己不会上当，但是很好奇骗子的骗术，于是在与对方一来二去的对话间，可能不知不觉就中了对方的圈套。在网络上的言辞也能代表个人，即使你跟他恶作剧、骗他，或者发一些随便找的图片，都有可能被对方截图，从而成为攻击你人格的证据。不要因为好玩惹不必要的麻烦，浪费宝贵的时间。"

家长要告诉孩子，在网络上不要随意跟陌生人加好友，只要感觉对方居心叵测，就要果断拉黑。另外，好友也有可能被陌生人冒充，只要对方提出超常规的要求，一定要多怀疑一下，跟家长交流，一起来增加判断力。

现代社会科技、交通发达，人们的活动轨迹复杂、繁多，每天新闻里关于各种意外的报道也层出不穷，很多事情发生得突然、离奇甚至超出想象。家长和孩子都要不断提高安全意识，在开心、快乐地学习和生活的同时，眼观六路耳听八方，把安全放在第一位。

每个人都要学会自我保护，才有能力去保护身边的人。

端端说

我十三岁开始住校，生活和学习上更多地要靠自己，有很多独自处理事情的"历险记"。例如：我有好几次是一个人坐地铁，又换骑共享单车，路上要一个半小时去剧组面试；一个人跟着剧组去山里拍戏一整天；还有一次我发烧了自己去医院挂号、看病、拿药；一个人坐好几站地铁去电脑专柜买笔记本电脑；一个人参加过钢琴比赛的初赛和决赛。

出门在外，安全方面我会特别警惕。第一，看好自己的物品，特别是手机，让我可以随时与家人联系。第二，在外单独行动时，尽量不与陌生人交谈，对任何人都不能过于放松警惕。第三，行走时不看手机，也不戴耳机听音乐，多注意周围的环境。第四，果断拒绝陌生人线上、线下的任何邀约，有同学或老师邀约也会先跟家长说明情况，获得允许才会答应。第五，不乱吃东西，生冷或者不干净的都会引起肠胃不适反应。第六，不与别人发生冲突，不起肢体上的冲突，能用语言沟通的尽量平和解决，或者求助老师、家长来帮助调节。第七，不参与网络上的任何口诛笔伐，不对别人的事情发表恶意评判，也不乱发自己和同学的照片。第八，尽量保持冷静和理智，无论情绪如何激动，也不能把安全问题置之脑后。

随着年龄的增长，我们总要独立。第一次离开家可能会觉得孤单害怕，那就早点积累一些生活经验，多动手、多动脑，主动去承担一些事情，为今后的"历险"做好准备。

智商、情商、财商都在线

中国的家长都知道要重视对孩子智商和情商的培养，却很少跟孩子谈钱，其实培养财商也一样重要。

培养财商不是让孩子学会挣钱成为富豪，而是让孩子学习对财富的创造、认知和管理。财商和智商、情商一样都应该从小培养，逐步形成正确的价值观。否则，孩子长大后"不会挣钱""不会花钱""不会省钱"，或者"只认钱"，那么即使智商和情商都很高，也不会快乐。

我问过很多班上的孩子："你爸爸妈妈是干什么工作的？每个月的收入大概是多少呢？"

孩子都茫然摇头说："不知道。"

随着微信、支付宝的逐步流行，这代孩子对钞票的概念也开始模糊，在他们眼中钱就是一串数字而已。挑选商品的技巧也不成熟，因为网络上有一众直播带货的人在帮他们"严选"。

有的孩子从小家里就到处都是玩具，去商场还哭闹着要买雷同的新玩具；看别人买啥就跟风买啥，也不管自己需不需要、喜不喜欢。有的孩子盗刷家长的网银打赏主播、在游戏里买装备，毫不犹豫地在网上充值各种会员。不会控制自己的消费欲望，上了大学还容易陷入校园贷的陷阱。

在人际交往上，有的孩子在钱上斤斤计较，只想占别人便宜，即使和朋友AA制，也会因为对方吃得多，他吃得少而觉得吃亏。拿捏不好与人的财务往来，导致人际关系紧张。还有人对自己的价值缺乏正确评估，过高的评估会导致抹不开面子赚小钱，高傲地过着清贫的生活；过低的评估，让自己在工作中不好意思要求加薪，卑微地拿着与自己的付出不相符的薪酬。

由陈旧的财富观造成的财商匮乏现状，想要彻底改变其实是很难的，加上世界财富的增长速度和理财方式翻新的速度，都大大快于人类智商和情商的发展变化。有的家长觉得自己的财商都不太够用，又如何培养自己的孩子呢？

古人云："**君子爱财，取之有道，视之有度，用之有节。**"这句话对我在培养端端财商的过程中起到了很大的帮助。接下来我给大家讲几个培养端端财商的小故事吧。

一、端端的第一张存折

由于端端从小拍戏，因此端端接触"钱"这个概念比较早，这使得他的财商课比一般孩子都开始得早。

那是他四岁的时候，第一次接到去北京的一个儿童摄影机构当模特拍样片的任务。不巧的是我和端爸工作忙走不开，可又都觉得机会难得，就委托奶奶和姥姥带他去北京参加。

可是端端心里却非常不情愿，情绪受到了很大的影响，我们开导了他半天。

"这是你第一次有拍摄任务，机会难得。"

"去影楼当小模特很好玩啊！"

"不用担心，拍照片也不是很难的事情。"

可是这些话对端端来说都没有效果。无奈之下，我只好把拍摄有片酬的事情告诉了他。

"端端，影楼说要给你两百块钱片酬呢。"

端端是第一次听到这个话题，非常感兴趣，于是问："两百块钱很多吗？"

我说："多不多不重要，这可是你靠劳动换来的第一笔工资啊！"

端端想了想，觉得还蛮有成就感的，就立刻痛快地答应一定好好参与拍摄。

我嘱咐他："爸爸、妈妈只有认真工作才会得到工资，你去影楼要认真拍摄，人家才会付给你工资。"

拍摄的当天晚上，我接到奶奶和姥姥从北京打来的电话，两位老人非常开心地告诉我，端端在影楼的表现很好，影楼的哥哥姐姐都很喜欢他，他也很懂礼貌，也非常配合，只用了大半天时间就完成了拍摄任务。

我放下心来，让端端接电话，想问问他这次拍摄的感受。

可端端拿过电话第一句话却跟我说："妈妈，影楼的人骗你了。"

我一愣："骗我啥？"

端端说："你不是说他们要给我两百元钱吗？可他们却给了我两张一百的钱。"

我们全都被他的话逗笑了，原来端端认为我说的两百元钱，就是一张印着200的钱币。所以，当影楼给他两张100面额的人民币的时候，他觉得我被骗了。

于是，我借机给他讲了讲人民币的面额设置，姥姥也拿出一些钱币给他看不同面额的钱都长啥样，告诉他每个国家的钱币都不一样。

"妈妈,这两百元我可以买东西吗?"

"你想买什么呢?"

端端想了想说:"我也不知道。"

"如果不知道怎么花,可以先把钱存起来!"

"存起来是什么意思?"

"就是把钱存到银行里产生利息,两百元就会越变越多。就像是一颗豆子,你没有吃掉而是埋到土里,它会生根发芽,结出更多的豆子。"

"妈妈,那我就去银行存起来吧。"

等端端从北京回来,我就带他去银行存钱。银行的工作人员告诉我们,未成年人是可以开户办理银行借记卡的,只要有家长陪同,出示家长身份证、孩子的身份证或户口本就可以办理。取钱的话也是要这样一套程序。

虽然有些麻烦,但是我还是给端端办了一张存折。郑重地把他的两百元酬劳存了进去,并让他自己设置了密码。

"端端,这些钱是你第一次靠劳动换来的,虽然不多但是非常有意义。你的压岁钱妈妈也会帮你存到这个账户上,这样每年就会产生利息。"

端端问我:"妈妈,为什么我把钱存在银行会变多?什么是利息呢?"

我就请银行的工作人员给他简单地讲了讲存款利息怎么计算,端端开始对银行和存款有了初步的认识。

二、有趣的买卖小游戏

端端有了自己的账户,开始对钱币产生了兴趣,经常问关于钱币面值的问题。为了让端端对钱币的面值认识得更加清楚，去超市、菜市场买东西也会特意让他看看我们是怎么花钱的，商家是怎么找零的。告诉他买东西要看货架上商品的价签，同时还要看东西的大小、多少或者成分，来判断哪一款商品更合算一些。

我们有时会在家里玩逛超市的游戏：就是把他房间里的书籍、文具和衣服标上价格，然后用纸片代替钱币，标注上十元、五元、一元、五角等面额的字样。我们俩一个人扮演售货员一个人扮演顾客。

端端把货物摆放好，等着我来挑选。我拿起一件衣服问他："老板，多少钱啊？"

端端看看标签说："二十元。"

然后伸手等着我给他"钱"，我却说："能不能便宜点啊？"

端端愣了一下，我告诉他有的时候买东西是可以讨价还价的，能少花钱当然更好了。

端端明白了立刻回答说："可以便宜！"

"那十五元能卖吗？"

端端说："能！"

于是我给他一张写着二十元的纸片，他还我一张五元的纸片。

等到我当售货员的时候，端端就学着我问："老板，这件衣服可以便宜点吗？"

"不能便宜了，这是最低价。"

端端又愣了一下。

我说："这件衣服的进价就是二十元，如果便宜卖给你就会亏本了。"

端端问:"什么是进价?"

我就给他讲成本、差价等知识,通过这样的小游戏让他明白了买卖当中的一些原理。

三、感恩的孩子不会变成"铁公鸡"

为了让端端持续地有存钱意识,我给他买了一个小猪存钱罐,让他把买东西时商家找的硬币放进去。有时候让他去跑腿买个东西,找回的硬币作为他的辛苦费,让他放进存钱罐。

上小学之后,我开始每周给端端五元钱作为零花钱,让他可以自由支配地买些文具和水,如果有结余也可以放进存钱罐。

端端有了存钱意识,自然也不乱花钱了,存钱罐里的钱越来越多,他看着非常高兴,有时候还会把硬币全都倒在地上数。

存钱的习惯养成了,孩子不乱花钱了,但也容易变成一毛不拔的铁公鸡,这时候家长要告诉孩子钱该花也要花,花在值得的地方。人要懂得感恩,懂得回报。

有一次家里买水,缺几块零钱支付送水费。我就让端端从存钱罐里先拿出几枚硬币来应急。可他却不乐意地说存钱罐里的硬币都是他挣的,我们怎么可以用呢?

端端的反应也在我的预料之中,我告诉他一家人对钱不能这么计较。你可以好好算算,到底是爸爸妈妈给你花的钱多,还是用你的钱多呢?家里的水、电、气、暖、物业费都是要花钱的,车加油也是要花钱的。再说现在买的水你也是要喝的对吧?现在妈妈只是需要你的几枚硬币,如果你真的觉得吃亏了,我一会儿给你补上。

端端听完立刻就释然了,从存钱罐里拿了钱给我,还表示不用补了。之后，再遇到需要零钱时，他都会痛快地跑去拿给我们。

母亲节的时候端端从存钱罐里拿出钱，表示要用自己攒的钱给我买个礼物。我问他怎么想的，他回答说："妈妈养育我很辛苦，想要在节日的时候让您开心。"

我非常高兴地说："有这份感恩的心，妈妈就已经非常开心了。想给妈妈送礼物也不一定非要用钱买，可以给妈妈做一张卡片，你亲手制作的礼物，比你花钱买的还让妈妈喜欢。"

四、知晓家庭经济情况，量入为出

我不赞成用向孩子哭穷的方式教孩子节俭，更不同意为了虚荣心一味地满足孩子的物质消费。家庭的经济状况孩子是应该知道的，不论家庭经济状况如何，都应该正面接受。

我们很早就给端端讲家庭的收入来源，给他看我们的工资卡，告诉他爸爸、妈妈工作满一个月，单位才会发给我们一个月的工资。请假会被扣工资，加班会有奖金，家里所有的开销都是从工资卡上支付。如果买的东西太多，工资就会花光。有了量入为出的思想，端端去超市从来不乱买东西，还常常关心地问我工资卡上还有钱吗。

我们告诉端端不要去和同学攀比穿戴，议论谁家住的房子大，谁家开的车豪华。无论家里钱多钱少，都是家长靠劳动得来的，证明不了自己的能力和价值。攀比家庭的行为会拉低自己的形象。

世界上的钱是挣不完的，内心的富足才是重要的。需要的东西可以买，不需要的白给也不要，不要太贪心，避免造成资源的浪费。

我们是这么说的,也是这么做的。我和端爸也不买奢侈品,也不追求名牌,家庭消费讨论都是应不应该、合不合适。长此以往,端端的消费理念逐渐和我们同步,他去商场买衣服从来也不非要买名牌,只要质量好,穿着舒服就可以。

五、金钱不能买来一切

在培养孩子财商的时候,也应当尽早告诉孩子,钱固然重要,但世界上有比钱更重要的东西。有的东西并不是金钱可以买到的,比如健康、亲情、友情等。**财商教育不仅仅是数字的加减,一定要和智商、情商结合在一起。**

端端五岁的时候,被选中参加王晶导演的电影《财神客栈》的一个特约角色。经纪人告诉我们只有一场戏,没有台词,不报销路费和住宿,片酬只有一百元,问我们要不要去。

我和端爸觉得片酬不重要,重要的是端端从来没有参与过电影的拍摄,正好我们在放暑假,反正就一场戏,拍了就走。于是,我们一家开车一千两百多公里来到了横店。

没想到经纪人说导演临时改了通告,这场戏推迟了三天。既来之则安之,我们干脆就把这次拍摄当成旅行吧。于是,我们一家在横店一住就是三天,其间还去了趟杭州和东阳旅游。

终于,等到了开拍的这天,端端凌晨四点起来去拍摄地化妆,见到了导演王晶,主演谢霆锋、张家辉和黄奕。一同参与拍摄的还有三四位小演员,都是扮演剧中张家辉和黄奕的孩子,最小的是还在襁褓中的婴儿,最大的也就八岁。

孩子们一共就一场戏,也没什么难度。但是,这一切对于我们来说非常新鲜,第一次见识到拍电影是怎么回事。拍完之后,经纪人给了端端一百元钱,端端非常高兴,他说这次又可以往银行存钱了。我和端爸告诉端端,这一趟横店之行,花了三千多块钱。

端端听了很沮丧地说:"啊,那咱们不是亏了吗?"

我说:"如果从钱的角度来说,肯定是入不敷出,但是如果当作是一次旅行,也很正常。而且,这趟横店拍摄之旅的收获比单纯的一次旅游多得多,我们大家都增长了见识,你也积累了拍摄的经验,很多事情都不是可以用金钱来衡量的。"

有一次,我在手机上看到和端端一起合作过的小演员的妈妈得了重病,正在网上众筹治病的钱。我把这个消息告诉了端端,端端听后心里很难过,表示要用自己的存款帮助一下这位妈妈。我当时非常感动,说实话,对于很早就让端端接触钱的做法,我心里还是有些不踏实的,也担心自己的财商教育不能成功。现在看到端端这么有同情心,帮助朋友一点也不吝啬,心里坦然很多。于是我尊重端端的意见,给这位妈妈捐了款。

六、延迟满足,用度有节制

端端到北京上学之后,在钱的花销上更大,也更自由。由于之前的财商教育,端端比较会控制零花钱,平时除了购买生活用品和文具,就是打印乐谱。但是毕竟还未成年,我们没有放松对他的把控,每个月会有一个消费的上限,并且教他学会记账。

端端在北京渐渐学会了很多省钱的方式。比如:买门票用学生证可以打折,点餐时选择限时优惠菜品,买饮料的时候先在手机里找找有没有合适的优惠券,或者等可以花优惠券的时候再买饮料。

有一次我去北京看他，他跟我说："我这里刚好有五折优惠券快到期了，我给你点一杯咖啡吧。"我欣然同意。

我一边喝咖啡，一边问他平时和同学一起点餐或者出去玩都是怎样花钱的。

他说："我们都是AA制，但是如果同学请过我，我会回请他们。如果同学帮助了我，我会请同学吃点东西或者喝奶茶。"

我点点头，告诉他："你们都是学生，没有收入，花费都是从家长那里支付，所以AA制是非常合理的。不过，朋友之间的相处是长期的，偶尔多付出一点也没有关系，不要太计较。"

由于现在很少用到现金支付，都是转账或者红包，端端上辅导班、健身课的钱，我都会先转账到他的手机上，然后再让他转给辅导班老师。这样他才会对这笔学费有深刻的印象，更加珍惜用爸爸妈妈的工资换来的课时。

如果买贵的东西，他会跟我们商量，大家一起论证这个东西值不值得买。例如：一部手机刚上市买合不合适，如果过一段时间会降价，那么就可以等等再买。心理学家指明，能够做到延迟满足的孩子，将来才会比较成功。

七、鼓励孩子学习理财的知识

虽然端端已经有了工资和存款的概念，但是我还是希望端端能多懂一些理财知识。端端上小学期间，我们一起玩"大富翁"，在这个游戏里有股市和银行，还有买地、建房、收房租的环节。

初中阶段，端端常常会问我关于股票的知识，在这方面我和端爸都是小白，实在不能教他什么，于是我就给他买了一些理财的书籍，我们一起看。后来，我在网上发现了一款模拟股票投资的小游戏，里面有虚拟资金，股票的名称、价格与股市上是同步的。我们一起玩，一起研究，在这个过程中我也学会了一些理财知识。

上高中以后，端端对很多行业开始感兴趣。有一次，端端跟我们去参观一个楼盘的样板间，他对楼盘的运作模式很感兴趣，就问了销售很多问题，例如房地产商如何从政府买地，楼盘是根据什么定价的，为什么有的面积是不算的？既然可以挣钱，为什么开发商不多盖几层？

当一个孩子有了财商，就开始对挣钱、花钱的事情感兴趣。和课本上的知识一样，孩子有了兴趣就会主动去学，人人都是他的老师。**理财不是单纯的管钱，更是通往广阔世界的一扇窗。**

关于端端的财商培养我们还在继续，包括我们自己欠缺的财商教育，也会在和孩子共同成长中逐步完善。

记得有一句话说：完美的人是有能力让自己和他人都获得幸福的人。**财富可以让自己过得幸福，也能让自己所爱的人过得更幸福**；在体现自己的人生价值的同时，为社会创造价值；在享受人生的同时，去帮助需要帮助的人。

端端说

对于金钱，我感觉就是它们用处很多，能解决很多问题，没有不行。但是如果一个人满脑子只有钱也不行，钱太多也不好，会滋生出很多由钱而产生的负面问题。钱也不是万能的，很多感情上的事情就不能用钱衡量。一个人挣钱的途径要靠自己的真才实学，挣钱的数量也不必强求，能挣多少就挣多少,绝对不要坑蒙拐骗。花钱方面,我感觉只要花得值得就好,或者让我得到了开心,或者让我增长了见识,或者完成了某个心愿,或者提高了生活的质量,那这钱该花的时候就得花。

毕竟我现在是名学生,还没真正开始工作挣钱,学校消费都是通过妈妈给我关联的亲属卡来支付。妈妈给我每个月的额度设定了上限,这样我就会算计着来花,基本上到月底也花光了。所以,我不敢说对金钱有深刻的认识,或许长大以后会遇到面临金钱带给我的各种考验吧,希望将来的我也能坚守现在的财富观和消费理念。

自律的孩子通向美好

所有的家长都希望有个省心的孩子：每天早上闹钟一响就立刻起床，快速地洗漱、吃饭。背着头天晚上就自己整理好的书包，准时到达学校。上课坐姿端正，认真地听课，老师的每一句话都牢牢地记在心里。回家第一件事就是写作业，写完作业后认真检查一遍。洗脸、刷牙，准时在九点之前上床入睡。

我想说这样自律性强的孩子，只存在小说、电影里，或者是未来研制出的智能机器娃娃。

曾经有妈妈跟我抱怨说："我家孩子怎么这么不自觉，写一会儿作业就跑去玩了，看起电视来没个够。陈老师，你说咱小时候哪让大人这么操心过啊！"

我回答这位妈妈说："咱们小时候有电脑吗？有手机吗？电视可以收到几个台？居住的城市有公园、有游乐场吗？出门有私家车吗？恐怕公交站点也非常少吧。现在的孩子面对大千世界各种有趣、好玩的事情，各种电子产品的诱惑，做到充耳不闻、视而不见，自觉自愿地安心学习，所要付出的努力，可要比咱们小时候多太多了。"

这位妈妈说："可是孩子这么贪玩，不懂得自律怎么行，总不能让我天天盯着他吧？"

"你觉得孩子自律到底有何用？"

这位妈妈想了想说："自律肯定好啊，至少让我省点心吧。"

很多家长都要求孩子自律，却讲不清楚自律到底有何用，甚至很多家长第一反应是孩子自律，带来的好处是让自己更省心。那么，他们的孩子就很难做到自律。

大家设想一下，如果有这样一家公司，要求员工天天按时上下班，工作必须做得非常出色；公司的任务要在规定时间内完成，不拖延、不发牢骚；老板在和不在，员工的表现都一个样。但是公司没有严格的考勤制度，也没有工作业绩的赏罚制度。老板经常自己不工作，还在员工面前玩手机。老板告诉员工目前没有工资，干得再好也只能得到公司的评分、业绩排名，最大的好处也就是老板的口头表扬。但是十年以后，哪位员工表现最好，这家公司就送给谁。

我想大家一定会说："这样的公司实在太奇葩了，这就是老板画大饼吧？不会有人愿意在这里工作。"

同样的道理，孩子不明白自律对自己到底有啥用，家长只是笼统地说："我这是为你好，等你长大就明白了。"

如果家长没有给孩子提供任何做到自律的办法，也没耐心陪孩子养成自律的习惯，甚至自己也做不到自律，像那个老板一样天天看手机、天天玩，那么自律这件事在孩子眼里就是一张遥不可及的"大饼"。

让孩子做到自律，其实非常不容易。**首先要从小培养孩子的好习惯，习惯养成了，才会逐渐转变成自律。**

经常有朋友和家长来找我取经，他们非常好奇我是怎么把孩子培养得这么自律的。其实，在这条路上，我和端爸也是煞费苦心地艰难摸索了多年，才初见成效，让端端从小学习钢琴是我们迈向自律的第一步。

端端从四岁开始学习钢琴,我是他的启蒙老师,每周一节课,每天三十分钟,从不间断。在这之前,他除了一日三餐和睡觉,再没有什么是每天必做、雷打不动的事情了。

刚开始,端端只是对钢琴有兴趣,所以当我说要教他弹钢琴的时候,他毫不犹豫就答应了。可是,很快他发现每周都要上课,每天还要练习,每个动作都要规范,他才发觉弹钢琴不是自己想象的那么潇洒。

刚开始几周,他练琴的时候常常不耐烦,频繁地看时间,一遍一遍地问我:"妈妈,我弹得可以了吗?我可以去玩了吗?"

外面广场上孩子嬉戏玩耍的声音,一阵一阵地传来,看动画片的时间也快到了,桌子上的饭菜也都摆好了。端端才四岁,这么小是不是可以通融一下?

如果我当时真的这么做了,那么端端的自律形成的第一步就会立刻前功尽弃,成败就在家长的一念之间。

所以我坚定地说:"宝贝,还不行,要弹够时间,乐曲要熟练才可以。"

每天我陪着他一定要练到规定的时间,而且不弹好不能离开钢琴。哪怕端端委屈得眼圈发红,哪怕饭菜凉了要重新加热,哪怕广场上小朋友玩闹的声音渐渐消失……我都没有动摇过。

弹钢琴从表面看事不大,如果现在不练了,无非就是一首小曲子没弹好而已,练琴的时间比规定的少了几分钟而已。但是,这里面蕴含着一些重要的原则,就是在端端心目中,做事情可不可以打折扣?规则可不可以随便破坏?妈妈说的话是不是不用当真?

就这样我们一起挺过了最开始的习惯养成阶段。端端慢慢明白了学琴、练琴是不可动摇的事情。只要我们定下来的事情就要抓紧时间去做。妈妈是个有原则的人，与其跟她各种讨价还价，还不如埋头去做更容易。

看着端端练琴越来越有耐心，我本以为这下好了，但是，下一个挑战很快就来了。

端端上小学了，每天晚上要写作业，练琴的时间也增加到一个小时。这就要求他写作业的速度要快，练琴的效率要高，否则就没时间出去和小朋友玩了。

但是，端端做事磨蹭，吃饭慢、写字慢，经常练完钢琴跑下楼去，发现广场上已经空无一人了。看到他一个人在广场上摸着运动器械，满脸都是失望的表情，我心里也很难过，但是心软就会前功尽弃。

我跟端端说："妈妈真希望你可以每天除了弹钢琴，还可以有时间和小伙伴一起在广场踢足球。"

端端情绪低落地说："可是我每天要练一个小时的琴啊！"

"那你现在想要放弃钢琴，还是学校的作业呢？"

端端笑了："妈妈，你开什么玩笑，这两样都不能放弃！"

我也笑了，摸着他的头说："妈妈和你想的一样，既然咱们目标一致，那么就一起想办法吧！"

端端问："什么办法啊？"

"你只要写作业的速度再快一些，我觉得是能做到两者兼顾的。"

我们重新调整作息时间，把练琴时间放到早上六点到七点之间，还制定了精细的奖惩制度。比如：早上自觉起床可以奖励一朵小红花，作业认真也可以奖励一朵小红花，考试成绩满分，可以得到爸爸做的红烧鸡翅等。我们在卧室的墙上贴了一个大表格，每天都会认真地记录，小红花攒多了，他可以换零花钱。

每天早上，端端六点准时随着闹钟起床，然后开始练钢琴。我也会起来一边打扫卫生，一边监督他练琴。晚上他只要开始写作业，我和端爸就会立刻把电视关掉，保证家里安静的环境，我会拿着一本书坐在他旁边陪着他。这样端端基本上就可以和同学一起出去玩了。

过了一段时间之后，我和端爸商量着，怎么能让端端不用我监督，还能愉快地练琴和学习。于是我们想了一个"苦肉计"。

早上我打扫卫生的时候故意哈欠连天，端爸就说："哎呀，你每天晚上写作这么辛苦，早上又要早起肯定睡眠不足啊。"

"不要紧，端端都起来练琴了，我当妈妈的少睡点觉算什么，我可以坚持。"

端爸说："可我觉得端端不用你陪也能练得很认真。"

端端说："就是，就是。妈妈你不用起来陪我的。"

晚上端端开始写作业了，关电视的时候，端爸则恋恋不舍地说："唉，我小时候没电视看，现在为了端端的学习有电视也不能看。"

我说："其实你把声音关掉，看字幕也行啊，端端不会分心的。"

端端点头表示赞同："爸爸，你看你的呗！"

"苦肉计"渐渐起作用了，端端要求早上自己起来练琴，不要我陪。甚至看到我六点也跟着起床了，还一定要把我推回卧室再睡一会儿。

早饭的时候，我不失时机地对端端表示感谢："多亏早上又睡了一会儿，妈妈今天觉得特别精神，谢谢你。"

晚上，端爸刚关上电视机，端端就从书房跑过来，把电视机重新打开，表示要我们继续看喜欢的电视节目。端爸也露出惊喜的表情，对他竖起大拇指，表示由衷地佩服。

如果这时候有人来我家，一定觉得我们做家长的太懒了。早上端端在练钢琴，我们在睡大觉。晚上，端端在写作业，我们在看电视。其实好家长表面看上去也就六十分，其余的四十分一定是外人看不到的。

"苦肉计"的使用要建立在亲子关系和谐的基础上。家长和孩子若平时就保持彼此关照、彼此爱护、相互谦让的朋友关系，那么当孩子本可以自己完成的事情，他就会选择不要家长受累和自己一起承担，并且，他有一种为家人排忧解难、自己变得强大的感觉。

可我们这"懒家长"的状态没过多久，第三次挑战就来了！

端端八岁去参加拍摄电视剧《下一站婚姻》，全程跟组九十四天，一共要演两百多场戏，仅次于主演刘涛和于和伟。这对我们来说是一次不小的挑战。

于是，我们召开了一次家庭会议，商量端端如何很好地完成拍摄任务，还不耽误学业和练琴。实在不能平衡得失，也要把损失降到最低。

最后讨论出的方案如下：

（1）制定一个三个月的学习计划，以端端自学为主。有戏的时候要以拍戏为重，转场的时间除了看剧本就看课外书。没戏的时候每天语文、数学各学二十分钟，并完成同步练习。

（2）在剧组既然不能练习弹钢琴，那我们就把家里的一台旧电子琴带到剧组，有空就练习基本功和之前学过的曲子。这样至少可以保持手指的灵活性和提升识谱能力。

（3）体能锻炼不能耽误，端爸把滑板、乒乓球拍、跳绳，都搬去了剧组。只要没有夜戏，傍晚就要在宾馆的停车场做运动。

接下来，端爸在一张长长的绘图纸上，手绘了一张计划表，设计了从第一天到第九十四天的格子。每个格子里记录了很多项目，有背台词、看书、写作业、练琴、跳绳等。把端端每天的表现记录下来，完成得好就贴一个五角星，攒够几个五角星就可以实现一个愿望。

在这漫长的九十四天里，端端每天看着这张大表格，坚持按计划执行着。随着表格上的对钩一天一天增多，通告单也越来越厚，剧本里没拍的场次越来越少。戏终于拍完了，我们履行诺言，大大地奖励了他。

很快端端的自律就有了回报，虽然之前九十四天没有在学校上课，但是靠自学和坚持做题，他的功课并没有落下，期末考试竟然考了班里第三名。暑假他参加了市里的钢琴比赛，获得了一等奖。他再次品尝到自律带来的成就感。

但是孩子就是孩子，面对诱惑抵御能力还是不够强大。第四次挑战是最让我伤脑筋的。

那是端端上五年级时，开始会用平板电脑玩游戏了。和之前一样，我没有禁止他玩游戏，但是规定只有周末才能玩。平板电脑我也设置了密码，每次他要打开平板电脑必须要通过我才可以。

有一天他在练琴，我在厨房做饭。听见他的琴声一直不断，所以很放心。可是听着听着我觉得有些不对劲，他一直在弹《哈农》练指法。这本书是练习基本功的,有些枯燥,他其实并不喜欢弹。然而这次不仅弹了很久,而且还一直在分手练习。我悄悄地走过去,想探查一下原因。

结果我看到他竟然破译了平板电脑的密码,一只手在钢琴上弹着,另一只手在平板电脑上玩着一个小游戏。弹钢琴的手不停,另一只玩着游戏的手也不停。琴声连贯流畅,而游戏也能一关一关地过。要不是亲眼所见,我根本不会发现他一心二用。

我当时气得火冒三丈,一下没忍住推开了房门。吓得他赶紧关了平板电脑在钢琴上弹了起来。看他那个慌乱的样子,我又好气又好笑,想了想没有说话,转身离开了。

回到厨房,我一边做饭一边竖着耳朵仔细听,他的琴声始终是两个手在弹奏,一直没有间断过。吃饭的时候,他一直在偷偷看我的脸色,我却装作什么事也没发生的样子。

终于,他忍不住问我:"妈妈,你是不是生气了?"

我回答:"为什么生气呢?"

他不好意思地说:"因为我刚才练琴的时候在玩游戏。"

我说:"我也不知道该不该生气,你不是还有一只手在弹琴嘛,而且全都弹对了。我只是在思考我是不是培养你的方向出错了。"

端端很紧张:"妈妈,你什么意思?"

"我一直认为你是非常有音乐天赋的,但是今天发现你也很有游戏天赋,你可以做到一边弹钢琴还不耽误玩游戏闯关呢。我也许应该停掉你的钢琴课,让你专心玩游戏。"

端端摇头:"那倒不至于,我只是偶尔玩这么一次。"

我故作吃惊:"啊?那你更厉害了,我弹这么多年钢琴,也做不到可以边弹琴边玩游戏。只不过我知道弹琴的好处，但是不知道玩游戏有什么好处，或者将来可以有以此谋生的职业呢，你有空上网查查吧。"

到了晚上，端端来找我了，他说："妈妈，我查了，玩游戏也可以是一种职业，有竞技比赛，还可以主持一些赛事。"

我一愣，这的确是我没想到的，我说："不错啊，那你想以后从事这类工作吗？"

端端说："我平时玩玩游戏当消遣还可以，但是如果天天玩恐怕我也受不了，而且那些能打游戏比赛的玩家都可厉害了呢。"

我问："那你今天练琴的时候玩游戏，觉得真的有意思吗？"

端端："其实我心里也很忐忑，你进来的时候吓死我了。"

我忍住笑，说："妈妈其实很信任你，你这样做不仅没有玩得痛快，反而失去了我对你的信任，以后还是遵守咱们的规定吧。"

端端说："我以后保证不这样了。"

虽然端端道了歉，但是我们的奖罚制度还是要严格执行，这个周末他不能玩游戏，算是对他的惩罚，而他也欣然接受惩罚。

端端十三岁去北京上学，开始住校。刚开始我们也很担心，不知道他离开我们自己在学校，还能否坚持在家里的好习惯，能否做到自律。

但是，他的表现让我们吃了定心丸。住校的他依然表现出较强的自律性。每天早上六点，他准时起床去琴房练琴。每天晚上在琴房学习、写作业、练专业，然后在操场跑上一千米。更难得的是，他种种自律的表现，常常都是他的班主任、同学或者家长反馈给我的，他从来不主动到我面前邀功。

有一次，我们谈到这个问题，我问他有这些好的表现为什么不告诉妈妈。他表示不希望让我以为他是为了受到我们的表扬而做的，这一切都是他自愿的。

自律是好习惯的升华，会一直伴随着孩子的成长。孩子早晚都会离开家长的视线，监督他终究只是暂时的。家长要有一颗坚定的心，陪伴孩子及早养成好习惯。真正的自律并不是做给别人看的，而是发自内心地鞭策自己。

端端说

去北京上学之前，我们开了一个家庭会议，讨论是租房子还是让我住校。我是非常想要住校的，特别想体验一下校园的住宿生活，也想要证明我长大了。但是，爸爸妈妈有些犹豫，后来还是选择信任我，就说让我先住校一个学期看看，如果我可以安排好学习和生活，就让我继续住校。如果好的习惯全都被打破了，那就随时让我走读。总之，住校还是不住校，都是针对我的表现进行最为合理的选择，但是主动权在我手里。在我看来，如果有一天改成走读了，就是我没有做好的缘故，我当然不希望这样啦！

自律其实挺不容易的！北京的冬天很冷，有时候我也会想要赖一下床。但是闹钟一响，不马上爬起来去排队等琴房，可能这一天就没有时间练钢琴了。去食堂打饭也是一样，去晚了喜欢的菜就没有了。还有我身边的同学们，他们也都非常的优秀，我也不愿意跟他们产生差距。老师对我也报以期待，我希望在他们的印象中，我的状态始终保持稳定。这样一来，自律就又不那么困难了。

十七岁的暑假，我开始健身。两天去一次健身房，每次都练得汗流浃背，但想到健身是为了我自己的健康，做到自律又有何难呢？

新冠疫情期间,学校封闭管理没有钢琴练,我觉得特别无聊,手都痒痒呢,早上闹钟不响我也会自然醒。这就是我的学习态度和生活习惯,当好习惯融入血液,做到自律又有何难?

青春期的早恋与小欢喜

对待青少年早恋，大部分家长的第一反应就是："这样不好！会耽误时间，耽误学习。早恋的孩子不自重，早恋的孩子不是乖孩子。"

什么叫早恋呢？仅仅是两个未成年的男生、女生互相有好感，经常在一起就算是早恋吗？

我相信大部分家长在青春期，都曾经有过心仪的异性，有过想要主动接近对方的念头。那时候，一定非常**在乎自己在异性心中的形象，对异性有过诸多美好的想象**。青春期的孩子情感丰富，荷尔蒙分泌旺盛，开始对异性好奇、有好感，想要接近自己喜欢的人，是非常自然和正常的事情，而且，这个时期的情感没有掺杂名利、金钱和地位，非常纯粹。这种情感的存在是珍贵而美好的。

像《那些年我们追过的女孩》《左耳》《七月与安生》《最好的我们》……这些充满"回忆杀"的电影，也正是拍出了大多数观众青春时期的真实、美好才大获成功的。

当然，承认早恋是正常的，并不代表我们要鼓励青少年早恋。十六七岁的孩子情窦初开，对于感情的认识很不成熟，对自己未来的需求也很不确定，行为也缺乏控制，容易做出不理智的行为。而此时也正是学业上的关键时期，面对高考分秒必争，错过这个时机也不易弥补。所以，**家长帮助青少年正确对待早恋感**

情，最好的办法就是引导。

如果从孩子小时候就能以开放态度来面对异性之间的友情，那么到了青春期，孩子遇到情感问题，也会愿意第一个告诉你。

端端上一年级时，有一天放学排队的时候，看到我就随手递给我一张叠得整整齐齐的纸条。我正对着纸条纳闷时，端端说是女同桌写给他的，自己没看，让我先看。

我立刻猜到会不会是女孩对他表示好感的纸条，赶紧看了一下他的女同桌。队伍中的小女孩正和我四目相对，她看我的眼神透露出一股担心。我赶紧露出友善的笑容，以示安慰。

打开纸条，上面写着"我很喜欢你，你怎么不理我了，这几天你去哪里了？"

其实，小学阶段的孩子已经有了性别差异的概念，对异性开始感兴趣、好奇，隐隐觉得喜欢一个异性不能公然表白。女生会写个小纸条偷偷塞给男生，或者课间去找男生玩。调皮的男生会用欺负女生，例如揪女生小辫子、故意撞一下女生的方式来引起对方注意；而有的男生会保护自己喜欢的女生。

那些被塞纸条的男生和被"欺负"、被保护的女生，都是班里讲卫生、懂礼貌、有才艺或者成绩好、长得顺眼的孩子。那些流着鼻涕、身上脏兮兮、成天不完成作业的男生或女生，是不会被异性接近的。

我对端端说："你的同桌给你写的纸条我看了，这表示你很优秀，她愿意做你的朋友，你也要对她友好哦。"

从此之后，端端每次遇到这样的事情，都不避讳地告诉我。上初中的时候，有一次主动跟我讲和班上一位女生关系很好，超出了和其他女生之间的友谊。

我听了心中有些激动,一方面高兴端端这么信任我,另一方面感慨儿子终于到了跟我讨论情感这一天了。

我表面上很淡然,没有好奇也没有着急,而是像聊家常一样了解这位女生哪方面让儿子觉得好。

端端说:"她学习好,性格温柔,对我帮助很大。"

我又问:"你知道她觉得你哪些方面好吗?"

端端说:"她说我脾气好,钢琴弹得好,人缘也好,思想比她成熟。"

我心里很高兴,两个孩子都很会挑选朋友。

"这个女孩还真的很优秀,她对你的评价证明她选择朋友的标准也不低,你们能成为好朋友我挺高兴。即使你们比朋友还好一些,我也没意见。"

端端一听我这么说很高兴,于是开始滔滔不绝地讲起他们之间的事,有什么共同喜好,一起看过哪些电影,讨论过什么话题,还说起女孩父母的教育理念。

听他讲这些我也觉得很美好,安心地分享着这份在青春期独有的,对待感情毫无杂质、单纯透明的小欢喜。

要充分地理解孩子,站在孩子的角度来思考他的情感需求。**出现早恋,家长当然也不能视而不见,放任自流,毕竟青春期的孩子情感处于懵懂期,需要家长的智慧。**

我觉得既然儿子跟我分享了他的小秘密,我也应该有故事跟他交换才公平。于是,我就讲了我十五六岁的时候也喜欢过一个男生,以及为什么喜欢他,后来姥姥和姥爷知道了,大发雷霆,还把我的日记本没收了。

端端听了很震惊,他不理解姥姥和姥爷那么慈眉善目、和蔼可亲的人，还会有强行看我的日记本的行为。

我就趁机告诉他："作为青春期孩子的家长，知道孩子们早恋其实是非常担心的，**一是担心两个人的学业受影响，二是担心两个人做什么出格的事情**，而且女孩的父母尤为担心。虽然当时我也很生姥姥、姥爷的气，但是后来我理解了，他们当时是在担心我，所以表现的方法过激了一些。端端，妈妈不会用这样的方式对待你的。"

端端很感动地说："妈妈，你真的很开明。"

我说："那么你能体会女孩父母的心情吗？既然你比她思想成熟，那就要在你们之间的关系中多承担一些责任。"

端端说："你放心，我们不会影响学习，也不会做什么出格的事情。"

端端又好奇地问我和那个男生后来怎么样了，我笑着说："当然分手了啊，而且，我的发小、闺蜜、同学的初恋都没有成功。我们那时候太小了，人生这么长有太多变数。我后来又遇到了更优秀的男生，对我更好的男生，最后才遇到你爸爸。现在回想起来初恋虽然美好，但当时的想法也有些可笑。"

端端说："为什么初恋一般都成不了？"

我就给他讲了一个故事。

柏拉图的三个弟子问："老师，什么是婚姻？"柏拉图说："你们分别去稻田找一株最大最好的稻穗出来，但是只能摘一次，也不能走回头路。第一个弟子走进稻田，看到一株又大又好的稻穗，立刻就摘了下来。"

柏拉图问第一个弟子："你认为这是最好最大的稻穗吗？"

弟子无比遗憾地说："不是，我摘完之后又发现了比我手里还好还大的稻穗,但是我不能再摘了,只好走出来了。"

第二个弟子走进稻田,也看到一株又大又好的稻穗,他想起刚才师兄的经历,于是忍住没摘。走了一会儿又看到一株更大的,他觉得前面肯定还会有更大的,就又忍着没摘,不知不觉走到稻田尽头,空着手出来了。他比第一个弟子还遗憾。

第三个弟子走进稻田,吸取了师兄弟的经验和教训,他把稻田分成三块,在第一块稻田选了一株又大又好的稻穗,没有摘只是欣赏和记住稻穗的样子;在第二块稻田也选了一株又大又好的稻穗,还是没有摘;走到第三块稻田的时候才选了最大最好的稻穗摘了下来。

柏拉图问第三个弟子:"你认为这是最好最大的稻穗吗?"

第三个弟子说:"不是,但是我一点也不遗憾。"

这个故事其实有很丰富的内涵,如果用它来回答端端的问题,那么稻田就是人生,稻穗就是有机会成为人生伴侣的人。第一个弟子摘得太早,充满遗憾,这种感情很不稳固,因此初恋大多不成功。第二个弟子没有摘到,他对别人太过挑剔,就不能专心地爱一个人,自然也得不到爱。第三个弟子在合适的时间和地点选到又大又好的稻穗,全心全意地拥有,虽然可能不是最大最好的,但也不遗憾。这就是稳固的婚姻。

端端对我的话似懂非懂,这不要紧,他还有很长的"稻田"要去走,需要慢慢地体会。

家长和孩子在沟通的时候,要采取平等开放的心态。告诉孩子**喜欢、欣赏异性没有错,但是要注意交往的尺度,懂得保护自己,尊重对方**。这样孩子也会愿意敞开心扉和家长沟通,家长也就更能帮助到孩子。

在早恋问题上，孩子和家长之所以发生冲突，很多时候都缘于家长的态度。**不分青红皂白地指责、否定、干涉甚至冷嘲热讽，会影响到亲子关系。孩子感到孤独、无助、委屈，反而会和对方走得更近、更隐秘。**

听上去我和端端之间的聊天很轻松，但其实对于儿子的情感问题，我也不敢掉以轻心。初中还没上完，端端喜欢的那个女孩转学了，他们的友谊也告一段落，端端还因此失落了一段时间。高中阶段端端到了新的班级，又认识了很多优秀的同学，将来还要上大学，还会遇到很多意想不到的情感问题。

如果有些家长在与孩子沟通上已经出现了问题，难以达到敞开心扉的状态，那孩子如果早恋是会瞒着家长的。家长察觉到一些蛛丝马迹也就会格外担心、焦虑。特别是有的孩子单相思，陷入怀疑、否定自己，甚至怨恨对方的情绪中，自然会严重影响学业、身体和心理健康。

我给大家推荐几个应对青春期孩子早恋的方法。

第一，用写信的方式融化亲子沟通的浮冰。

可以选一张温馨、柔美的信笺纸，把自己对孩子的期待和指导的话写上去。文字往往比语言更文明和理智，字数不要太多，也不要太严肃，写上"期盼回信"，把信放在孩子的床头、书架，或者贴在门上。如果第一次孩子没反应，就多做几次，孩子慢慢会有反馈，之后再促膝长谈。

也可以在社交软件上给孩子写信。孩子们现在都习惯使用各种社交软件，他们看到手机、电脑上的文字，会觉得更好接受。别忘了加上一些轻松、搞笑、温馨的表情包，让孩子看到后会心一笑，就会慢慢打开心门和家长沟通。切忌冒充网友去骗孩子的信息，一旦失去孩子对你的信任，那以后的关系就更难融洽了。

第二，支持孩子带朋友来家里做客，走近青春期孩子的心灵。

借节假日或者孩子生日的机会，让孩子邀请好朋友来家里做客，热情地接待这些小客人，洗好水果，做几道大餐。家长可以跟孩子们开开玩笑，不要多问，也别过多干涉他们的自由。只需要在一旁悄悄仔细观察，从孩子们的交谈、眼神和举动中看出谁和孩子走得近，或者孩子在"暗恋"谁。有机会适时地表达对孩子和朋友之间交往的宽容和理解。

做到这样，如果孩子真的有早恋对象，那么对方会对你有好感，会反馈给孩子说：你爸妈真好。孩子对你的抵触情绪有所减少，再找机会和孩子好好谈谈就不难了。

第三，从科学的角度，帮孩子分析透彻青春期的爱与冲动。

从心理学角度来看，青春期的早恋现象是符合孩子的发育规律的，这个时期的孩子必须要和同龄人交往、沟通。**即使你是特别开明的父母，和孩子亲密无间也不能替代同龄人。**

只不过"恋爱脑"一旦产生，会让孩子眼中只有对方，谁也入不了他的法眼。这个时期他会屏蔽和别人的友谊，心里也容不下别的事情，包括功课。所以，成绩下滑是早恋孩子普遍的现象。

那么就把这个现象告诉孩子，说：你们关系好我们不干涉，但是如果每天只有你俩在一起，就失去和别的朋友交流的机会。每个人都有优点，你俩要博采众长，交往圈子不要太单一。如果对方不合群，不允许你和别人交往，那么你就要思考一下这样的关系是不是你想要的。

从生理学的角度来看，早恋最让父母担心的就是尺度问题。青春期荷尔蒙激增，青少年容易有性方面的冲动，一旦跨越底限，偷食禁果，就会酿成大错。

在中国，"性"一直是很隐晦、神秘的一个词。可是，现在网络发达，手机、电脑、影视剧都在帮助青春期孩子对"性"有初步的了解，家长拦也拦不住。那就不如从科学的角度把冲动的后果分析给孩子。

例如：早恋中发生性行为，女孩容易怀孕，男孩要对女孩和胎儿负责任。可孩子们年龄小，还要上学，一旦发生这种情况就只有选择流产。可是流产对女孩身体的伤害极大，对胎儿也非常残忍。建立家庭是美好的，夫妻孕育的孩子是珍贵的，告诉孩子不要过早地承担这个责任或留下内疚感。

欧美的大部分父母不反对孩子早恋，他们认为这是孩子与异性正常的接触，是一个很自然的过程，应该得到尊重。国外的一些影视剧中不乏有孩子早恋的桥段，那些父母都会无比惊喜和开心地祝贺自己的孩子，表示你有人爱了，或者你懂得去爱别人了。

早恋这个词，最让人不满意的是这个"早"字；"恋"这个行为本没有错，但要跟孩子沟通好，平衡好学业、友谊，把握好尺度，处理好分歧。

如果两个孩子一直相互欣赏、相互帮助、相互支持、共同进步，孩子们长大了，去掉了这个"早"字，只剩"恋"了，那也是很令人钦佩和欣慰的事情。成年后孩子的情感更不是父母有权干涉的了，那就祝福他们吧！

孩子就是父母爱的结晶，我们自然也希望孩子学会爱，懂得爱，爱得值得，爱得精彩。**与人相处、关爱他人、忠于爱情、善营婚姻是个大课题，不亚于大学课程的精深度，这个课题也伴随着人的一生。**作为父母，要和孩子一起学习这个课题，才会从中获得幸福。

端端说

之前看某演员在采访里说，反感"早恋"这个词，情窦初开是到了青春期自然有的一种心理，不应该过分地制止。家长在讲明白道理和界限之后，让孩子去成长，慢慢才会对爱情有深刻的认识。我父母在这件事情上也是一样的态度，所以我没有什么压力，一切都顺其自然。

我不追求爱情要轰轰烈烈，刻意去搞庆祝或者搞一些花样。情投意合的两个人相互尊重、相互支持，愿意陪伴对方度过漫长的人生，这本身就是一件美好的事情。我希望将来可以和我爱的人，既可以一起自驾去旅行，也可以一起下楼散步，一起体验这个世界很多的美好和精彩——这就是最幸福的生活。

所以，我要在成长的过程中不断提升自己，去了解形形色色的人，更深层次地体会情感。只要自己足够优秀，幸福就会来敲门。

体面地退出孩子的世界

我家露台上有个隔层,里面既遮风又挡雨,冬天经常有鸽子飞来筑巢生蛋。端爸在隔层里安装了一个摄像头,于是每天观察鸽子一家的生活就成了我们的乐趣之一。

春暖花开的时候,小鸽子们就会破壳而出。秃脑袋的小乳鸽浑身只有绒毛,需要鸽子爸爸和鸽子妈妈的轮流喂食。小鸽子们渐渐地长大了,绒毛褪去长出羽翼,对食物的需求量更大了,鸽子爸爸妈妈非常辛苦地四处觅食。小鸽子们越长越大,虽然还不会飞,但是也能扑棱着翅膀蹦跳几下。这时候,我们观察到鸽子一家每天都会并排站在露台的边沿向下凝视。

端端好奇地问我:"妈妈,它们在想什么?"

我说:"鸽子爸爸和妈妈应该是在教小鸽子飞翔吧!"

果然鸽子爸爸和妈妈一趟一趟地飞来飞去,给小鸽子们演示飞翔。终于有一天,小鸽子鼓起勇气拍打着翅膀和爸爸、妈妈一起飞了出去。

观察小鸽子的成长过程给了我们一家人很大的启发:小鸽子羽翼丰满了就该要飞翔,鸽子爸妈给孩子做了正确的示范和鼓励。当鸽子一家在天空中翱翔时,翅膀之间留出了拍打的空间。

心理学大师海灵格曾说过:"**好的家庭,一定有界限感。**"

父母和孩子之间的界限感非常重要,无论孩子在小时候多么依赖家长,家长都应该在孩子成长的阶梯上,一步一步地放手,退出孩子的世界，最终和孩子的关系达到保持一定距离的亲密度。有界限感的家庭，家人才会既相亲相爱，又舒服自由。

父母退出孩子的世界一般要经过以下九个阶段：

第一阶段：三岁左右，孩子学习自己吃饭，父母要退出孩子的"小饭碗"。

第二阶段：时机成熟和孩子分床睡，父母要退出孩子的"小卧室"。

第三阶段：六岁左右教孩子自己洗澡，父母要退出孩子的"小浴室"。

第四阶段：八岁左右孩子开始学会独处，父母要退出孩子的"小空间"。

第五阶段：十岁左右孩子有些事可以不说，父母要退出孩子的"小秘密"。

第六阶段：十二岁左右鼓励孩子自己做饭吃，父母要退出孩子的"小厨房"。

第七阶段：十三岁左右的孩子学会一切自理，父母要退出孩子的"小生活"。

第八阶段：十五到十八岁孩子确定事业方向，父母要退出孩子的"大理想"。

第九阶段：孩子恋爱结婚后，父母要退出孩子的"小家庭"。

这九个阶段看似简单、清晰，但实际上每一次退出都不容易。每个阶段对孩子都是不小的挑战，对父母也是严格的"考试"。在退出这件事情上，父母"考"得怎么样，很大程度上决定了孩子在挑战中的胜负结果。我结合自己的育儿经验，以及观察、感悟,给父母们准备了答题神器,希望可以帮助大家在九次"考试"中获得高分。

神器一:退出时,父母面对自己内心的失落感要理智。

孩子幼小的时候会对父母特别依赖,特别是对妈妈的感情深厚。所以,越是和孩子亲近的人,越会深刻地体会到退出过程中的失落感。

我的第一次失落感是发生在端端的断奶期。随着孩子长大,母乳的营养已经满足不了生长发育的需要,这时就应该逐渐断掉母乳,更多地添加辅食。孩子的肠胃要适应粥类、面食,以及各种新鲜蔬菜、水果等。

断奶期,我和端爸做好了应对端端断奶后哭闹的准备。没想到,端端只在第一个晚上委屈地哭了几声,端爸抱着他在客厅里走了几圈,他的情绪就平复了。本该高兴的我,却因为如此轻松地"下岗"涌现出一丝失落心情。自出生以来,我是端端赖以生存的最重要的人,而现在他离开我靠着吃别的食物也可以了。我发现自己潜意识里好像是希望他闹上几天,这样才能证明我的重要、他的不舍。不过我很快就理智地醒悟过来,父母生儿育女不是为了成就自己,而是为了成就孩子。成就孩子的过程中不仅要对孩子"狠心",更多的是要理智。我明白将来这种失落只多不少,如果因为要证明自己对孩子重要,是孩子最喜欢的人,或者让孩子表示离不开自己,而拒绝或者推迟孩子的每一次独立的机会,容易让孩子持续产生依赖心理。

五岁之前的端端每天晚上都必须要我陪着他入睡,睡前要听我讲个故事,关灯之后还要让我把手掌枕在他的头下面。黑暗中,他总是用稚嫩的声音说:"妈妈,这世界上我最爱最爱的人就是你啦！"此刻也是我一天之中感到最幸福和放松的时候。

端端五岁那年，刚好我们搬进了新房子，端端有了自己的小房间，我想正好就利用这个机会退出他的卧室吧。训练孩子分床比断奶难多了，端端总是说夜里一个人在房间里害怕，睡不着，每天晚上都强烈要求我陪着。于是我把分床计划分成了几个步骤来实施。第一步我跟端端讲好，陪他睡着之后我再走。第二步是我坐在床边抓着他的手，等他睡着之后我再离开。第三步就是我搬个凳子坐在门口的夜灯下，让他感觉到我一直在，等他睡着之后我再离开。第四步就是他可以上床听着音乐入睡，不需要我们陪了，但是还是要互相说一句："这个世界上，我最爱最爱的人就是你啦！"退出他的小卧室成功之后，我也常常怀念那份曾经独享过的幸福时光，同时也为自己是一位理智的妈妈感到欣慰。

神器二：退出时，父母遇到孩子过分依赖时要"狠心"。

在退出端端的"小饭碗"过程中，我是参加过"补考"才及格的，那是对孩子心狠不下去造成的。

端端从小吃饭就不积极，不仅挑食，饭量也小，因此个子也比同龄人瘦小一些，我看了自然内心焦灼。那时候只要能哄着端端吃一顿饱饭，我会拿出各种招数来，比如让他拿着玩具吃，让他看着动画片吃，给他讲着故事喂他吃饭。等到端端开始自己学着用勺子吃饭，吃饭过程中不知不觉养成的坏习惯也开始显现。他常常拿着勺子吃几口就不专心了，不是伸手去抓玩具就是看着电视发呆，无奈之下还得要我端起小饭碗继续给他喂饭。虽然我也意识到这样不好，可就是狠不下心来看他挨饿。加上三岁左右的端端经常生病，一生病就更加瘦弱，我心想不给他喂饱饭，身体怎么能长好啊！

上了幼儿园之后，端端吃饭明显就不如其他的小朋友快，常常是班上最后一个吃完饭的孩子，碗里的饭菜也越吃越凉。我明白这是在退出孩子"小饭碗"的考试中，我们的答卷不及格了。改掉坏习惯非一朝一夕，不是狠心看着他饿上几顿，就是我们继续妥协推迟退出。最后，我们还是决定狠下心来参加补考。

首先，零食不在吃饭前拿出来。吃饭的时候坚决不喂端端吃饭，也不让他再拿玩具或者看电视了。然后，我们规定了吃饭的时间，到了时间就要收拾饭桌，碗里吃不完的饭也要倒掉。刚开始他吃得非常慢，吃一口还发会儿呆。有时候我拿纸巾想给他擦一下嘴边的饭粒，他以为我还是在给他喂饭，竟然会张开嘴咬纸巾，弄得我哭笑不得。最后，我和端爸开展心理助攻，吃完饭后我俩故意坐到飘窗上看外面的风景，给端端一个早点吃完就可以有惬意时光的暗示。或者装作饶有兴趣的样子玩端端的玩具。端端在饭桌上看了心急，赶忙低头划拉饭菜，想要加入我们。

那一段时间端端的确有些瘦，我看着很心痛。但是等他挨过了吃饭的低谷期，一到饭点就饿，便开始主动吃饭了，吃饭的速度也渐渐快了上来。有时候我会故意吃慢点，让他先吃完，然后他也和爸爸坐到飘窗上看着风景聊天、玩玩具，并且还得意地催促我吃快点。

我们的"补考"刚结束不久，端端就开始参加影视剧的拍摄。拍摄期间，每顿都要吃剧组的盒饭。剧组的盒饭可比不了家里的饭菜那么好吃，然而，端端不挑食，不磨蹭，比在家里还利索，吃完了就去看剧本，听导演说戏。他的表现保证了在高强度的工作节奏下，身体中的营养摄入，我们也就更放心让他参加影视剧拍摄了。正是我们退出"小饭碗"时的心狠，使得这次补考及格了。

神器三：退出时，看透事情的本质帮助父母下决心。

父母要看清所要退出事情的本质，才能够下定决心。

例如：尽早退出陪伴孩子写作业这件事。写作业这件事情的本质是什么呢？是当成一项任务节约时间尽快完成，还是让孩子全都写对获取老师的表扬？其实以上都不是。作业是检验孩子学习的知识是否扎实的办法之一。写得慢证明孩子不够熟练，或者专注力不强。写错了证明孩子还没有掌握好，或者没有认真读题，过于粗心大意。每项作业是否记得清楚，检验孩子对学习是否有责任心，对老师布置的作业是否重视。找到孩子作业上的问题，他才可以有针对性地去解决。如果家长帮助孩子去记每项作业，帮助孩子把作业写得快、写得好，甚至替孩子写作业，那么陪孩子写作业这件事情，家长就很难退出。后果是不仅孩子独立写作业的能力没有培养出来，老师也误以为孩子掌握得很好，甚至以为布置的作业太少或者过于简单。家校的沟通和反馈严重错位，最终孩子无法建立学习的自觉性，而家长又不可能永远陪下去，那么孩子将来的学习一定很不理想。最终只留下小学阶段一摞表面上写得又快又好的作业本，有什么用呢？

再例如高考，很多父母害怕孩子走弯路，害怕孩子遇到阻碍，只要孩子能够考上大学，他们推迟退出孩子的"小生活"，长年照顾孩子的饮食起居。拒不退出孩子的"小秘密"，怕影响学习而干涉孩子交友，窥探孩子的隐私。也不退出孩子的"大理想"，违背孩子的意愿，代替孩子选择大学、选择专业。这样做都是没有想清楚孩子参加高考到底是为了什么。

高考的本质站在大的立场上说是国家通过考试筛选人才；从个人的立场上说是孩子通过这些年的高考准备，训练了记忆力、抗压能力、选择能力，感知自己对学科的喜好，最终选定人生方向，活成自己想要的模样。

就像是自古以来每一条大河在形成过程中，都是在奔涌的时候通过那些不受阻碍的平原，以及那些要多次努力才能冲过去的土堆、山丘，还有根本无法通过需要改变方向的高山，最终才形成了自己蜿蜒曲折、独一无二的形状，源源不断地流入大海里。只有那些为达到目的，人工开凿的功能性小河道才有可能是笔直的。

养育孩子不是要他成为一个只冲着高分去的做题家，而是放手鼓励孩子找到属于自己的道路，做喜欢做的事情，实现自己的价值，活出自己的精彩。高考只是一次重要的考试而已，而做饭、洗衣、交友、择业、保持身心健康等等，这每一项都是孩子生存生活必须要掌握的重要技能，父母不能为了高考而给这些技能让路。

神器四：退出时，父母要根据孩子的能力来"循序渐退"。

父母从孩子的生活里退出是必然的，但是这九个阶段包含的年龄段并不是特别精确，因为每个孩子心理和生理的成长速度不完全一样。聪明的父母可以把退出做在明处，然后在暗处观察和陪伴过渡一段时间。要了解孩子目前的能力以及能够承担的责任，同时要考虑周围的人和环境，然后才真正放手。

端端五岁开始接拍影视剧，那时候他字认得不全，没法独立看剧本，我们就和他一起看剧本，帮助他背台词，理解故事情节和把握表演情绪。我们也会在一旁看着他演每一场戏，给他及时的反馈。随着他慢慢长大，演戏的经验也越来越丰富，他表示自己可以独立看剧本，也不希望我们在现场看他表演了。

端端十二岁的时候拍摄《暖暖的幸福》，正好是放暑假，我陪他来到北京怀柔影视基地拍摄。前三天都是导演带着所有主创人员一起围读剧本，反倒是我待在宾馆里无所事事。

拍摄正式开始了，端端跟我说要自己去片场不用我陪。可我心里却痒痒的，一方面片场是影视基地的一个四合院，庭院错落有致，具有浓郁的北京胡同的风格，电影《老炮儿》也是在这里取景的，我很想去看看。另一方面，剧本中有几场难度大的戏，我也想看看端端是否能够演好，其实说白了还是不想退出他的演戏事业。

我不情愿地说："妈妈在宾馆待着也没意思啊。"

端端说："那你到了片场不要看着我演戏。"

我想他已经让步了，我也就点头答应了。在片场我不是在休息室待着，就是去影视基地参观。有一天端端有一场冲突比较大的戏，是饰演爸爸的涂松岩跟端端饰演的郝前程发生争执，涂松岩打了端端一耳光，然后端端要哭出来的戏。这场戏有难度，我很好奇端端演哭戏有没有进步，就趁他没注意，溜进了导演的工作间。监视器上，涂松岩正和端端在对台词，走位置。打耳光的动作也是做做样子，导演看到差不多了就对着对讲机说正式开始。

镜头中，涂松岩和端端开始你一句我一句地争了起来，不一会儿，涂松岩情急之下伸手就打了端端一巴掌。虽是演戏但是我的心还是揪了起来，监视器里，端端捂着脸开始哭。导演喊停，然后说了一下台词的语速和节奏，要求再来一次。

这一次，端端的状态更好了，吵架时脖子还一梗，对着涂松岩顶嘴，语气充满了挑衅。然后，涂松岩又是一巴掌，我下意识地闭了一下眼睛，没看清楚这一巴掌是怎么打上去的，然后端端就开始哭，眼泪也涌了出来。

导演喊："好，过！演员过来说下一场戏。"

我心里一惊，端端要来找导演，不就看到我在现场了吗？我赶紧躲到了工作室一个柜子后面。看到导演疑惑的表情，我做了一个"嘘"声的手势，聪慧的导演立刻心领神会。

端端和涂松岩已经推门进来了，导演开始给他们说下一场戏的注意事项。端端和涂松岩开始对台词，状态非常投入，完全没有发现躲在柜子后面的我。

我认真地琢磨了端端愿意在剧组里十多位工作人员面前演戏，却不希望我们在一旁看的原因。应该是他知道我们在期待什么，这份期待在现场给他的压力太大，不仅帮不了他，反而会让他分心。一开始我还为他不让我看他演戏，心中有些不开心，然而事实证明他是对的。我为我不愿意退出的那份好奇、那份不信任、那份没必要的担心以及那点小虚荣而感到惭愧。

由于新冠疫情，上高二的端端被封在学校里。有一天上午他给我打电话说裤子上刮出了一个洞，而他在学校的替换衣服不多，问我怎么办。这是他为数不多的求助电话，我积极地马上就想帮他解决好，提出找个住在附近的同学家长，把他的裤子拿回家去帮忙补一下。端端表示不愿意麻烦别人，想要自己缝补。我让他买上针线，我教他缝。很快他又打来了第二个电话，说针线已经托走读的同学买来了。于是我开始在电话里给他讲解缝衣服的步骤，讲了半天之后，端端在电话里问："妈妈，我该选多长的针啊？"我这才意识到，他连针都还没从针线盒里取出来。心里有些后悔，怎么从来没有想过要教他缝衣服啊！于是，我就从选针的长短开始教，然后选什么颜色的线，线怎样才容易从针鼻穿过去，留多长，如何给线头打结……为了让他明白针是如何在破口处穿梭的，我给他发了缝衣服的小视频，还给他画了一幅讲解图。过了一会儿，他把缝好的裤子的照片发了过来，不仔细看还真看不出那个破洞。第一次缝衣服，他居然缝得比我想象中细致多了。第二天，端端告诉我他又缝好了另一条裤子上的破洞。我听了心里非常高兴，不仅为他愿意学习新技能、解锁了新技能而高兴，更为了我不知不觉又退出了一项帮他做的事情而感到高兴。

写完本书的最后一章，端端刚好要过十八岁的生日了。这十八年，他从缠着我没完没了地问各种"为什么"，到我不再回答，而是让他自己去寻找答案。及时的退出让他成长为一个爱学习的大人。他从害怕自己丢了，出门紧紧地攥着我的手，到他出门主动扛起最重的箱子，自己洗衣服、缝补衣服。**及时的退出让他成长为有担当、给人安全感的大人**。他从贪玩、拖延，要我催促写作业、练琴，到他非常笃定地选定了高考的专业和方向，我只需在一旁满心欢喜地欣赏他练琴就好。及时的退出让他成长为有责任心、有主见的大人。儿子成长的精彩故事还在不断上演，今后那些退出，我们也从方法和心理上做好了准备。

世间所有的爱都指向团聚，唯有父母对孩子的爱指向别离。作为父母，看到孩子渐行渐远心中虽然伤感，但是只要孩子变得独立、坚强、快乐、幸福，也就得到安慰了。父母把孩子抚养成人，孩子的翅膀硬了就该去飞翔，这就是自然界的规律。愿天下父母都能够在孩子成才的过程中学会放手，体面退场，一家人各自经营好生活和工作。**总是彼此牵挂，偶尔相聚，一起共度美好时光，以退为进才是给孩子最好的爱。**

端端说

孩子和父母的关系总有几个阶段：孩子从幼儿时依赖父母，到成长后想独立，开始有些厌烦父母的唠叨，再到结婚成家后开始思念父母，是一系列奇特的情感演变。其中最令人头疼的大概就是青春叛逆时期，也就是我现在所处的时期。这个时候父母和孩子之间也会有拉扯，不可避免地会发生一些冲突。我觉得最好的解决办法就是父母多多理解孩子，对孩子多一些包容和忍让。而孩子也应该尽量控制自己的情绪，主动和父母保持良好的沟通。

我特别感谢我的父母，在叛逆期给了我极大的耐心和包容，而我也即将度过这个时期。回顾我成长的十八年，各方面算是比较顺利，这都得益于父母的精心教育和陪伴。是他们有形和无形的教导，造就了一个独一无二的我。我的内心总是充实的，从不羡慕别人，只想做好自己。别人有的我可能没有，但我有的别人也不一定有。别人身上的优点我会尽量去学习，但不会去盲目模仿。成年之后，我相信人生会更精彩，我会冲着喜欢、向往的生活去努力，成为越来越优秀的自己！

最后，我要再次对妈妈说一声："谢谢。感谢您给我生命，以及为我所做的一切。我会好好珍惜人生，也会一直是您的骄傲！"